职业教育“十三五”改革创新规划教材

汽车故障诊断技术

洪永楠 主编
丁雪涛 朱玉合 李海燕 副主编

清華大学出版社
北京

内 容 简 介

本书按"汽车故障诊断技术"课程标准，依据汽车维修工作所需要的职业岗位能力，选择汽车维修工作中的典型案例，编写了汽车电源和启动系统故障诊断、汽车发动机机械故障诊断、汽油发动机电控系统故障诊断、汽车底盘故障诊断、车身电器故障诊断和汽车空调故障诊断共六个模块，包含了对应的故障诊断、分析与排除的教学内容。

本书既可以作为高职汽车检测与维修专业学生的理实一体化教材，也可作为汽车从业人员的汽车维修培训教材，还可作为汽车维修工职业技能资格鉴定培训用书。

图书在版编目(CIP)数据

汽车故障诊断技术/洪永楠主编．—北京：清华大学出版社，2018(2022.11重印)
(职业教育"十三五"改革创新规划教材)
ISBN 978-7-302-50440-5

Ⅰ．①汽… Ⅱ．①洪… Ⅲ．①汽车－故障诊断－职业教育－教材 Ⅳ．①U472.42

中国版本图书馆CIP数据核字(2018)第123065号

责任编辑：刘翰鹏
封面设计：常雪影
责任校对：刘 静
责任印制：沈 露

出版发行：清华大学出版社
网 址：http://www.tup.com.cn，http://www.wqbook.com
地 址：北京清华大学学研大厦A座 **邮 编**：100084
社 总 机：010-83470000 **邮 购**：010-62786544
投稿与读者服务：010-62776969，c-service@tup.tsinghua.edu.cn
质量反馈：010-62772015，zhiliang@tup.tsinghua.edu.cn
课件下载：http://www.tup.com.cn，010-83470236
印 装 者：涿州市般润文化传播有限公司
经 销：全国新华书店
开 本：185mm×260mm **印 张**：15.75 **字 数**：359千字
版 次：2018年8月第1版 **印 次**：2022年11月第2次印刷
定 价：48.00元

产品编号：076577-02

FOREWORD 前言

现代汽车采用了大量的新技术、新材料和新工艺，从而对汽车维修技术人员的综合素质要求越来越高，职业岗位能力要求也越来越高。编写本书的目的是使学生掌握现代汽车基础理论知识、专业知识和各类新技术，学会汽车维修基本技能和信息化、电子化诊断技术，成为新一代的"汽车维修工匠"。本书由上海技师协会汽车维修协会副会长、资深汽车维修高级技师洪永楠担任主编，以上海大众帕萨特汽车为主，介绍现代汽车故障诊断技术，培养学生诊断、分析和排除故障的能力。本书的典型案例分析全部采用树状框图形式，使学生容易理解和掌握。

编者依据现代汽车机电维修工所需要的职业岗位能力，选择汽车维修工作中的典型案例，设计本书的内容。本书首先由绪论概述汽车故障诊断与排除基本方法，了解故障诊断。然后将汽车故障诊断技术的内容分成六个模块：模块 1 为汽车电源和启动系统故障诊断；模块 2 为汽车发动机机械故障诊断；模块 3 为汽油发动机电控系统故障诊断；模块 4 为汽车底盘故障诊断；模块 5 为车身电器故障诊断；模块 6 为汽车空调故障诊断。每个模块内容均包括学习目标、拓扑图、学习内容、练习与思考题、技能实训、作业单等，使理论和实践操作紧密结合，适合于理实一体化教学和信息化教学。

本书内容丰富、新颖，实用性强，既可以作为高职高专汽车检测与维修专业学生的理实一体化教材，也可作为汽车从业人员的汽车维修培训教材，还可作为汽车维修工职业技能资格鉴定培训用书。

本书由洪永楠担任主编，丁雪涛、朱玉合、李海燕担任副主编。其中，洪永楠编写模块 1 和模块 3，史忠方编写绪论和模块 2，李海燕编写模块 4，朱玉合编写模块 5，丁雪涛编写模块 6，张春雷参与编写模块 1 和模块 3，卢航任主审。

本书在编写过程中参阅了较多的文献与资料，在此对其作者表示衷心的感谢。

由于编写工作量大，编者水平有限，在书中如有不妥之处，恳请广大读者批评指正。

编　者

2018 年 6 月

CONTENTS

目录

绪 论

汽车由许多总成、机构和元件有序构成。在使用过程中，由于某一种或几种原因的影响，其技术状况将随行驶里程的增加而变化，其动力性、经济性、可靠性、安全性将逐渐或迅速地下降，排气污染和噪声加剧，故障率增加，这不仅对汽车的运行安全、运行消耗、运输效率、运输成本造成极大的影响，甚至还直接影响到汽车的使用寿命和环境，因而研究汽车故障的变化规律，定期检测汽车的使用性能，及时而准确地诊断出故障部位并排除故障，就成为汽车使用技术的一项重要内容。

1. 汽车故障诊断的概念

汽车技术状况是指定量测得的表征某一时刻汽车外观和性能参数值的总和。

汽车故障诊断是指在不解体(或仅拆下个别小件)的情况下，确定汽车的状况，查明故障部位及故障原因的汽车应用技术。

2. 汽车故障的分类

汽车工作能力是动力性、经济性、工作可靠性及安全环保等性能的总称。

汽车故障是指汽车部分或完全丧失工作能力的现象，其实质是汽车零件本身或零件之间的配合状态发生了异常变化。

汽车故障可按以下方式分类。

1) 按丧失工作能力的程度分类

汽车故障按丧失工作能力的程度，可分为局部故障和完全故障。局部故障是指汽车的某部分丧失工作能力、降低使用性能的故障。完全故障是指汽车完全丧失工作能力，不能行驶的故障。

2) 按发生的后果分类

汽车故障按发生的后果，可分为一般故障、严重故障和致命故障。

(1) 一般故障：可能造成停驶，但不会导致主要零部件损坏，并可以用随车工具和易损件或价值很低的零件在短时间内修复；虽未造成停驶，但已影响正常使用，需调整和修复。

(2) 严重故障：导致整车性能显著下降，造成主要零件损坏，且不能用随车工具和易损备件在短时间内修复。

(3) 致命故障：涉及人身安全，可能导致人身伤亡；引起主要总成报废，造成重大经济损失。

3. 汽车故障的成因

汽车故障的成因主要有自然因素和人为因素。

1) 自然故障

自然故障是指在正常使用和维护条件下，由不可抗拒的原因而形成的故障。

2) 人为故障

人为故障是指由于人的行为不慎而造成的故障，主要体现在以下方面。

(1) 汽车设计制造方面；

(2) 维修配件质量方面；

(3) 燃料、润滑油选用方面；

(4) 维修质量的因素；

(5) 操作使用的因素；

(6) 管理方面的问题。

4. 汽车故障的直观症状

1) 工作状况突变

因为不正常的状况导致工作性能变坏，例如发动机突然熄火、离合器打滑、换挡困难、转向和制动失灵、轮胎爆破、喇叭不响、灯光不亮等，最终造成在正常行驶中的汽车突然间丧失运行能力。

2) 声响异常

声响异常是指汽车总成或零部件在工作中超过了技术标准，导致配合尺寸和几何形状发生变化而产生的不正常声响，是机件隐患和故障的表现形式。异响是现象，而故障是本质。异响和故障具有相互联系，又互为因果的关系，消除声响，就是在排除故障。

3) 过热现象

过热现象是指汽车总成或零部件的工作温度超过了技术标准规定的故障特征。

汽车的各个系统在正常行驶情况下，依靠强制通风和自然通风以保持在正常的工作温度范围内工作。汽车在使用中，随着气候、道路条件、发动机和传动转矩的变化，各系统的工作温度也在上下波动，若不监视各系统和部件的温度变化并加以控制、调整，就会发生过冷或过热现象。

4) 排烟异常

发动机的尾气排放与发动机的点火提前角、负荷、转速及混合气浓度有直接关系。发动机优良的综合性能是实现燃烧完全、减少排气污染的关键。发动机排放的尾气有时会出现不正常的颜色，这说明了发动机性能受到了机械本身、油路、电路和发动机工作状况(转速、负荷)恶化的影响。

5）燃润料（燃油、润滑油、冷却水等）消耗异常

燃润料消耗异常是发动机工作不良、底盘调整不当的一个汽车技术状况标志。造成燃润料消耗增加是发动机综合故障的反映，发动机活塞组零件、气门与气门座、气缸体与气缸盖的密封性下降等，都会导致漏气量增加，发动机功率下降，从而造成燃润料消耗增加。

6）渗漏现象

渗漏现象一般是指发动机供油系统的燃油、润滑系统的机油、传动系统的齿轮油和润滑脂、冷却系统的冷却水、制动系统的制动液、真空系统和轮胎的漏气、空调系统的制冷剂等方面的渗漏。

渗漏造成的后果是汽车零部件的过热和烧损，甚至还会引起火灾。一般来说，这是一种有明显征兆和迹象的故障现象。

7）特殊气味

燃润料是石油产品在高温和氧化作用下形成的氧化物和氧化聚合物。润滑油氧化后产生有机酸，氧化聚合作用后产生酸性聚合物。制动液是由醚、醇、酯等物加添加剂合成的。当离合器打滑或制动器拖滞时，摩擦片和制动蹄片因受高温氧化作用影响，会发出焦臭味；蓄电池“过充”时，会从通气口排出一股刺鼻的酸味；制动系统渗漏时，会嗅到强烈的酒精味；电器设备的导线发生短路引起燃烧，发出烧焦气味。通过嗅觉闻到不同的气味，可以较快地找到故障的部位，并及时分析其原因，可为排除故障提供有利的线索。

8）车体外观异常

车体外观异常大多反映在行驶机构，即车架、车桥、车轮、轮胎和悬架装置等方面。行驶机构承担来自各方面的力的作用，如传动系统传递的动力，通过驱动桥及路面附着力对汽车产生驱动力，传递和承受路面对车轮的各反向力及形成的力矩等。因此，行驶机构受到的冲击、振动和外加负荷，是引起汽车零部件变形或车体发生外观异常的根源，如两侧轴距尺寸不一致，减振器失效，轮胎充气不足，磨损不一及车架变形产生的车体倾斜等。通过这些现象，有助于分析制动跑偏、侧滑、四轮定位不良而引起的转向打摆和沉重等故障的原因。

5. 故障检修过程

故障检修过程如图 0-1 所示。

故障现象 ⇨ 故障原因 ⇨ 故障诊断 ⇨ 故障排除

图 0-1 故障检修过程

6. 汽车故障人工经验诊断

汽车故障人工经验诊断的特点是不需要仪器设备或其他条件，在任何场合下都可以进行。这对于汽车使用面广、量大分散，特别是汽车在运行中的随机故障诊断，仍不失为一种行之有效的方法。其诊断方法可大致分为问、看、听、嗅、触、试。

1）问

询问用户，了解汽车使用和维护情况。除了驾驶员诊断自己驾驶的车辆之外，其他人

在诊断前必须先了解情况,包括车辆已行驶里程、使用条件、近期维护情况、故障的预兆、是渐变还是突变等,车辆的技术档案是一个重要的调查资料和依据。

汽车已经使用的年限：了解汽车使用的年限可以大致估计出故障的性质。

产生故障的过程：了解故障是突然发生的还是逐步恶化的,是静止性的还是时有时无的。

维修历史情况：了解该汽车发生故障以后,用户是否请人修理过,修过哪几个部位。如请人修理过,修理过程如何,是否调节过车内的某些可调部位,是否更换过元器件或零部件等。

2）看(实际观察)

首先要观察汽车的日常维护情况,如有无油、水泄漏,有无连接松动,排气颜色是否正常,空气滤清器有无堵塞,车轮有无异常磨损等。通常应做如下观察。

(1) 整车不工作时,喇叭是否响?

(2) 车启动不着时,启动机运转是否正常?

(3) 启动机运转不正常时,大灯亮度是否正常?

(4) 喇叭不响或响声异常时,大灯亮度是否正常?

(5) 电喷发动机不能启动时,水温表指示是否正常?

(6) 电喷发动机冷态启动困难,踩下油门踏板,在这种加速加浓的情况下能否启动?

(7) 空调器不工作时,冷却液风扇是否运转?

(8) ABS制动系统不起作用时,ABS指示灯能否点亮?

3）听

凭听觉判断汽车、总成工作时有无异响,并确定其部位和原因。

4）嗅

凭汽车或总成在运转时所发出的某些特殊气味来判断故障部位。这对于诊断电系线路、离合器、制动器等摩擦部位的故障,是简便有效的。

5）触

用手触试可能产生故障的部位,判断其是否工作正常。

6）试

试即为试验验证。如用单缸断火(油)法判定发动机某些异响的部位；突然加速查听异响的变化；用试换零件法,找出故障的部位；道路试验中,根据加速性能、滑行距离判断发动机的动力性和底盘调整润滑情况。

对于以上六个方法,在诊断中可交替灵活运用,但作为了解情况的“问”则是必不可少的。

汽车故障人工经验诊断方法不需要专用仪器设备,投资小、见效快,但诊断速度慢、准确性差,不能进行定量分析,需要诊断人员有较高的技术水平。人工经验诊断法多适用于中、小维修企业和运输企业的故障诊断过程。

7. 检测诊断汽车故障的仪器设备

汽车仪器设备诊断是在传统的人工经验诊断的基础上随着社会的进步、科学技术的提高而逐渐发展起来的。与人工经验诊断故障的方法比较,其不同点有两点：一是借助于仪器；二是其检查结果的定量化。

目前检测诊断汽车故障的仪器设备有：万用表、点火正时灯、气缸压力表、真空表、油压表、声级计、流量计、油耗仪、示波器、气缸漏气量检测仪、曲轴箱窜气量检测仪、气体分析仪、烟度计，以及功能比较齐全的测功机、四轮定位仪、制动试验台、侧滑试验台、发动机综合检测仪、底盘测功机等。这些仪器设备给人们提供了可靠的依据，使汽车故障诊断从定性诊断发展为定量诊断。

现代仪器设备诊断法具有检测速度快、准确性高、能定量分析、可实现快速诊断等优点，而且采用计算机控制的现代电子仪器设备能自动分析、判断、存储并打印出汽车各项性能参数。其缺点是投资大、占用厂房、操作人员需要培训、检测成本高等。这种诊断方法适用于汽车检测站和中、大型维修企业。使用现代仪器设备诊断法是汽车诊断与检测技术发展的必然趋势。

要掌握汽车故障诊断技术，必须以理论知识为基础，以经验积累为阶梯，以理论指导实践，以实践验证理论，通过不断学习，不断工作，不断总结提高，就可以掌握汽车故障诊断技能。

模块1

汽车电源和启动系统故障诊断

1. 知识目标

(1) 知道汽车电源系统常见故障现象、故障原因和诊断方法；

(2) 知道汽车启动系统常见故障现象、故障原因和诊断方法。

2. 能力目标

(1) 学会汽车电源系统和启动系统电路图的识读和分析方法；

(2) 学会汽车电源系统常见故障的诊断方法；

(3) 学会汽车启动系统常见故障的诊断方法。

一辆奥迪 A6 轿车因暴雨积水，涉水后无法启动。启动时听到启动机“咔咔”发响，发动机好像卡死一样，一点也不能转动。维修师接到急救电话后，立即赶往停车地点，经检查发现，故障现象与驾驶员反映的相同。

该故障类似于蓄电池亏电。按喇叭声音响亮，打开车内用电设备和车外灯光均正常。说明蓄电池电量充足，可能是启动机或发动机故障。

车主怀疑是发动机内进水滞死，于是拔出机油尺检查机油，液面高度正常，机油油量正常无水渗水。拆除全部火花塞，再次启动，现象依旧，发动机仍不能转动。因此判断可能是启动机自身故障造成启动无力。

由于携带工具不多，而且操作不便，于是将该车牵引到厂进行检修。

用举升机将车举起，拆下启动机并进行分解。果然内部进入许多脏水，整流子、碳刷脏污严重。随后,用汽油将启动机内外彻底清洗干净,特别是整流子与碳刷,并用细砂布打磨干净。干后装复,发动机迅速启动,恢复正常。

服务方案

(1) 听取客户报修的故障现象,请客户填写维修工单;

(2) 服务顾问检查收取行驶证,填写客户有关数据;

(3) 验证客户叙述的故障,与客户沟通,初步确定维修方案;

(4) 拆检后,根据损坏情况和维修成本,确定维修方案。有修理价值,对其进行维修;没有修理价值,则更换。

拓　扑　图

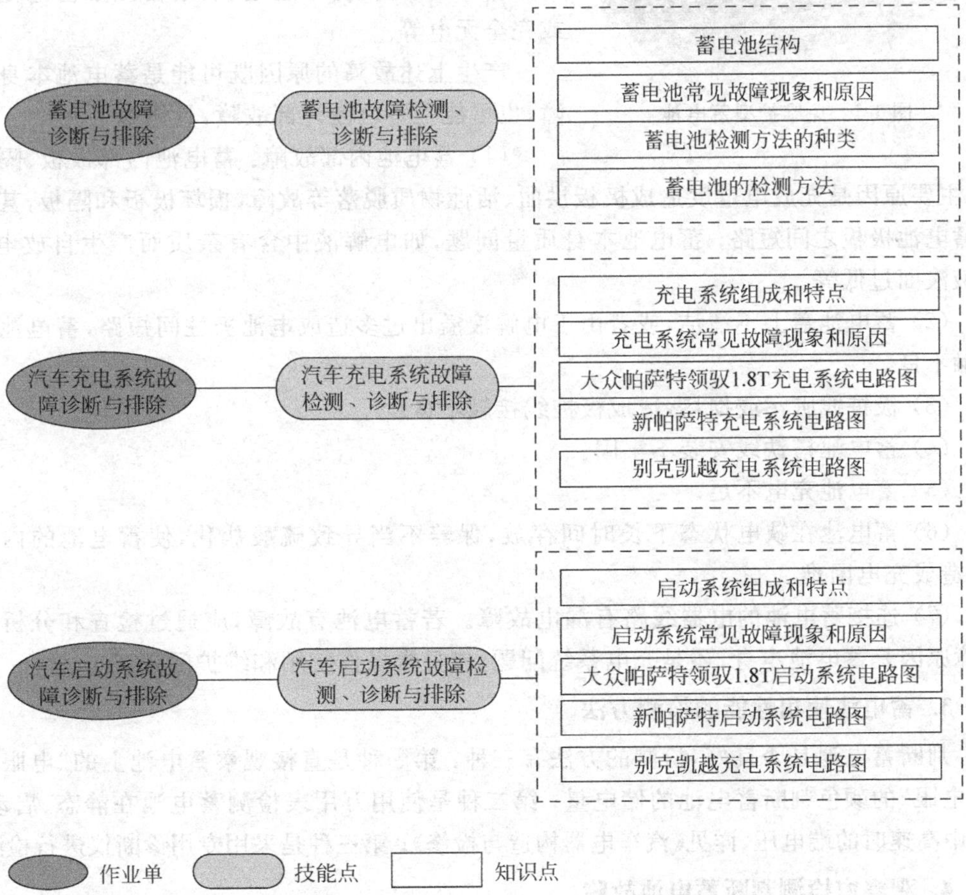

- 蓄电池故障诊断与排除
  - 蓄电池故障检测、诊断与排除
    - 蓄电池结构
    - 蓄电池常见故障现象和原因
    - 蓄电池检测方法的种类
    - 蓄电池的检测方法
- 汽车充电系统故障诊断与排除
  - 汽车充电系统故障检测、诊断与排除
    - 充电系统组成和特点
    - 充电系统常见故障现象和原因
    - 大众帕萨特领驭1.8T充电系统电路图
    - 新帕萨特充电系统电路图
    - 别克凯越充电系统电路图
- 汽车启动系统故障诊断与排除
  - 汽车启动系统故障检测、诊断与排除
    - 启动系统组成和特点
    - 启动系统常见故障现象和原因
    - 大众帕萨特领驭1.8T启动系统电路图
    - 新帕萨特启动系统电路图
    - 别克凯越充电系统电路图

作业单　技能点　知识点

1.1 汽车电源系统故障诊断

1.1.1 蓄电池常见故障及诊断

1. 蓄电池的作用

蓄电池俗称电瓶。汽车蓄电池是将化学能直接转化成电能的一种装置,通过可逆的化学反应实现再充电。目前汽车上使用免维护型蓄电池较多,如图1-1所示。

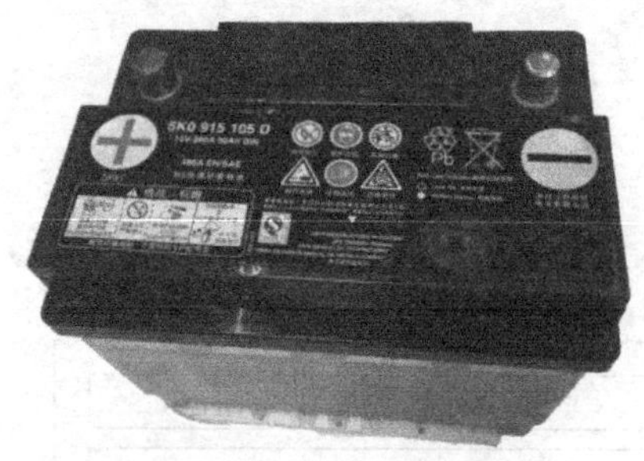

图1-1 免维护型蓄电池

2. 蓄电池常见故障现象及原因

蓄电池常见故障现象有:外壳破损;极桩损坏;启动时电压迅速下降而无法启动启动机;蓄电池放一个晚上会大量"跑"电或完全无电;长途行驶时蓄电池仍亏电、电池充不进电、观察窗显示蓄电池亏电或完全无电等。

产生上述故障的原因既可能是蓄电池本身的故障,也可能是蓄电池外部故障,具体如下。

(1) 蓄电池内部故障:蓄电池内部极板、隔板损坏,主要原因是充放电过度造成极板拱曲、活性物质脱落等故障,损坏极板和隔板,甚至造成蓄电池极板之间短路;蓄电池本身质量问题,如电解液中含有杂质而产生自放电;电解液液面过低等。

(2) 蓄电池盖上不清洁,或者由于电解液溢出过多造成电池极柱间短路,蓄电池桩头接触不良。

(3) 极桩线脏污或损坏,造成极桩线接触不良。

(4) 蓄电池搭铁线安装不牢固。

(5) 蓄电池充电不足。

(6) 蓄电池在缺电状态下长时间存放,保养不当导致硫酸盐化,使蓄电池的内阻增加,造成充电困难。

(7) 连接蓄电池的电器线路有漏电故障。若蓄电池有故障,应通过检查和分析判断故障原因是蓄电池本身,还是充电系统问题,或日常操作使用和维护问题。

3. 蓄电池使用性能的检测方法

判断蓄电池是否良好,检测的方法有三种:第一种是直接观察蓄电池上的"电眼",根据"电眼"的颜色判断蓄电池的储电量;第二种是使用万用表检测蓄电池在静态、启动、加速、中高速时的端电压,详见《汽车电器构造与检修》;第三种是采用专用诊断仪进行检测。

4. 观察窗检测判断蓄电池故障

1) 双色酸液液位显示检查

从2009年年初开始,大众汽车集团所有的湿蓄电池(原厂装车蓄电池和售后服务供应蓄电池）采用了新型双色的酸液液位显示的窗口，这个窗口被称为 ALI（Acid Level Indicator，酸液液位显示器），也称为“双色魔眼”。双色酸液液位彩色显示器集成在蓄电池的端盖中（圆观察窗），蓄电池放在水平位置，可以观察整个蓄电池使用寿命中单电池的酸性液位，但是这个酸液液位只能显示蓄电池的酸液液位高度，而无法分析蓄电池酸液的浓度状态。蓄电池观察孔显示为黑色代表酸液液位正常，如图 1-2 所示。观察孔显示为白色代表酸液液位过低，该蓄电池必须进行更换。注意，蓄电池观察孔在显示为白色时不能对该蓄电池进行检测、充电，因为可能会导致蓄电池的爆炸，如图 1-3 所示。

图 1-2　显示黑色代表酸液液位正常

图 1-3　显示白色代表酸液液位过低

2）三色酸液液位显示

大众汽车集团在 2009 年前使用的免维护型湿蓄电池使用了三色显示器（魔眼）显示酸性液位。魔眼通过三种不同的颜色显示酸性液位和蓄电池充电状态。

蓄电池电解液密度和荷电状态的信息显示在蓄电池的透明窗口上。蓄电池的透明窗口中显示为绿色时，代表酸液液位正常，蓄电池电量充足，如图 1-4（a）所示。显示为黑色时，代表酸液液位正常，蓄电池电解液密度低，电量不足，蓄电池仅部分充电（充电状态<65%），需要给蓄电池充电，如图 1-4（b）所示。透明窗口高亮显示时，表示电解液液面高度已低于最低值，需要更换蓄电池，如图 1-4（c）所示。

(a) 显示为绿色

(b) 显示为黑色

(c) 显示为白色

图 1-4 蓄电池透明窗口的信息显示

1.1.2 充电系统故障诊断

1. 充电系统常见故障现象及原因

充电系统的常见故障有发电机不发电、充电电流过大、充电电流过小和充电电流不稳。不同汽车的充电系统电路、控制原理不尽相同，但故障原因基本可归纳如下。

(1) 交流发电机本身损坏，包括内置式电压调节器；

(2) 蓄电池损坏；

(3) 充电系统线路故障。

下面以帕萨特 1.8T 和凯越车的充电系统为案例，介绍汽车充电系统不充电的故障检测诊断方法。

2. 充电系统的故障诊断

1) 帕萨特 1.8T 车的充电系统电路图

上海大众帕萨特 1.8T 车的充电系统电路图如图 1-5 所示。发电机 D 端控制线激磁电源由仪表的 K2 指示灯提供，发电机激磁采用先他激后自激的方式。发电机充电系统的故障诊断流程如图 1-6 所示。

2) 凯越车充电系统的故障诊断

凯越车的充电系统电路如图 1-7 所示。发电机 L 端控制仪表的充电指示灯，发电机激磁采用先他激的方式，点火开关在 ON 位置由 F2 保险丝给 F 端子提供激磁电源。发电机不充电的故障诊断流程如图 1-8 所示。

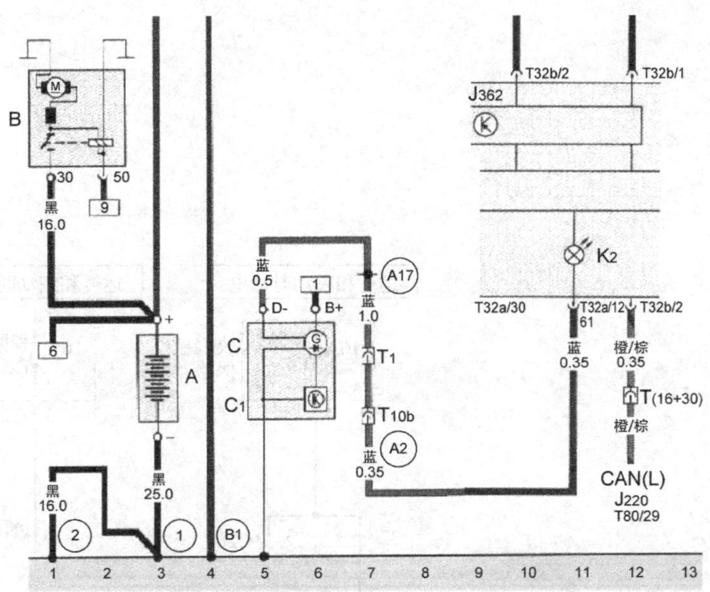

图 1-5　帕萨特 1.8T 充电系统电路图

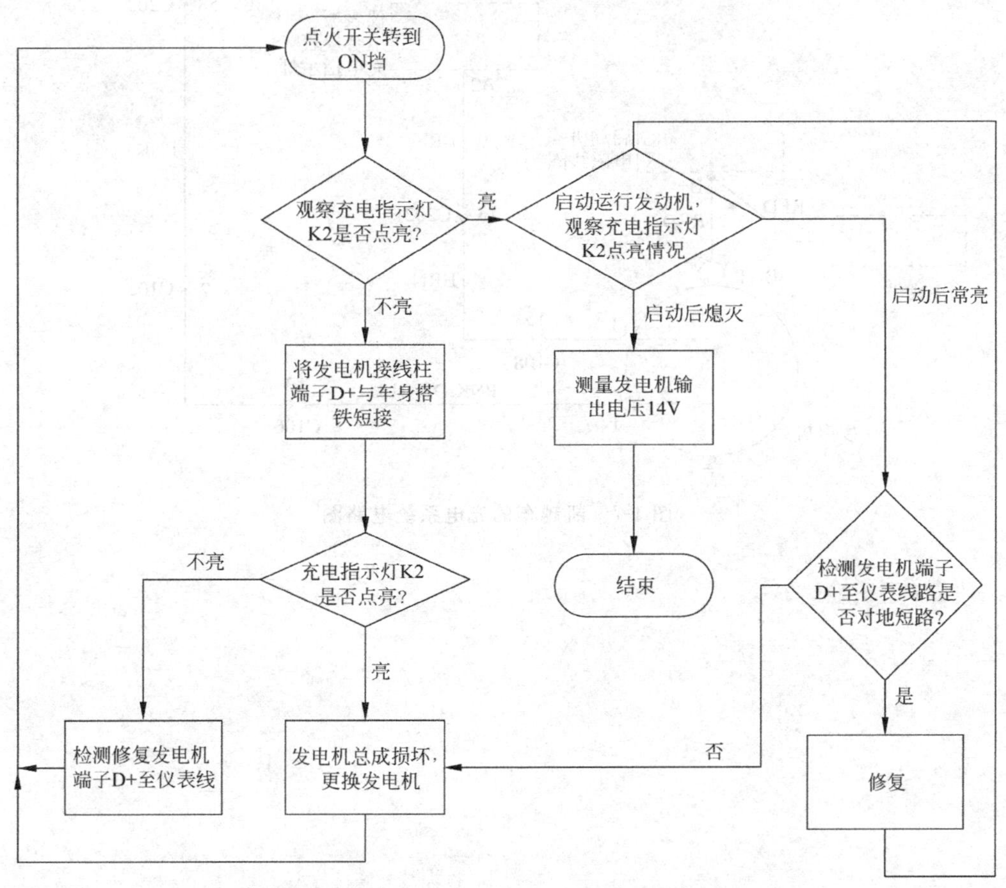

图 1-6　帕萨特车充电系统的故障诊断流程

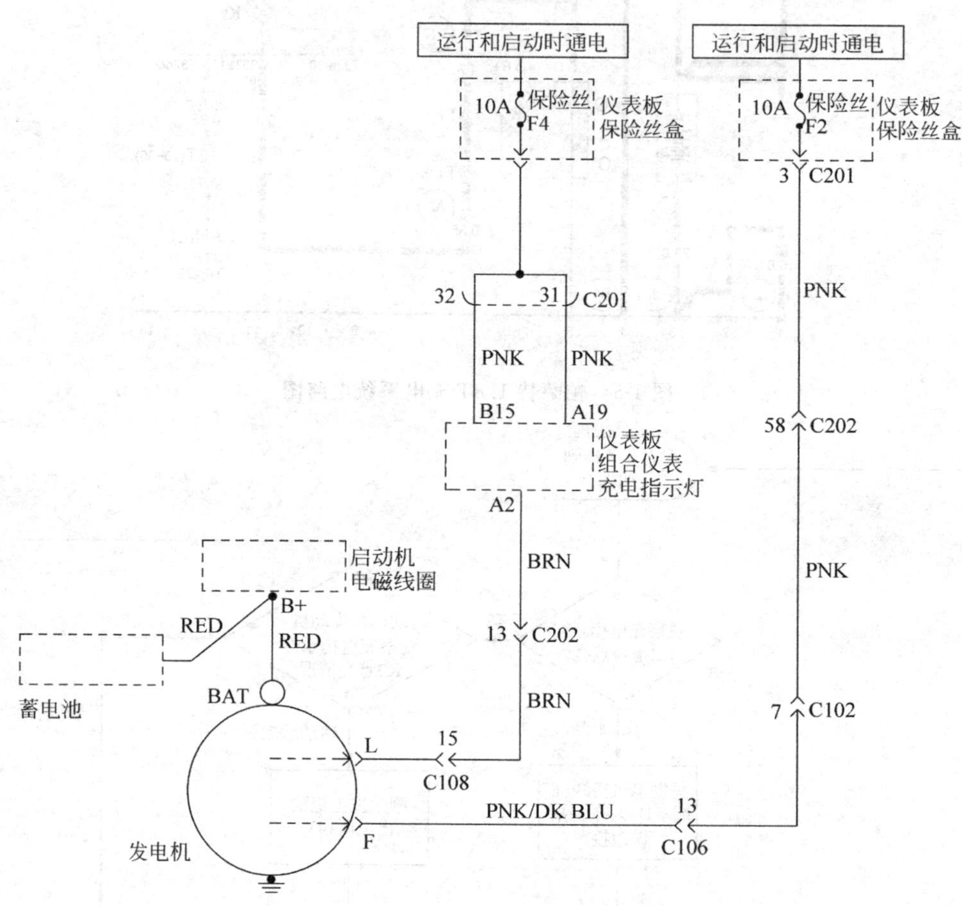

图 1-7 凯越车的充电系统电路图

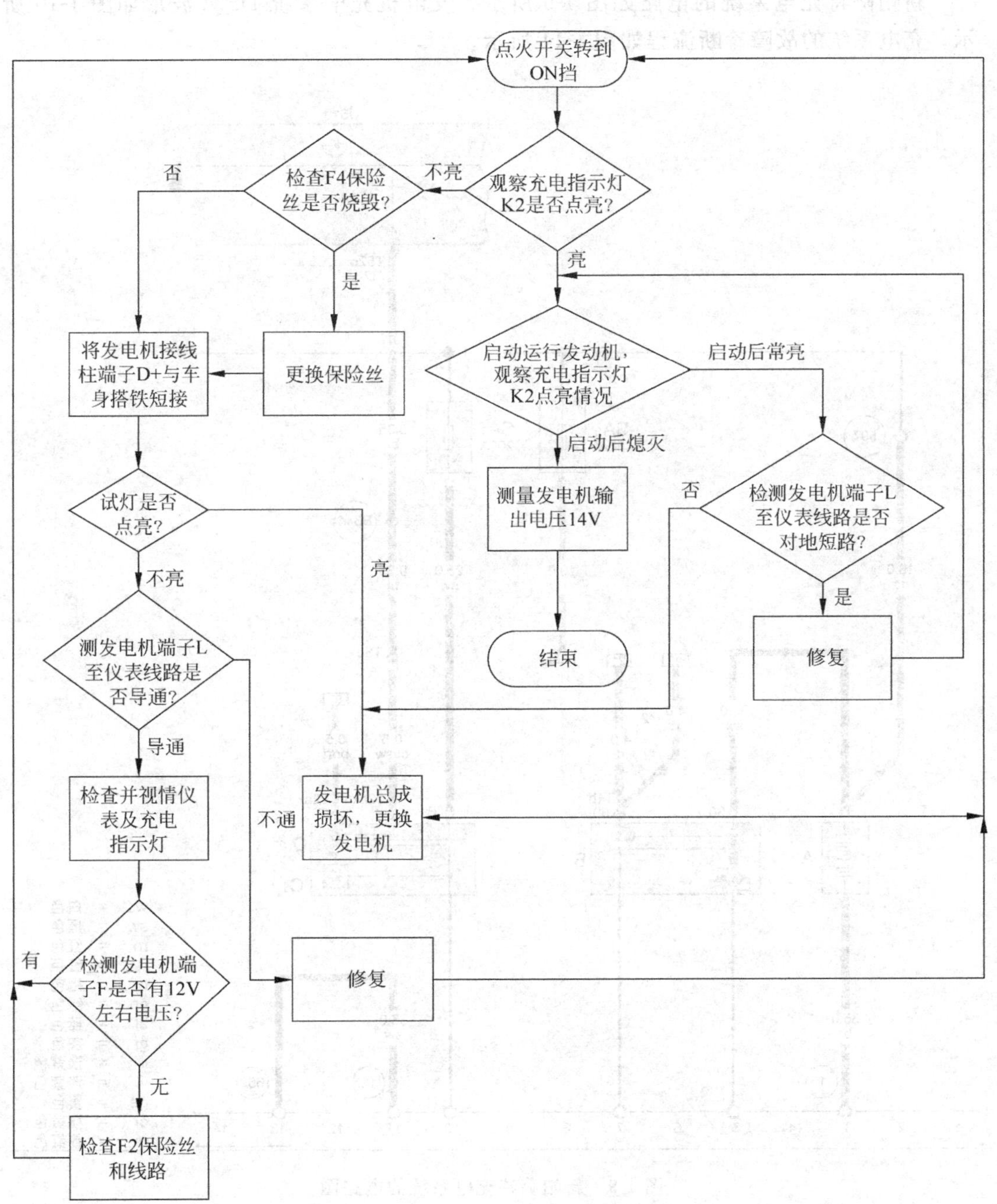

图 1-8　凯越车发电机不充电的故障诊断流程

3）新帕萨特充电系统的故障诊断

新帕萨特充电系统的电路如图 1-9 所示。发电机充电系统 DFM 波形如图 1-10 所示。充电系统的故障诊断流程如图 1-11 所示。

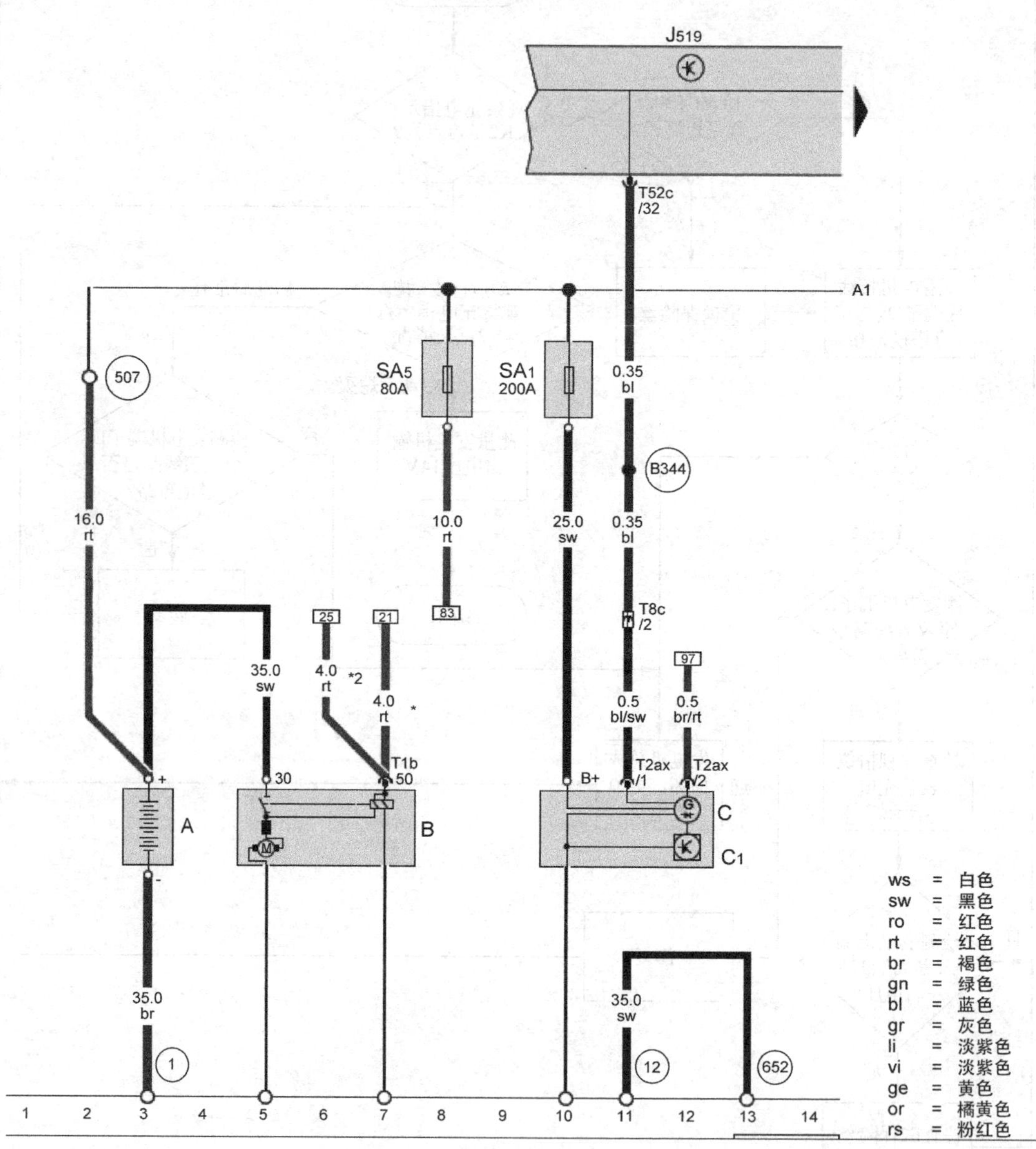

图 1-9 新帕萨特充电系统的电路图

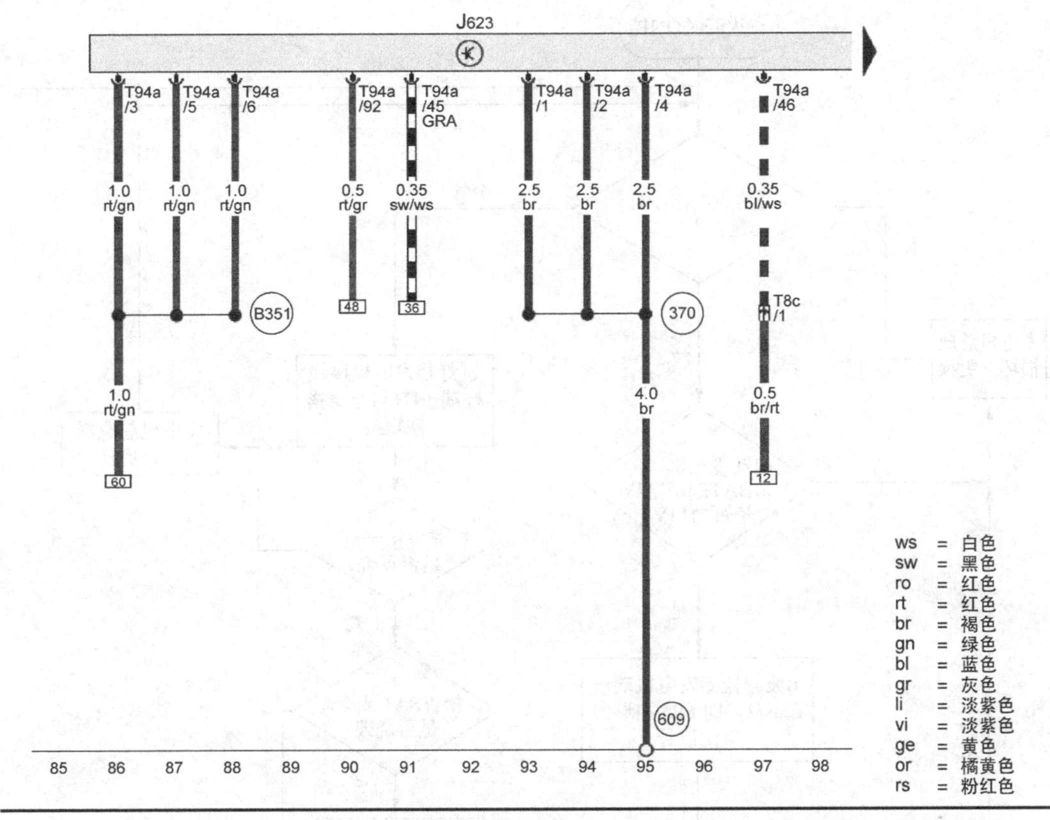

图　1-9(续)

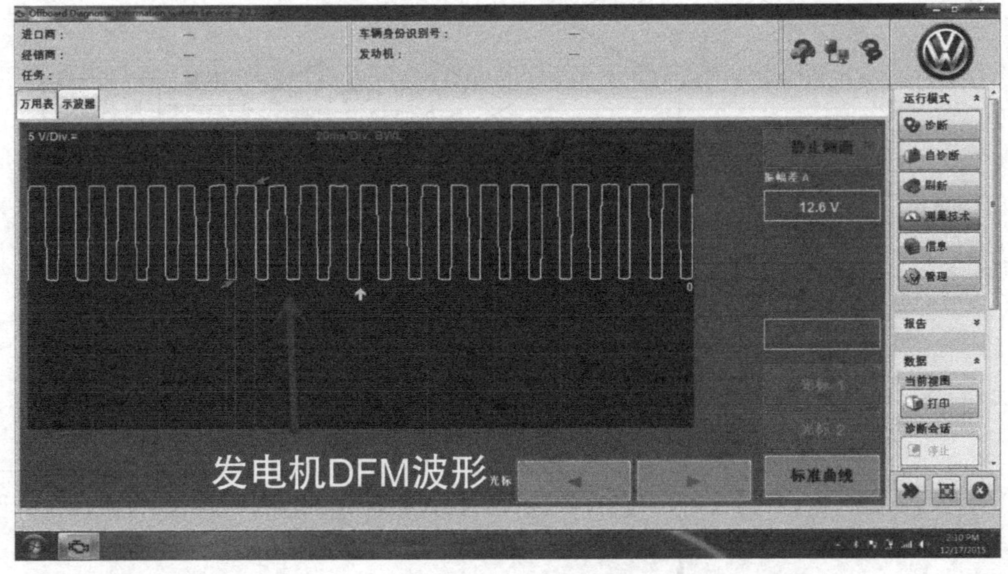

图 1-10　发电机充电系统 DFM 波形图

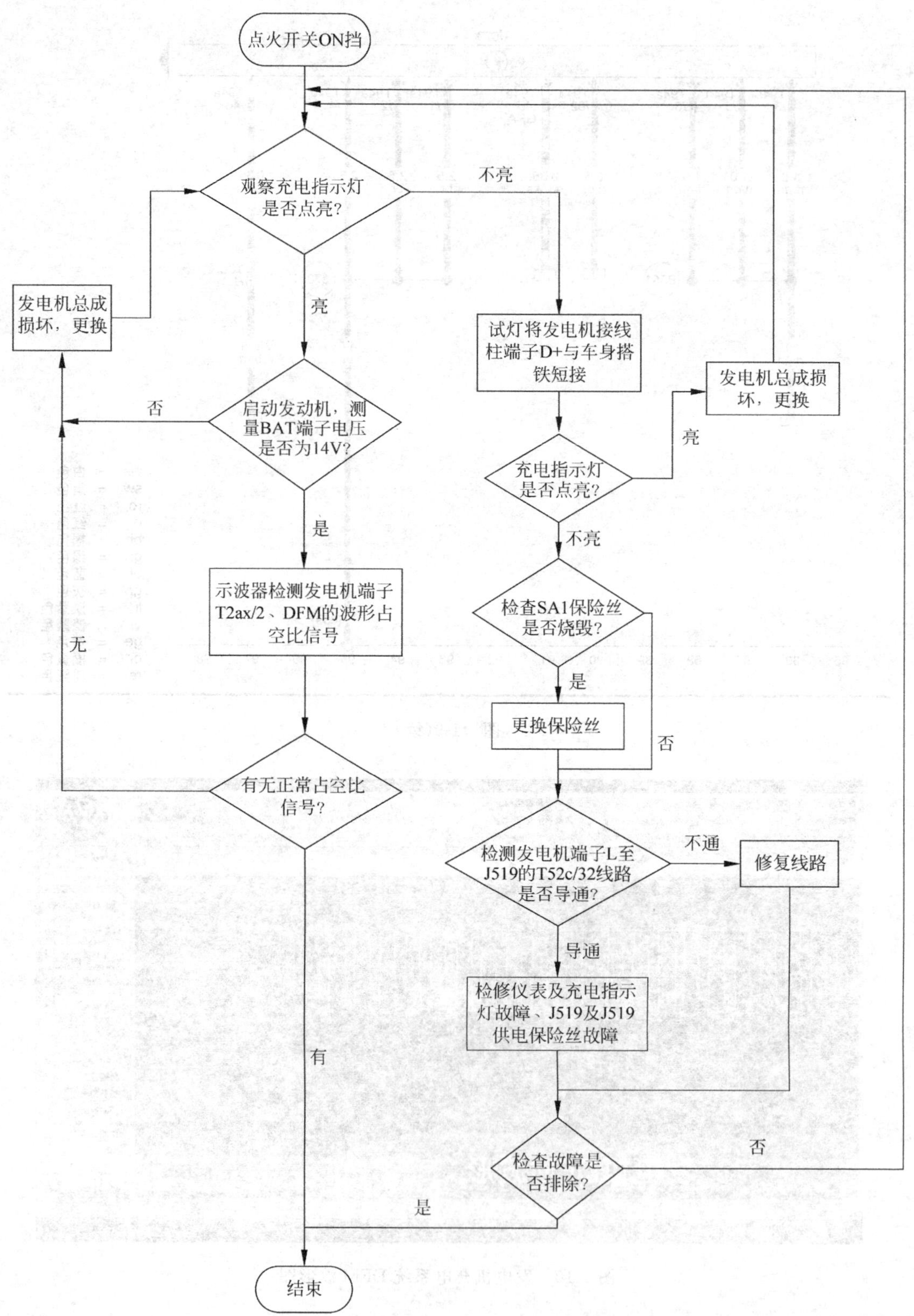

图 1-11 新帕萨特充电系统的故障诊断流程

1.2 启动系统故障诊断

1.2.1 启动机的控制方式和常见故障及原因

1. 启动机的控制方式

启动机的控制方式有以下两种形式。

(1) 启动开关控制启动继电器,启动继电器触点控制启动机上电磁开关的电流,从而控制启动机工作。在控制电路中串联自动变速器的PN开关,可防止挂挡时启动。

(2) 自动启动系统的一键启动功能。ECU通过检测识别发动机的转速来判断接合或断开启动机,从而实现自动启动控制。启动时控制器将发动机转速与发动机的启动临界转速(与发动机温度相关)相比较。如果发动机达到启动临界转速,控制器将自动断开启动机,以缩短启动时间,减少噪声,并且保护启动机。在此基础上可以实现发动机的自动起停功能。但是该系统一旦发生发动机机械咬死,由于一键启动系统控制器自动控制启动过程,可能会造成启动机在通电状态下没有运转而造成烧毁。

2. 启动系统常见故障现象和原因

1) 启动时启动机不转的故障原因

(1) 蓄电池损坏;蓄电池亏电;蓄电池极桩线腐蚀、松动;蓄电池搭铁线搭铁不良。

(2) 启动机损坏(电磁开关、电机);启动系统电路损坏。

(3) P/N开关损坏或安装位置不当;离合器开关损坏。

2) 启动机启动无力的故障原因

(1) 蓄电池亏电;蓄电池极桩线腐蚀、松动;蓄电池搭铁线搭铁不良。

(2) 启动机损坏(电磁开关、电机);启动系统电路接触不良。

3) 启动时启动机打滑,启动机的小齿轮不能和飞轮啮合

启动时启动机打滑,启动机的小齿轮不能和飞轮啮合的故障原因是单向离合器打滑。

1.2.2 大众帕萨特车启动机不转故障诊断

1. 故障检测诊断基本思路

(1) 检查蓄电池的供电和搭铁。启动时启动机不转,首先检查挡位开关是否置于P挡还是N挡,蓄电池的静态电压和启动时电压降是否正常,蓄电池极桩线连接是否良好无松动及氧化腐蚀,蓄电池搭铁是否良好,启动机供电和搭铁是否正常。

(2) 判断故障在启动机控制系统还是启动机本身。首先在启动机电磁开关控制线路插头处连接12V试灯,将点火开关转至启动挡。如果此时测试灯点亮,说明启动机控制系统正常无故障,故障在启动机本身;如果测试灯不亮,则说明启动机控制电路有故障。

2. 帕萨特启动机不工作的故障诊断流程

大众帕萨特启动机控制系统电路如图 1-12 所示。点火开关 D 在 ST 启动位置直接供电给启动机电磁开关 B50 号线。帕萨特启动机不工作的故障诊断流程如图 1-13 所示。

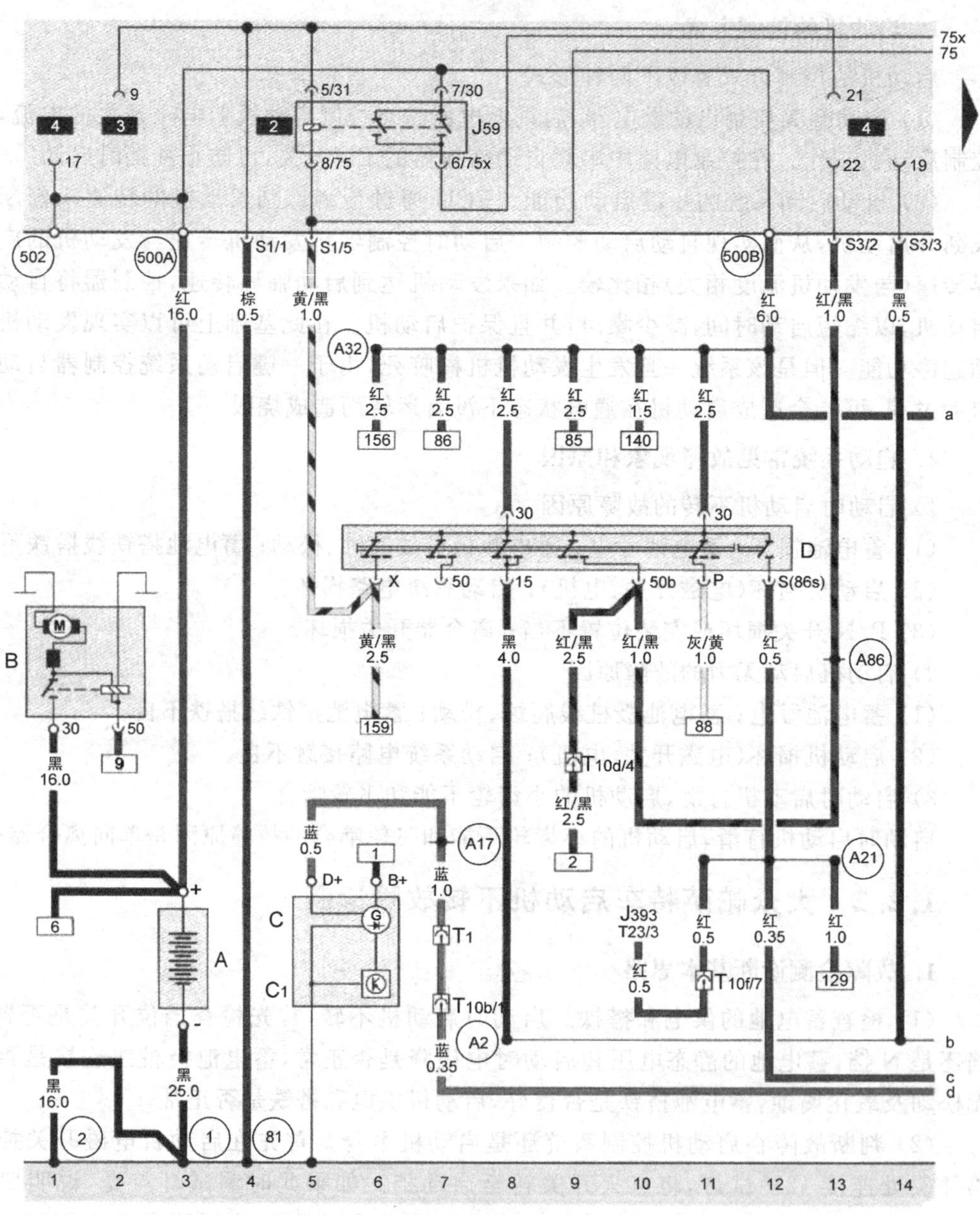

图 1-12 大众帕萨特启动机的控制系统电路图

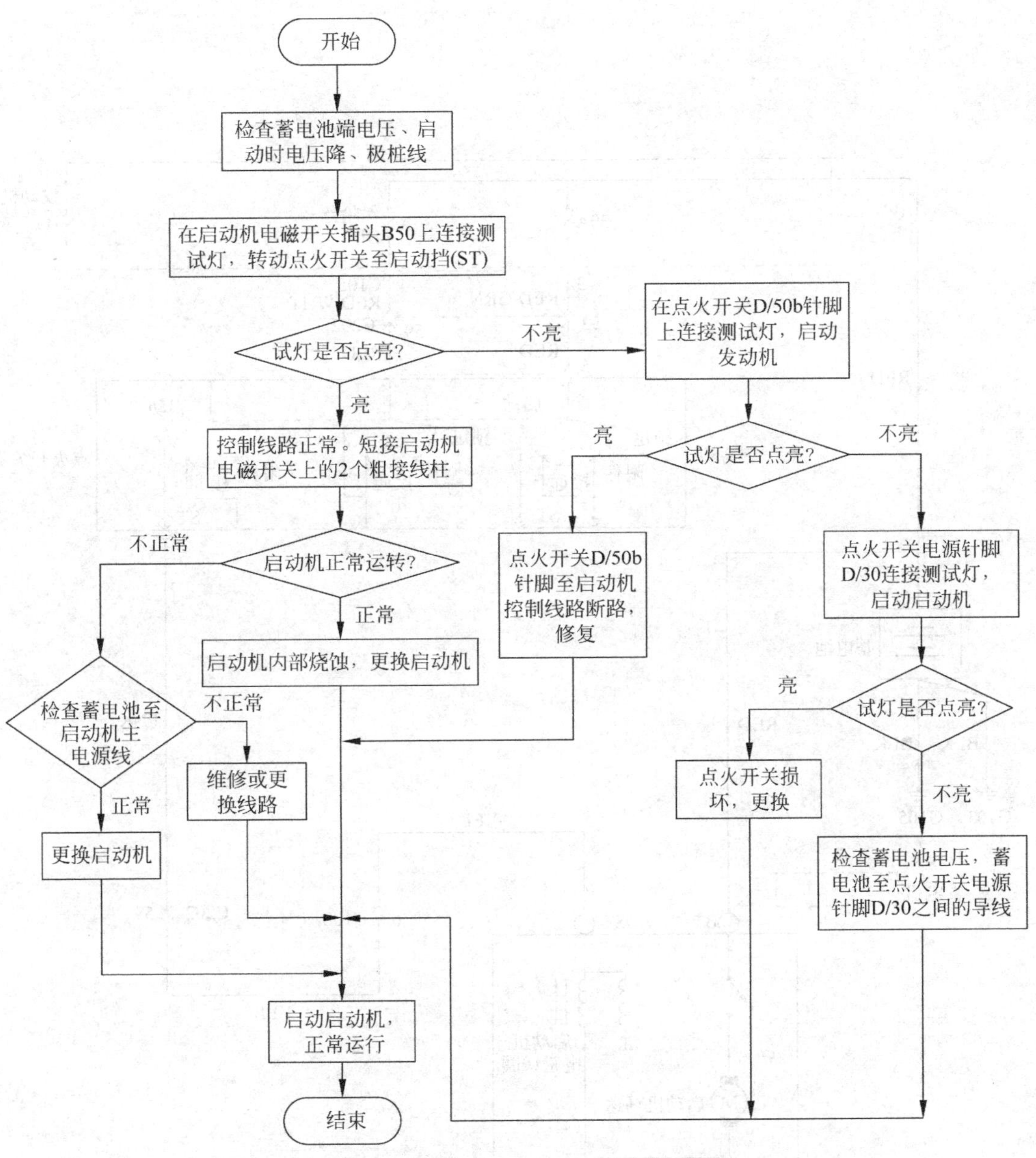

图 1-13　帕萨特启动机不工作的故障诊断流程

1.2.3　别克凯越车启动机不转故障诊断

别克凯越启动机控制系统电路如图 1-14 所示。点火开关在启动位置直接供电给启动机电磁开关 ST 端子。别克凯越启动机不工作的故障诊断流程如图 1-15 所示。

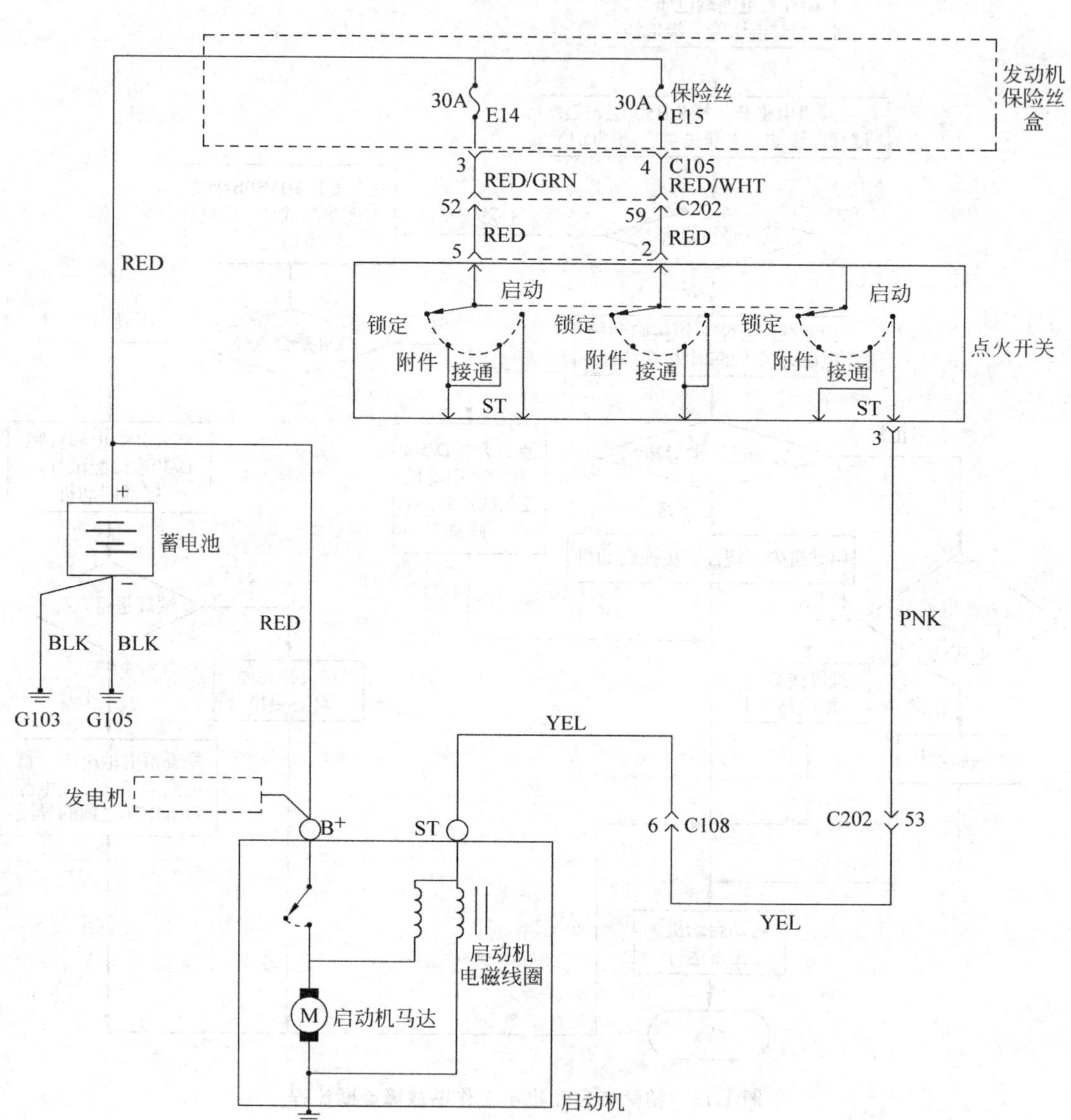

图 1-14 别克凯越启动机控制系统电路图

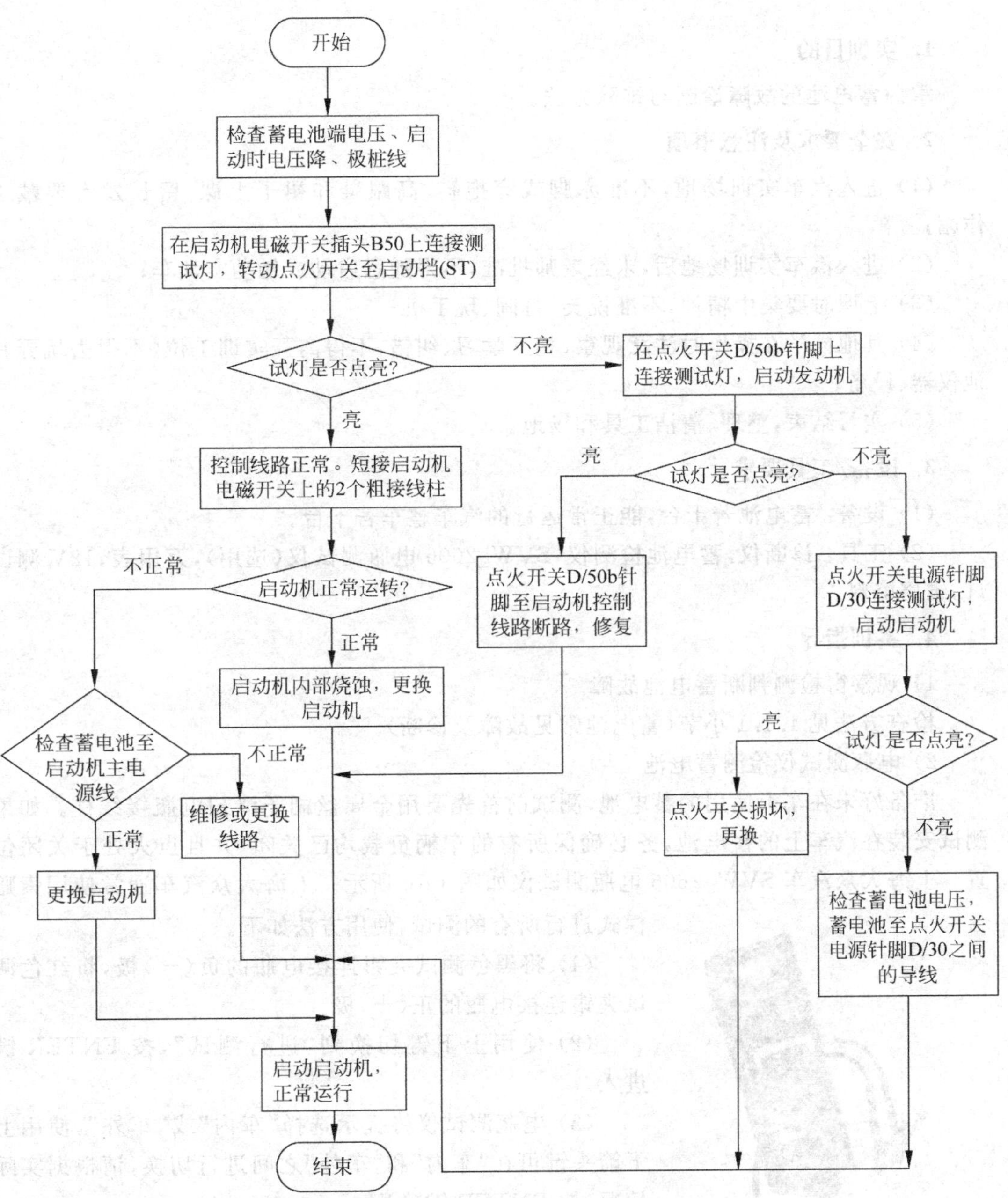

图 1-15　别克凯越启动机不工作的故障诊断流程

1.3 技能实训：蓄电池故障诊断与排除

1. 实训目的

掌握蓄电池的故障诊断与排除方法。

2. 安全要求及注意事项

(1) 进入汽车实训场地，不准赤脚或穿拖鞋、高跟鞋和裙子上课，留长发者要戴工作帽；

(2) 进入汽车实训场地后，未经老师批准，不得随意启动或触动实训车；

(3) 上课时要集中精神，不准说笑、打闹、玩手机；

(4) 其他同学在操作时注意观察，相互学习、纠错，不得离开实训工位，不得去玩弄其他仪器、设备；

(5) 实习结束，整理、清洁工具和场地。

3. 设备/工具要求

(1) 设备：蓄电池若干台，能正常运行的汽车整车若干台。

(2) 工具：诊断仪，蓄电池检测仪，SVW_2606 电瓶测试仪(选用)，万用表，12V 测试灯，维修资料。

4. 实训指导

1) 观察窗检测判断蓄电池故障

检查方法见 1.1.1 小节(蓄电池常见故障及诊断)。

2) 电瓶测试仪检测蓄电池

准备好未在车上使用的蓄电池，测试前首先要用金属丝刷子清扫电瓶接线柱。如果测试安装在汽车上的蓄电池，务必确保所有的车辆负载均已关闭，并且点火处于关闭位置。上海大众汽车 SVW_2606 电瓶测试仪如图 1-16 所示。上海大众汽车通常使用索赔模式进行所有的测试，使用方法如下。

图 1-16 SVW_2606 电瓶测试仪

(1) 将黑色测试夹钳连接电瓶的负(－)极，将红色测试夹钳连接电瓶的正(＋)极。

(2) 使用上下键切换到“进行测试”，按 ENTER 键进入。

(3) 电瓶测试仪将提示选择“车内”或“车外”，使用上下箭头键可在“车内”和“车外”之间进行切换，请根据实际情况，按 ENTER 键确认。

(4) 电瓶测试仪将提示选择“普通铅酸蓄电瓶”或普通 AGM 电瓶、常规式 AGM 电瓶。上海大众车辆全部选择“普通铅酸蓄电瓶”，按 ENTER 键确认选择“普通铅酸蓄电瓶”。

(5) 电瓶测试仪将提示选择“索赔测试”“48 小时测试”或“其他测试”。选择“索赔测试”。

(6) 电瓶测试仪将显示 280 DIN(A)或其他数值，必须使用上下箭头键将该值调整到被测电瓶标注的 DIN 值，按 ENTER 键确认。

(7) 电瓶测试仪将给出测试结果，见表 1-1 和图 1-17。要索赔电瓶必须要生成测试代码，直接按 BACK/PRINT 生成测试代码。

表 1-1 蓄电池评价测试结果

蓄电池测试仪的打印输出	测试仪显示
电池良好	蓄电池正常
电池良好-须充电	对蓄电池进行充电
充电后再测试	对蓄电池进行充电，并重复测试
更换电池	蓄电池损坏，进行更换

SVWZ606
蓄电池测试仪
CONFIG: 192-110287B
测试报告
11/02/2011
8:56 AM
维修站编号
00000000
索赔测试
更换电池
电压 12.59V
测试值 307 DIN(A)
额定值 720 DIN(A)
电池类型 普通蓄电池
电池位置 车外
委托单号
0001
VIN末尾8位
00000001
测试代码
0049G00-XD0149D

图 1-17 电瓶测试仪打印测试结果

注意：此时如果被测车辆为长期停放或电瓶长期放置，该测试仪将出现温度补偿和充电前后情况选择。

温度补偿包括大于 0℃或小于 0℃，按实际测试温度选择后按 ENTER 键确认。

充电前后情况选择，即按照该电瓶测试前实际是否充电情况选择后按 ENTER 键确认。

1.4 技能实训：充电指示灯常亮故障的诊断与排除

1. 实训目的

掌握充电指示灯常亮故障的诊断与排除方法。

2. 安全要求及注意事项

(1) 进入汽车实训场地，不准赤脚或穿拖鞋、高跟鞋和裙子上课，留长发者要戴工作帽；

(2) 进入汽车实训场地后，未经老师批准，不准启动实训车；

(3) 发动机运行时不能随意将手伸到发动机室，避免被运转部件卷入，或被高温部件烫到；

(4) 上课时要集中精神，不准说笑、打闹、玩手机；

(5) 其他同学在操作时注意观察，相互学习、纠错，不准离开实训工位，不准去玩弄其他仪器、设备；

(6) 实习结束，整理、清洁工具和场地。

3. 设备/工具要求

(1) 设备：能正常运行的汽车整车，或发动机台架若干台。

(2) 工具：诊断仪、万用表、12V 测试灯、维修资料。

4. 实训指导

(1) 充电指示灯常亮的故障原因主要是发电机损坏不发电，或充电电路故障。

(2) 发电机不发电的原因有：发电机损坏或电压调节器损坏；发电机至蓄电池的励磁电路短路；发电机至蓄电池的充电电路有故障。

(3) 查阅维修手册，分析充电电路，制定检测诊断步骤。

(4) 由于发电机电压调节器都安装在发电机内部，所以发电机损坏或电压调节器损坏都须更换发电机总成。

(5) 上海大众帕萨特车和别克凯越车的充电指示灯常亮故障的诊断与排除方法参见1.1.1 小节充电系统故障诊断。

1.5 技能实训：启动时启动机不转故障的诊断与排除

1. 实训目的

掌握启动时启动机不转故障的诊断与排除方法。

2. 安全要求及注意事项

(1) 进入汽车实训场地，不准赤脚或穿拖鞋、高跟鞋和裙子上课，留长发者要戴工作帽；

(2) 进入汽车实训场地后，未经老师批准，不准擅自启动汽车；

(3) 上课时要集中精神，不准说笑、打闹、玩手机；

(4) 其他同学在操作时注意观察，相互学习、纠错，不准离开实训工位，不准去玩弄其他仪器、设备；

(5) 实习结束，整理、清洁工具和场地。

3. 设备/工具要求

(1) 设备：能正常运行的汽车整车若干台。

(2) 工具：诊断仪、万用表、12V 测试灯、维修资料。

4. 实训指导

(1) 启动时启动机不转的故障原因有启动机损坏、启动电路故障、蓄电池亏电等。

(2) 查阅维修手册,分析启动电路,制定检测诊断步骤。

(3) 首先检查蓄电池储存电量,检查蓄电池启动时的电压降是否大于10V,检查蓄电池极桩线是否氧化腐蚀或松动。

(4) 检查启动机是否良好。

(5) 检查启动电路。

(6) 启动机不转的故障有蓄电池故障、启动机故障、启动控制电路故障,诊断与排除的方法和步骤参见图1-13和图1-15。

练习与思考题

1. 判断题(正确的打√,错误的打×)

(　　)(1) 蓄电池容量是指蓄电池一次完全充足电后,在允许的放电范围内所输出的电量。

(　　)(2) 蓄电池使用三色酸液液位显示,观察窗中显示为白色,表示需更换蓄电池。

(　　)(3) 大众帕萨特1.8T车充电指示灯不亮,故障原因可能是发电机电压调节器故障。

(　　)(4) 别克凯越车启动时启动机不工作,可能是E15号保险丝故障。

(　　)(5) 测量交流发电机空载时为600r/min时,电压可达14V,可以判断发电机是好的。

(　　)(6) 发动机无法正常启动,用电压表测得蓄电池电压为12.6V,可以判断蓄电池的电量充足,不需要对蓄电池做进一步检查。

(　　)(7) 发电机正常发电时,充电指示灯常亮。

(　　)(8) 免维护蓄电池显示酸液不足时,可以用添加自来水的方法补充液面。

2. 填空题

(1) 铅酸蓄电池的每个单格电池的标称电压为________,正极板上的活性物质是二氧化铅,负极板上的活性物质是海绵状的________,呈青红色。

(2) 某铅酸蓄电池型号为6-QAW-65D,其标准电压为________,额定容量为________。

(3) 影响蓄电池容量的因素主要有极板的________、________、________和________。

(4) 蓄电池的内阻大小反映了蓄电池带负载的能力。在相同条件下,内阻________,输出________越大,带负载能力越强。蓄电池内阻包括________、________、________、________等的电阻。

(5) 交流发电机定子的作用是________,而转子的作用是________。

(6) 启动机由________、________和________组成。

(7) 在发动机启动过程中,电磁开关中的吸引线圈的电流大小和方向都是变化的,在启动机的主电路未接通之前，吸引线圈的电流与保持线圈的电流方向是________，而主电路接通时，吸引线圈的电流________，松开点火开关时，其电流方向与保持线圈的电流方向________。

3. 画故障诊断流程图

(1) 大众帕萨特 1.8T 车的充电指示灯常亮故障。

(2) 别克凯越车的启动无力故障。

模块2

汽车发动机机械故障诊断

学习目标

1. 知识目标

(1) 能说出诊断发动机异响故障的排除方法;

(2) 能叙述诊断机油消耗过快故障的排除方法;

(3) 能描述诊断冷却系统故障的排除方法;

(4) 能说出诊断发动机动力不足故障的排除方法;

(5) 能描述诊断发动机排放异常故障的排除方法。

2. 能力目标

(1) 学会诊断排除发动机冷却系统故障的方法;

(2) 学会排除发动机动力不足故障的基本方法;

(3) 学会诊断与排除发动机机械故障的基本方法;

(4) 学会辨听发动机异响、判断故障部位的基本方法。

案例导入

一辆奥迪 100 热车不易启动,冷车启动更困难,需使用电量很足的蓄电池,启动 10 多次才能着车。行驶中动力不足,发动机油消耗严重。

观察发现,这辆汽车启动后,打开机油加注口的盖子,能看到有很多气体冒出来,而且有发动机燃烧的废气味道,感觉曲轴箱内气体压力很高。检查发现点火系统正常,燃油系统正常。测量气缸压力,结果为 1 缸 1.2MPa,2 缸 0.4MPa,3 缸 0.4MPa,4 缸 0.3MPa。规定气缸压力为 1.1~1.3MPa,最低极限压力为 0.9MPa,各气缸压力允许最大差值为

0.2MPa。这台发动机有3个气缸的压力低于规定值,故障原因是活塞环密封不良或气门密封不良。根据曲轴箱内废气多,也证明了这一点。更换活塞环,可排除故障。

服务方案

(1) 听取客户报修的故障现象,请客户填写维修工单;

(2) 服务顾问检查收取行驶证,填写客户有关数据;

(3) 验证客户叙述的故障,与客户沟通,初步确定维修方案;

(4) 拆检后,根据发动机内部损坏情况和维修成本,确定维修方案。有修理价值,对发动机进行大修;没有修理价值,则更换发动机。

拓 扑 图

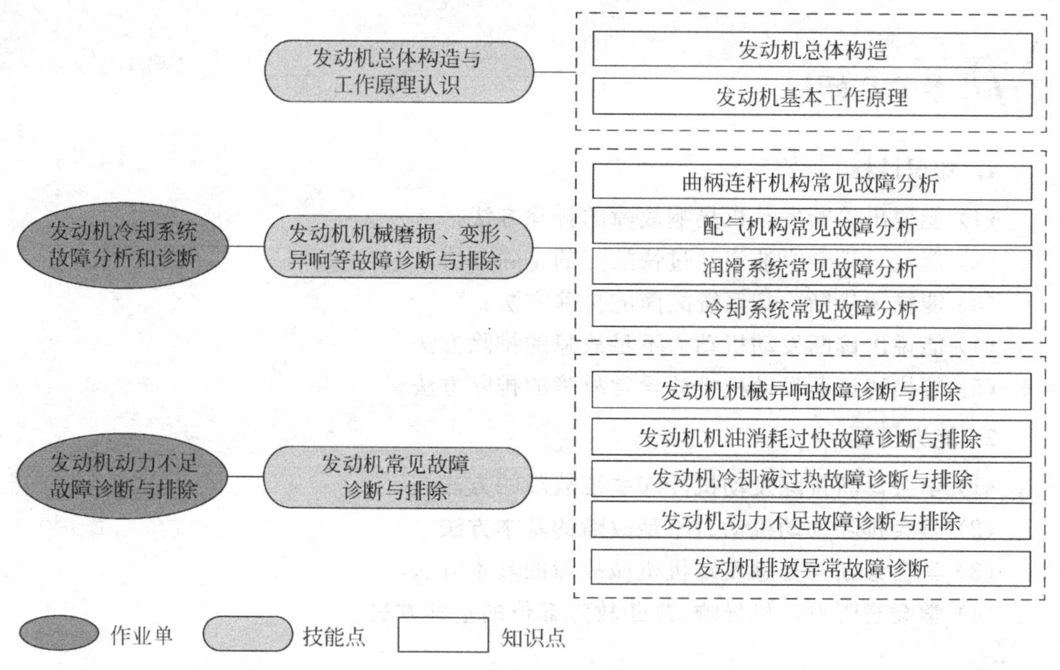

2.1 发动机概述

汽车发动机由许多零件组成,结构形式多种多样。现在最广泛使用的是以汽油和柴油为燃料的往复活塞式发动机。由于汽油发动机和柴油发动机工作原理相同,所以机械结构也基本相同。

发动机是汽车的动力装置,其作用是将液体或气体的化学能通过燃烧后转化为热能,再把热能通过膨胀转化为机械能来驱动汽车行驶。发动机由曲柄连杆机构、配气机构、燃料供给系统、润滑系统、冷却系统、点火系统和启动系统组成,如图 2-1 所示。

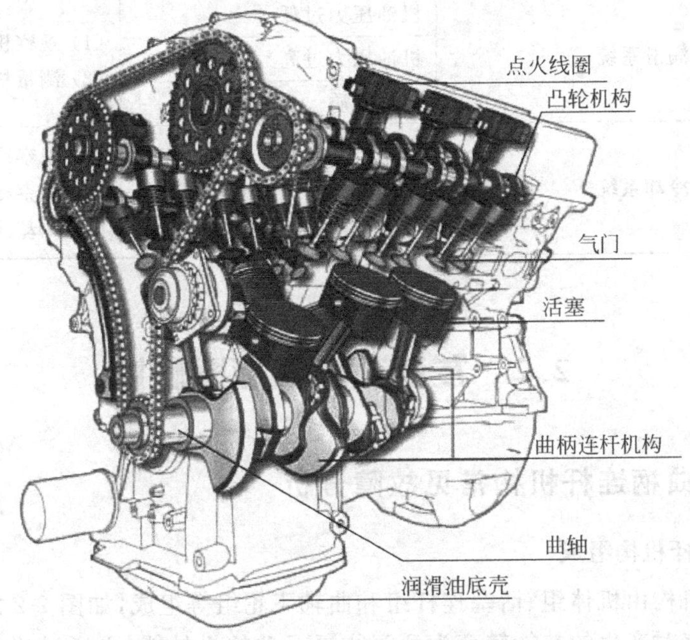

图 2-1 发动机结构图

活塞在气缸内往复进气、压缩、做功和排气四个冲程完成一个工作循环,这种发动机称为四冲程发动机。若发动机机械系统零部件完好,装配符合原厂技术要求,电控系统良好,则其运行一定正常。反之,若发动机机械系统零部件磨损,或装配不符合原厂技术要求,或电控系统有故障,则其运行一定异常,并且有故障现象出现。发动机的常见故障现象有发动机不能启动运行、难启动、动力不足、加速不良、怠速不稳、油耗高、机油消耗快、水温过高或过低、运行有异响等。发动机机械系统故障见表 2-1。

表 2-1 发动机机械故障一览表

序　　号	故障机构与系统	故障部位与原因	不解体检测方法
1	气缸体和曲柄连杆机构	气缸体和气缸盖变形、裂纹	(1) 测量气缸压力 (2) 内窥镜检查 (3) 冷却液加压检查
		气缸体和气缸盖的裂纹	
		气缸垫烧蚀、破损	
		发动机缸壁损坏	
		活塞环损坏或不良	
		曲轴轴颈磨损	
2	配气机构	凸轮轴异响	(1) 用听诊器听异响 (2) 测量气缸压力
		气门脚异响	
		气门弹簧异响	
		气门座圈异响	

续表

序　号	故障机构与系统	故障部位与原因	不解体检测方法
3	润滑系统	机油压力过低	(1) 观察机油量和品质 (2) 测量机油压力
		机油压力过高	
		机油变质	
4	冷却系统	发动机过热	(1) 观察冷却液量和品质 (2) 观察冷却风扇运行情况 (3) 冷却液加压检查
		发动机温度过低或升温过慢	
		冷却液消耗过快	

2.2 发动机机械故障概述

2.2.1 曲柄连杆机构常见故障分析

1. 曲柄连杆机构组成

曲柄连杆机构由机体组、活塞连杆组和曲轴飞轮组等组成，如图 2-2 所示。曲柄连杆机构将燃料燃烧时产生的热能转变为活塞往复运动的机械能，再通过连杆将活塞的往复运动变为曲轴的旋转运动，对外输出动力。

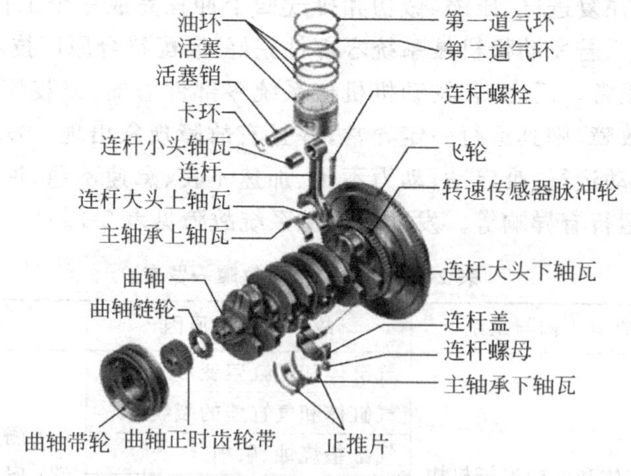

图 2-2　曲柄连杆机构的组成

2. 曲柄连杆机构常见故障现象及原因

曲柄连杆机构的故障属于机械类故障。此类故障大多数有异响出现，异响是由于曲柄连杆机构运动机件的自然磨损和老化，使零件互相配合间隙增大和磨损，在运动中由于振动和相互撞击而发生的金属撞击声。所以，曲柄连杆机构的异响，往往反映出不同性质和程度上的故障。曲柄连杆机构常见故障现象及原因见表 2-2。

表 2-2 曲柄连杆机构常见故障现象及原因

序号	故障类别	故障现象	故障原因
1	气缸体和气缸盖变形	(1) 发动机排白烟； (2) 怠速运转时打开水箱盖，看到水箱冒气泡； (3) 气缸压力低	(1) 缸体铸造加工不准确，造成内应力很大，高温时内应力重新分布； (2) 曲柄连杆机构往复运动产生的力作用在气缸体上，气缸内拉压、弯曲和扭转的作用力使气缸体平面翘曲变形； (3) 在拧紧气缸盖螺栓时，不按规定顺序拧紧，扭力过大或不均匀，以及在高温下拆卸气缸盖等原因，也会造成气缸体与气缸盖的变形； (4) 发动机长期在高转速、大负荷条件下工作，润滑不足、烧瓦抱轴等也会引起气缸体变形、抱轴、承座孔中心线的变化
2	气缸体和气缸盖有裂纹	(1) 发动机排白烟； (2) 怠速运转时打开水箱盖，看到水箱冒气泡； (3) 气缸压力低	(1) 气缸体与气缸盖水套壁较薄； (2) 缸体结冰冻裂、冷热急剧变化、碰撞受振； (3) 水垢集聚过多而散热不良、铸造时的残余应力影响； (4) 发动机在高速运转时的惯性、热应力、气缸体受交变应力作用等原因，使水套壁产生裂纹
3	气缸垫烧蚀	(1) 发动机运转不平稳，排气管有“突、突”的响声； (2) 发动机工作性能变坏，动力下降，转速不能提高； (3) 相邻两缸窜气，气缸压力降低，排气管放炮； (4) 气缸垫水道处窜气，致使发动机散热器内有气泡； (5) 冷却液漏入气缸内，排白烟，发动机难以启动； (6) 冷却液漏入曲轴箱，使润滑油油面升高，且变质； (7) 发动机温度高，有时会发现在发动机外部气缸垫边缘有漏水之处	(1) 缸盖螺栓拧紧顺序错误；气缸盖螺栓拧紧力不均匀，或拧紧力不够； (2) 气缸体和气缸盖接合面变形； (3) 发动机经常在大负荷、点火过早、发动机过热、爆震等情况下运行； (4) 气缸垫本身质量差

续表

序号	故障类别	故障现象	故障原因
4	发动机拉缸	(1) 发动机运转有明显响声，温度升高，响声明显加重； (2) 发动机动力下降； (3) 发动机明显抖动； (4) 怠速运转时易熄火、停机； (5) 排气管排蓝烟，加机油口处冒蓝烟； (6) 用手转动曲轴阻力大	(1) 活塞与气缸配合间隙小； (2) 活塞加工几何形状变形； (3) 缸孔过脏； (4) 活塞环与缸壁发卡、活塞环隙过小； (5) 机油变质、压力过低； (6) 发动机过热； (7) 驾驶员不按走合期要求使用
5	活塞环故障	(1) 发动机动力下降； (2) 气缸压力不足； (3) 从加机油口处冒大量蓝烟； (4) 烧机油，机油严重变质； (5) 有漏气响	(1) 活塞环弹性不足； (2) 活塞环之间间隙大； (3) 活塞环断裂； (4) 活塞环对口不正确
6	曲轴轴颈的磨损	(1)主轴颈、连杆轴颈磨损成椭圆形； (2) 机油压力明显降低； (3) 接合离合器，总有短暂颤抖	(1) 润滑不好，机油牌号不对； (2) 热处理工艺不当； (3) 轴颈磨削之前校正不够好，加工时磨掉淬硬层； (4) 曲轴飞轮组动平衡不好； (5) 长时间承受大负荷

2.2.2 配气机构常见故障分析

1. 配气机构的组成

配气机构的功用是根据发动机的工作顺序和工作过程，定时开启和关闭进气门与排气门，使可燃混合气或空气进入气缸，并使废气从气缸内排出，实现换气过程。配气机构大多采用顶置气门式配气机构，一般由气门组、气门传动组和气门驱动组组成，如图 2-3 所示。

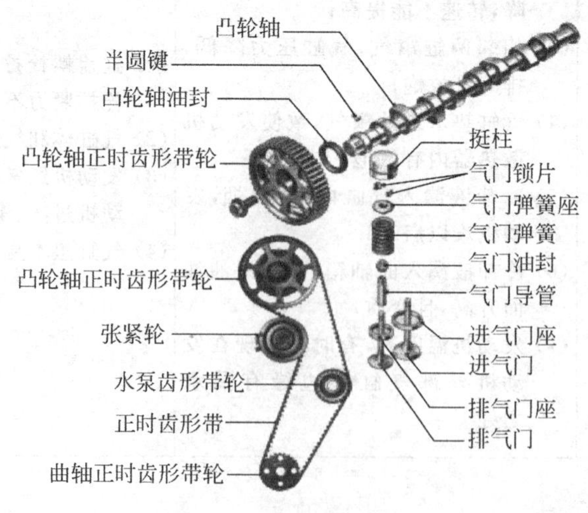

图 2-3 配气机构的组成

2. 配气机构常见故障现象及原因

配气机构的故障主要是配气机构异响和配气相位失准。配气相位失准一般发生在发动机大修后，由于操作人员操作不当造成或同步带齿形磨损引起滑转。遇此故障应立即更换同步带，并按发动机拆装的有关内容重新安装同步带。

配气机构常见故障现象及原因见表 2-3。

表 2-3　配气机构常见故障现象及原因

序号	故障类别	故障现象	故障原因
1	凸轮轴异响	(1) 在发动机上部发出有节奏较钝重的“嗒嗒”声； (2) 中速时明显，高速时响声杂乱或消失	(1) 凸轮轴轴向间隙过大，产生轴向窜动； (2) 凸轮轴有弯、扭变形； (3) 凸轮工作表面磨损； (4) 凸轮轴轴颈磨损，径向间隙过大
2	气门脚异响	(1) 发动机怠速时，气缸盖罩内发出有节奏的“嗒嗒嗒”的响声； (2) 发动机转速升高，响声增大； (3) 发动机温度变化或作断火试验，响声不变	(1) 气门间隙调整不当； (2) 气门杆尾端与气门间隙调整螺钉磨损； (3) 气门间隙调整螺钉的锁紧螺母松动； (4) 凸轮磨损或摇臂圆弧工作面磨损
3	气门弹簧异响	(1) 发动机怠速时有明显的“嚓嚓”的响声； (2) 各转速下均有清脆的响声，多根气门弹簧不良，机体有震动和抖动现象	气门弹簧过软或折断
4	气门座圈异响	(1) 有节奏的类似气门脚响，但比气门脚异响的声音大很多； (2) 发动机转速一定时，响声时大时小，并伴有破碎声； (3) 发动机中低速运转时，响声较清脆，高速时响声增大且变得杂乱	(1) 气门座圈和气缸盖气门座圈座孔配合过盈量不足； (2) 气门座圈镶入气缸盖气门座圈座孔后，滚边时没有将座圈压牢； (3) 气门座圈粉末冶金质量不佳，受热变形以致松动

2.2.3　润滑系统常见故障分析

1. 润滑系统的组成

润滑系统的功用是向做相对运动的零件表面输送定量的清洁润滑油，以实现液体摩擦，减小摩擦阻力，减轻机件的磨损，并对零件表面进行清洗和冷却。润滑系统主要由机油泵、机油滤清器和润滑油道等组成。润滑系统部件和润滑油路如图 2-4 所示。

2. 润滑系统常见故障现象及原因

润滑系统常见故障现象及原因见表 2-4。

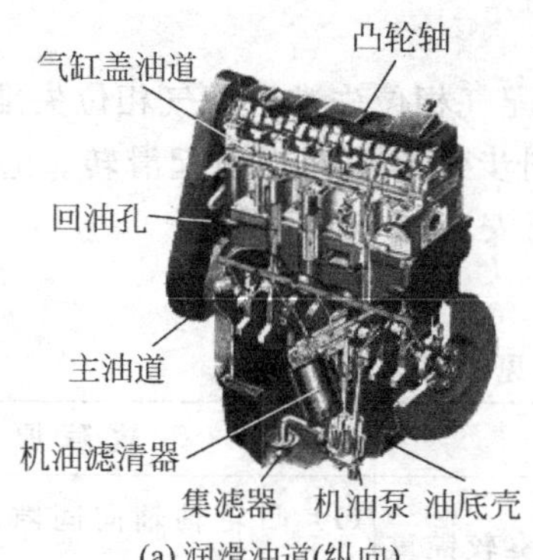

(a) 润滑油道(纵向)

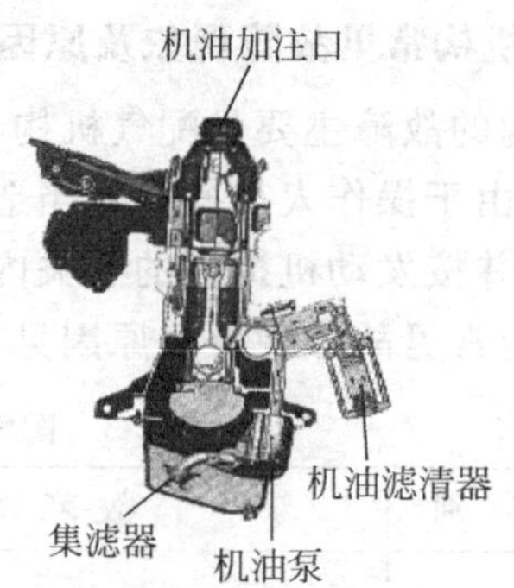

(b) 润滑油道(横向)

图 2-4 润滑系统部件和润滑油路

表 2-4 润滑系统常见故障现象及原因

序号	故障类别	故障现象	故障原因
1	机油压力过低	(1) 发动机启动后，机油压力很快降低，机油报警灯闪亮； (2) 发动机运转过程中机油压力始终过低； (3) 油底壳机油被稀释，油面增高，机油黏度变小，带有浓厚的汽油味或带有水泡味	(1) 机油量没有达到规定容量；机油黏度变小； (2) 汽油或冷却液进入油底壳； (3) 机油集滤器脏、堵； (4) 机油滤清器脏、堵； (5) 机油泵磨损严重； (6) 限压阀调整弹簧弹力过低； (7) 油道堵、泄漏； (8) 发动机曲轴轴承或连杆轴承配合间隙过大，或凸轮轴轴承间隙过大； (9) 机油压力表、机油压力传感器及机油压力报警器工作不正常； (10) 发动机过热
2	机油压力过高	发动机在运转时，机油压力表指示高	(1) 机油黏度过大； (2) 限压阀调整不当或被胶质黏住卡死在关闭位置； (3) 气缸体主油道堵； (4) 机油滤清器滤芯堵塞且旁通阀开启困难； (5) 机油压力表失准或机油传感器失效； (6) 新装配的发动机曲轴轴承或连杆轴承间隙过小
3	机油变质	(1) 从机油尺上滴在洁白吸墨纸上的机油呈黑色并有杂质，或者油滴外缘呈黄色而核心呈黑色； (2) 发动机轴瓦的摩擦表面呈腐蚀状，被胶膜、积炭或其他沉积物覆盖	(1) 机油压力过低且机油黏度过大； (2) 机油粗滤器滤芯堵塞或旁通阀弹簧过软； (3) 机油细滤器滤芯堵塞或其中心孔两端密封不良； (4) 曲轴箱通风不良； (5) 活塞环漏气； (6) 汽油泵膜片破裂，汽油进入油底壳； (7) 发动机缸体破裂，冷却液漏入油底壳

2.2.4　冷却系统常见故障分析

1. 冷却系统的组成

水冷发动机的冷却系统通常由冷却水套、水泵、风扇、水箱、节温器等组成，如图 2-5 所示。冷却系统的功用是将受热零件吸收的部分热量及时散发出去，保证发动机在最适宜的温度状态下工作。

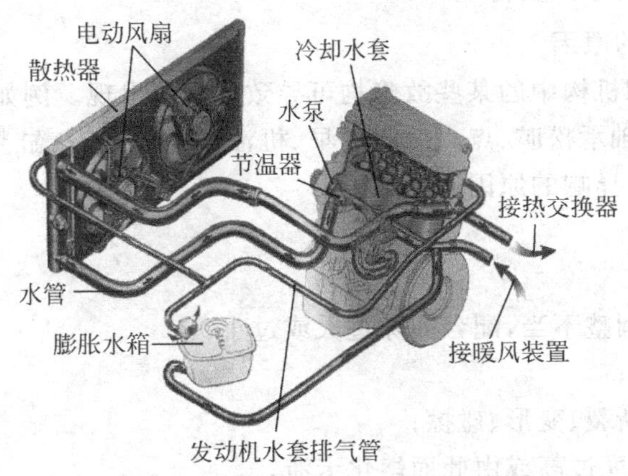

图 2-5　水冷发动机的冷却系统

2. 冷却系统常见故障现象及原因

冷却系统常见故障现象及原因见表 2-5。

表 2-5　冷却系统常见故障现象及原因

序号	故障类别	故障现象	故障原因
1	发动机过热	(1) 发动机水温表一直指示 100℃及以上； (2) 水温表指示值高于正常温度范围，虽然冷却风扇一直高速运转，但水温表指示值却不能下降	(1) 冷却液不足； (2) 冷却风扇不转或只能低速转； (3) 散热器不良或损坏； (4) 散热器盖蒸汽阀节温器、水泵不良或损坏； (5) 水套严重结垢
2	发动机工作温度过低或升温过慢	(1) 行驶中水温表一直指示水温过低； (2) 发动机运行，水温表指示值长时间达不到 90～100℃	(1) 节温器不良； (2) 水温表及传感器故障； (3) 风扇离合器或温控开关故障
3	冷却液消耗过快	每天或几天就要添加冷却液	(1) 冷却风扇、水管或接口、水泵损坏； (2) 气缸垫、气缸盖、气缸体损坏； (3) 气缸盖或气缸体平面的平面度误差过大

2.3 发动机机械诊断与排除

2.3.1 发动机机械异响故障诊断与排除

1. 发动机异响的原因及特性

1）发动机异响的原因

发动机各系统和机构中的某些故障均可导致异响的出现。例如，发动机过热、气门间隙过大、曲轴或连杆轴承松旷、点火时间过早、机油严重不足、气缸垫烧穿等，均可引起不同声响。引起发动机异响的原因归纳如下。

(1) 爆震或早燃；

(2) 机件磨损；

(3) 机件装配、调整不当，配合间隙过大或过小；

(4) 紧固件松脱；

(5) 机件损坏、断裂、变形、碰擦；

(6) 机件工作温度过高或由此而熔化卡滞；

(7) 润滑不良；

(8) 回转件平衡遭破坏；

(9) 使用材料、油料和配件的材质、型号、规格、品质不符要求。

2）发动机异响的振动区域

发动机两大机构的振动区域大致可分为以下四个。

(1) 气缸体与油底壳之间：曲轴轴承响，曲轴裂纹，连杆轴承响等；

(2) 气缸体与气缸盖之间：气门座圈响，气缸上部凸肩；

(3) 气缸盖与气缸盖罩盖：凸轮轴轴承响，液压挺杆响，气门脚响等；

(4) 发动机前端的附件部分：发电机等附件及传动带的异响。

3）发动机异响的特性

发动机异响常与发动机的转速、温度、负荷、缸位、工作状态等有关。

(1) 发动机异响与转速的关系。

大多数异响的出现，取决于发动机的转速状态，见表 2-6。

表 2-6 发动机异响与转速的关系及原因

异响状态	异响原因
异响在发动机急加速时出现，维持高速运转声响仍存在	(1) 连杆轴承松旷，轴瓦烧熔，尺寸不符而松动； (2) 曲轴轴承松旷，轴瓦烧熔； (3) 活塞销磨损
维持某转速时声响紊乱，急加速时相继发出短暂响声	(1) 凸轮轴正时齿轮破裂，其固定螺母松动； (2) 活塞销衬套松旷； (3) 凸轮轴轴向间隙过大或其衬套松旷

续表

异响状态	异响原因
异响仅在怠速或低速时存在	(1) 活塞与气缸壁间隙过大； (2) 活塞销装配过紧或连杆轴承装配过紧； (3) 挺柱与其导孔间隙过大； (4) 凸轮磨损； (5) 启动爪松动影响皮带轮响

(2) 发动机异响与负荷的关系。

发动机的许多异响与负荷有明显的关系，诊断时可采取逐缸解除负荷的方法进行试验。通常采用单缸或双缸断火法解除一或两缸位的负荷，以鉴别异响与负荷的关系，见表2-7。

表2-7　发动机异响与负荷的关系及原因

异响状态	异响原因
某缸断火，异响消失或减轻	(1) 活塞敲缸； (2) 连杆轴承松旷； (3) 活塞环漏气； (4) 活塞销折断
某缸断火，声响加重，或原来无响，反而出现声响	(1) 活塞销铜套松旷； (2) 活塞裙部锥度过大； (3) 活塞销窜出； (4) 连杆轴承盖固定螺栓松动过甚，或轴瓦合金烧熔脱落； (5) 飞轮固定螺栓松动过甚
相邻两缸断火异响减轻或消失	曲轴轴承松旷

(3) 发动机异响与温度的关系。

发动机的异响与发动机温度有关，见表2-8。

表2-8　发动机异响与温度的关系及原因

异响状态	异响原因
低温发响，温度升高声响减轻甚至消失	(1) 活塞与缸壁间隙过大； (2) 活塞因主轴承机油槽深度、宽度失准或机油压力低而润滑不良
温度升高后有声响，温度降低后声响减轻或消失	(1) 过热引起的早燃； (2) 活塞反椭圆形； (3) 活塞椭圆度过小； (4) 活塞与缸壁间隙过小； (5) 活塞变形； (6) 活塞环各间隙过小

2. 发动机异响故障的诊断程序

1）异响的确定

异响的确定是指从声响中找出异响。在众多混杂的发动机运转声响中，确定哪些是正常的声响，是允许存在的；哪些是异响，是不允许继续存在的，必须予以排除的，这是异响诊断过程中首先应明确的。异响的确定原则如下。

(1) 若声响在低速运转时显得轻微、单纯，在高速运转时虽显得轰鸣但却平稳均匀，在加速和减速时声响显得过渡圆滑，则为正常声响。

(2) 若声响小，伴随着沉闷的“镗、镗”声，清脆的“当、当”声，短促的“嗒、嗒”声，细微的“唰、唰”声，尖锐的“喋、喋”声和强烈的“嘎、嘎”声等声响，即表明发动机存在不正常的异响。至于异响是否允许存在，可依据以下情况决断。

① 声响仅在怠速运转时存在，转速提高后即自行消失，在整个使用过程中声响又无明显变化的，则属于危害不大的异响，允许暂时存在，待适当时机再进行修理。

② 声响在突然加速或突然减速时出现，而且在中、高速运转期并不消失，同时又引起机体振抖，则属于不允许继续存在的异响，应立即查明原因，予以排除。

③ 如果声响是在运转中突然出现的，且较猛烈，则不应继续运转或试听诊断，而应立即停机拆检。一般拆检顺序是先拆油底壳，次拆缸盖，再拆气门室盖(罩)。

2）异响的确诊

异响的确诊是指对异响进行特性分析，进而认定异响的部位、原因和程度。就异响出现的时期和连续存在的时间而言，异响一般都分别存在于怠速或低速运转期间、高速运转期间、整个运行期间 3 种时期。

(1) 在怠速或低速运转期间，若遇到此种条件下出现的异响，可依以下顺序诊断。

① 用单缸断火法检查异响与缸位是否有关联。若某缸断火后异响有明显的变化，说明故障即在该缸；若某缸断火后异响并无明显的变化，说明异响与该缸并无关系。继而逐个缸检查异响与工作循环是否有关联，判定出故障所在部位。

② 逐渐提高发动机转速，听察异响有无变化，根据异响随转速的变化，判断运动件耗损的程度。

③ 在诊断过程中，还应注意观察发动机温度的变化对异响的影响。通过上述过程的诊断，基本可查明异响与发动机的负荷、工作循环、转速、温度之间的关系。如若异响与某种异响特性相符合，则可作出确诊结论。

(2) 在高速运转期间，若遇到此种条件下出现的异响，可依以下顺序诊断。

① 从低速逐渐提高发动机转速，直至高速运转。在此过程中，注意异响出现的时机。

② 当异响出现后，稳定在该转速运转，仔细听察异响，利用单缸断火法查明缸位。

③ 若难以查明缸位，则应用螺丝刀(或金属棒)听察法找到异响分布的区域。

④ 若在从低速逐渐提高转速的过程中，并不出现异响，而在急加速或急减速时出现异响，则可用单缸断火法，配以速度的急剧变化，判明异响所在缸位。

⑤ 在诊断过程中，同时还应注意机油压力、机油加注口、排气管等处的伴同现象变化，综合分析，从而得出确诊结论。

(3) 在整个运行期间，运行中的发动机异响，一般都能在停车后使发动机处于同速度运转中得到重现，从而推断出异响故障的确诊结论。但有时也有例外，运行中的异响，停车后使发动机同速度运转，却不再出现这种异响。遇到这种情况则应调节节气门开度或急剧改变转速，一般都能使异响再现。然后再确诊缸位和原因，得出确诊的结论。

有时运行中出现的异响，不一定是发动机产生的，也可能是其他机构产生的异响，为此应踩下离合器踏板或脱开变速器挡位，再做急加速试验。若异响消失，表明异响不在发动机，而在底盘或车身部位。

3. 曲柄连杆机构异响的诊断

曲柄连杆机构主要由活塞连杆组和曲轴飞轮组组成。曲柄连杆机构主要有曲轴轴承响、连杆轴承响、活塞敲缸响、活塞销响和活塞环响等常见故障。

1) 曲轴轴承响

(1) 响声部位及特征。

响声部位：在气缸体下部靠近曲轴箱分界面处。

响声特征：曲轴轴承响声沉重发闷，发动机一般稳定运转不响，突然改变转速时，发出沉重连续的“镗、镗”的金属敲击声，严重时发动机发生振动；发动机转速越高，响声越大；发动机有负荷时，响声明显。

(2) 故障原因。

主轴承盖螺栓松动；轴承径向间隙大；曲轴润滑不良；曲轴弯曲。

(3) 故障诊断与排除。

① 初步确认故障：观察机油压力，发动机高速时机油压力下降应更明显。在机油加注口察听，转速突然变化时，如果发出低沉的“镗、镗”的响声，则为曲轴轴承响。

② 利用断火法确认故障：单缸断火，响声无变化；而相邻两缸断火时，响声会有明显减弱。

③ 发动机在不同转速下的具体诊断如下。

- 发动机在中速时反复加速或减速，如果加速时明显增大，则为主轴承松旷响。
- 发动机在高速时如果机体有较大的振动，汽车载重爬坡时，驾驶室里有振动感，此时机油压力明显下降，则为轴承间隙过大或合金脱落，应及时修复。
- 如果发动机工作温度正常，当转速由低速升高时，有“镗、镗”的有节奏而沉重的响声，发动机温度越高，响声越明显，到高速时响声变为杂乱，则有可能是曲轴弯曲。

2) 连杆轴承响

(1) 响声部位及特征。

响声部位：机油加注口处响声明显。

响声特征：比曲轴轴承响声强，有节奏短促的“当、当”响；由怠速突然加速到中速时，有明显连续的“当、当”响；当负荷和转速增加时，响声也随之增加，急加速时尤为明显。

(2) 故障原因。

连杆盖螺栓松动；轴承径向间隙过大；轴承烧毁或合金脱落；润滑不良。

(3) 故障诊断与排除。

检查机油压力是否下降，然后由低速突然加速到中高速时，发出有节奏的“当、当”响声，单缸断火响声减弱或消失，复火时若响声恢复，则此现象为连杆轴承间隙过大故障所致。

低温开始启动发动机，由低速突然加速到中高速时，发出有节奏的“当、当”响声，发动机温度升高，其响声增大：转速增高，其响声减弱而杂乱，单缸断火实验，响声消失，这种现象是由轴承合金过热融化所致，应立即修复。

3) 活塞敲缸响

(1) 响声部位及特征。

响声部位：气缸上部。

响声特征：发动机在低温时，发出清脆的“吭、吭”响声；温度升至正常时，响声减弱或消失；怠速时，响声尤为明显。

(2) 故障原因。

活塞与气缸壁磨损严重，配合间隙过大；活塞与连杆衬套装配过紧；气缸圆柱度过大，活塞环弹性失效；活塞顶碰缸盖衬垫或连杆变形。

(3) 故障诊断与排除。

初步确认故障：发动机低温启动时，发出有节奏的“吭、吭”响声。发动机在怠速时，查看机油加注口是否冒蓝烟。

利用断火法确认故障：做单缸断火实验时，响声减弱或消失，即可认为该缸存在活塞敲缸响。

也可向有疑问的气缸内加注 2～3mL 新机油，随即发动，若响声减弱或消失，则可断定该缸活塞敲缸响，应予以修复。

4) 活塞销响

(1) 活塞销响的主要特征。

① 怠速和中速时响声比较明显、清晰、清脆。

② 发动机温度升高后响声不减弱，而且有所加重。

③ 把产生响声的气缸断火后，响声减弱；在恢复该气缸工作的瞬间，会出现明显的两个连续响声。

④ 发动机转速变化时，响声的周期也随之变化。

(2) 故障原因。

① 活塞销与连杆小头衬套配合间隙过大，因其松旷而产生响声。

② 活塞与活塞销配合松旷，发动机工作时温度升高，使其配合处间隙更大，因而出现响声。

③ 连杆衬套与连杆小头承孔配合盈量不够。一般情况下，连杆衬套与承孔配合盈

量为 0.07～0.12mm。若配合盈量不足，则发动机工作时衬套会走外圈转动，并产生响声。

(3) 故障诊断与排除。

若在发动机运转中出现这种响声，则先将油门置于怠速位置，然后向中速急抖油门。若响声能灵敏地随之变化，并每抖一下油门，就能听到很明显的“嗒嗒”响声，且清脆连贯。则可能是活塞销响。

断火试验时，此响声上缸比较明显。为确定是哪一个气缸响，可逐缸做断火试验。当断开某气缸后，响声明显减弱或消失，并在复火的瞬间能灵敏地恢复响声，则可断定是该气缸活塞销响，应予以修复。

5) 活塞环响

(1) 活塞环响的主要特征。

活塞环的金属敲击声特征：当活塞环折断或者活塞环与活塞环槽间隙过大时会引起一定的敲击声。气缸上部磨损后，活塞环与气缸上接触不到的地方几乎没有磨损形成台阶，若修理不当使活塞环与气缸台阶相碰发出一种纯哑的“噗、噗”的金属碰击声，随着转速的升高，声响也随之增大。

活塞环漏气声响特征：活塞环弹力减弱，使活塞环与气缸壁密封不严、活塞环的开口间隙过大或开口重叠、气缸壁划伤有沟槽等，都会造成活塞环漏气，从而出现一种空洞的“喝、喝”或“吱、吱”声响，严重时有较明显的“噗、噗”的声响。

活塞环积炭过多的异响特征：积炭过多时的声响是一种尖锐的“喋、喋”声，发动机有时还不容易熄火停车。

(2) 故障原因。

① 活塞环折断。

② 活塞环和环槽磨损，造成背隙和端隙过大，活塞和气缸壁的密封性降低。

③ 缸壁磨损后，顶部出现凸肩，重新调整连杆轴瓦后，使活塞环与缸壁凸肩相碰。

④ 活塞环端口间隙过大或各环的端口重合对口。

⑤ 活塞环弹性过弱或缸壁有沟槽。

⑥ 活塞环黏在活塞环槽上。

(3) 故障诊断与排除

单缸断火试验，声响减小，但不消失，把螺丝刀放在火花塞或喷油嘴上，如发出“啪、啪”声响，则可确定为活塞环折断；若发出“噗、噗”声响，且断火后无变化，则可确定为活塞环碰撞气缸凸肩，应予以修复。

发动机冷车启动时，若发出“嘣、嘣”声响，在机油加注口处可见冒蓝烟，其频率与声频吻合，作断火试验时声响消失，机油加注口处冒烟减少或消失，则可确定为该缸活塞环漏气异响，应予以修复。

发动机温度升高，若仍有明显的窜气声响，再作断火试验，但机油加注口处仍有明显漏气现象，则可确定为活塞环与缸壁密封不良，应予以修复。

4. 配气机构异响的诊断

配气机构是发动机的组成部分，其作用是按照发动机的工作顺序适时地向气缸供给空气，并及时地将燃烧后的废气排出，使发动机正常运转，并产生足够的动力。它由传动组和气门组等组成，如果配气机构的机构件磨损、变形、调整不当或损坏，常会引起气门响、气门挺杆响、正时齿轮响、气门碰活塞响等，还会影响发动机的动力。

1）气门响

（1）故障现象。

气门响是指发动机工作时，气门脚与摇臂碰撞发出的响声，即发动机怠速时，能听见气缸盖处发出有节奏的“嘀嗒、嘀嗒”响声。

（2）故障原因。

为了防止配气机构的推杆和气门在受热膨胀后造成气门关闭不严，气门脚与摇臂间应留有适当的间隙，其大小应符合技术文件规定（由发动机生产厂在使用维护说明书中提供）。如果气门间隙过大，发动机工作时即会发出响声。造成气门脚间隙过大的原因有：气门脚间隙调整过大；气门脚间隙调整螺栓松动；气门脚间隙处的摇臂磨损成凹形；推杆弯曲。

（3）故障诊断与排除。

发动机怠速时，在气门室处能听见“嗒、嗒”的响声，响声不随发动机温度变化，单缸断火时响声也不变化，这种情况可确诊为气门响。

拆下气门室盖，检查气门脚间隙，若气门脚间隙大于技术文件规定值，说明气门响是气门脚间隙过大造成的。因此，应根据气门脚间隙增大原因进行对应的排除。例如，若气门间隙过大是调整不当引起，应重新调整。

调整气门脚间隙时，先用扳手松开摇臂上的锁紧螺母，按规定间隙将塞尺塞入摇臂与气门脚之间，然后用螺丝刀转动调整螺钉，使气门脚间隙变小或变大。当塞尺在摇臂与气门脚之间时，应能将塞尺抽动为止。调整完毕后，拧紧锁紧螺母。若气门摇臂的气门脚间隙处磨损成凹形，应予以修磨或更换；若推杆弯曲，应校直。

2）气门挺杆响

（1）故障现象。

气门挺杆响是指气门挺杆下端与凸轮撞击或气门挺杆摆动时与套管碰撞发出有节奏的类似气门“嘀嗒、嘀嗒”的响声。气门挺杆响在发动机怠速时较为清晰。

（2）故障原因。

凸轮在外廓正常时，能保证气门的升程及其升降过程中的运动规律。如果凸轮表面轮廓形状磨损，则会导致气门挺杆与凸轮接触的连续性遭到破坏，从而在气门落座时气门挺杆跳动，与凸轮撞击发出响声。

此外，如果气门摇臂调整螺钉与推杆上端之间无机油，两者难以缓和冲击，也会出现响声。气门弹簧折断也易产生响声。

（3）故障诊断与排除。

如果气门脚间隙符合技术文件要求，那么配气机构产生的响声主要是由于凸轮外形磨损不符合要求、气门挺杆与导管配合间隙过大，或气门摇臂调节螺钉处无机油，或气门弹簧折断等所致，应进行查明并予以排除。

3）正时齿轮响

发动机配气机构的正时齿轮用于驱动配气机构、喷油泵（高压油泵）和机油泵等工作，它包括喷油泵传动齿轮、惰轮、配气机构齿轮和主动齿轮。这些零件如果质量差或磨损过甚，便会在工作时发出不正常的响声。

（1）故障现象。

在发动机工作时，发动机前正时齿轮室盖处发出不正常响声。

（2）故障原因。

发动机正时齿轮多数会受到不平稳传动载荷带来的传动时的冲击，或齿轮在传动时外廓磨损破坏了齿轮的正确啮合，使齿面接触部分的相对运动形式发生了变化，即滑动摩擦增加，滚动摩擦减少，因此加快了齿面的磨损，产生滑磨和冲击，发出响声。

更换传动齿轮时没有成对更换，不仅加速了齿轮磨损，还会产生不正常的啮合声。

正时齿轮质量差，啮合不正确而发出响声。

（3）故障诊断与排除。

如果响声与现象中所述相似，可基本确定为正时传动齿轮响。如果修理时没有成对更换齿轮，或是正时齿轮质量差造成正时齿轮发响，则前者应予以成对更换，后者应重新选用质量好的齿轮。如果因使用时间过长，响声逐渐出现的，且是由小到大，说明正时齿轮响是磨损过甚造成，应进行更换。

4）气门碰活塞响

发动机工作时，气缸盖处发出沉重且有节奏的敲击声，用手指轻轻捏住气门室盖的螺帽，有碰撞感觉。

如有气门碰活塞响，必须立即停止发动机运行，并维修。

2.3.2 发动机机油消耗过快故障诊断与排除

每次检查发动机机油量时都发现机油减少很快，平均消耗量超过 0.1～0.5mL/100km 即为机油消耗异常。

1. 故障现象

（1）发动机或空气压缩机有漏油处；

（2）排气管排蓝烟，机油加注口冒呈脉动状蓝烟；

（3）每天检查机油量，均会有明显减少；

（4）机油消耗量逐渐增多；

（5）排气管冒蓝烟。

2. 故障诊断

发动机机油消耗过快的故障诊断流程如图 2-6 所示。

（1）首先检查外部是否有漏油，注意曲轴前端和后端、凸轮轴后端油封是否漏油。

（2）若发动机气缸盖罩、气门室盖、油底壳衬垫和发动机前、后油封等多处有机油渗漏，应检查曲轴箱通风装置，清理曲轴箱管道，尤其是通风流量控制阀处的积炭和结胶；若通风受阻，就会引起曲轴箱内压力升高，出现机油渗漏现象。

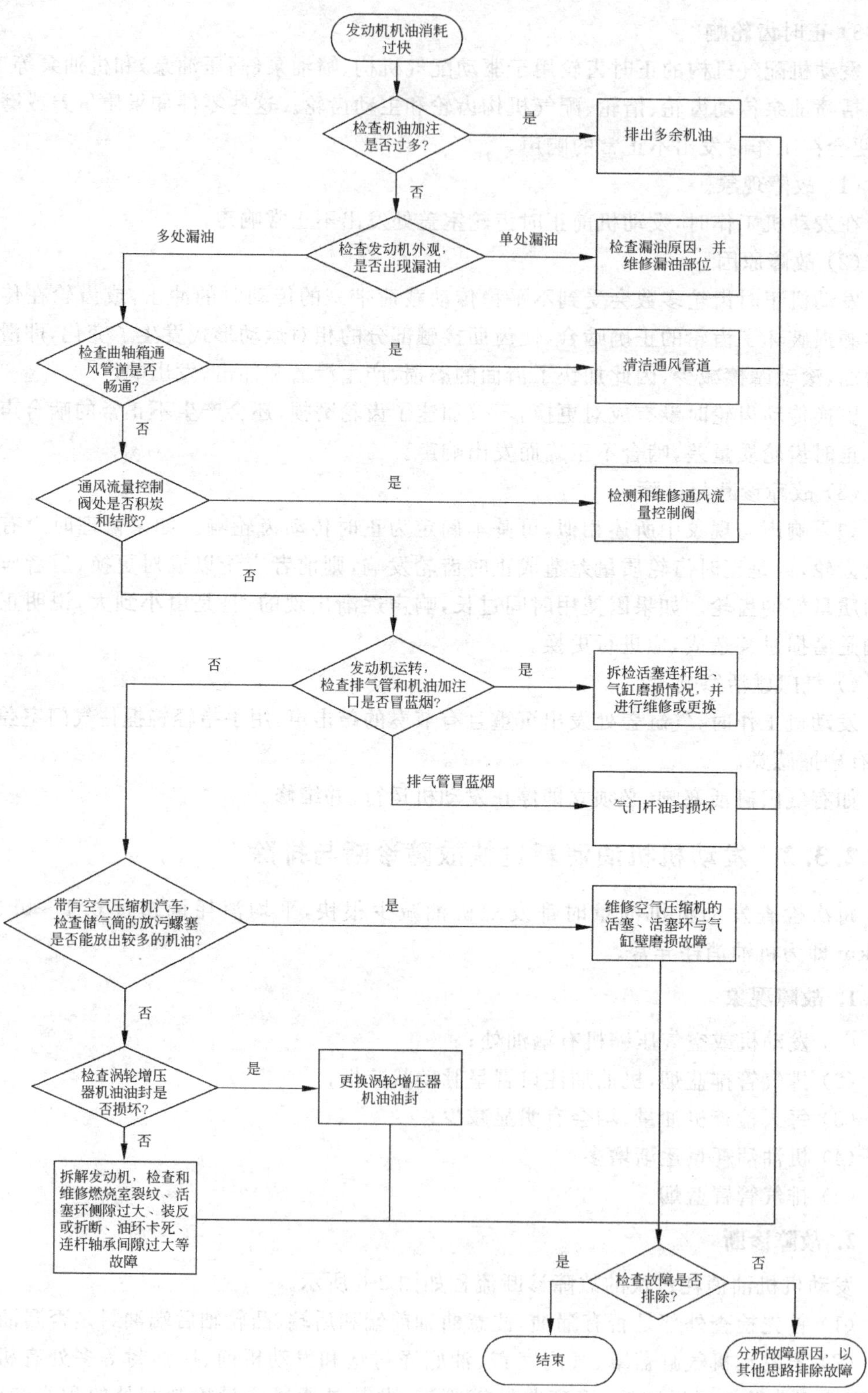

图 2-6　发动机机油消耗过快的故障诊断流程图

(3) 若排气管明显冒蓝烟，则为烧机油造成的。当发动机大负荷、高速运转时，若排气管大量冒蓝烟，同时机油加注口也向外冒蓝烟，则原因为活塞、活塞环与气缸壁磨损过甚；活塞环的端隙、边隙或背隙过大；多个活塞环端隙口转到一起，扭曲环转反等，使机油窜入燃烧室。

(4) 若发动机大负荷运转时，排气管冒蓝烟，但机油加注口无烟，则气门杆油封损坏，气门导管磨损过甚，使机油被吸入燃烧室。

(5) 若发动机短时间冒蓝烟后停止，而油底壳的机油未见减少，则是湿式空气滤清器内的油面过高所致。

(6) 对于采用气压制动的汽车，若从储气筒的放污螺塞处放出较多的机油，则为空气压缩机的活塞、活塞环与气缸壁磨损过甚。

2.3.3　发动机冷却液过热故障诊断与排除

1. 故障现象

运转中的汽车的水温表指针经常指在100℃以上或指针长时间处在红区，水温报警灯闪亮，并伴随有冷却液沸腾现象，且发动机易产生突爆或早燃、熄火困难等。

2. 故障原因

(1) 接头、软管、水封、水堵等部位漏水造成冷却液不足；

(2) 节温器失效，不能进行大循环；

(3) 散热器水垢过厚、堵塞或散热片过脏、变形、损坏；

(4) 电动冷却风扇电机损坏、温控开关损坏；

(5) 气缸垫损坏或缸盖螺栓拧紧力矩过小；

(6) 水泵工作不良、皮带打滑或断裂；

(7) 风扇皮带打滑或断裂，硅油式风扇离合器工作不良；

(8) 风扇叶片变形或角度不对或装反；

(9) 冷却水道堵塞或水垢过厚；

(10) 散热器盖密封不良或阀门工作不良；

(11) 点火过迟；混合气过浓、过稀；

(12) 发动机积炭过多；

(13) 长时间大负荷工作；

(14) 压缩比过大、缸压过高；

(15) 防冻剂与水的混合比不正确；

(16) 散热器的防护罩损坏或安置位置不对；

(17) 凸轮轴磨损、排气管堵塞等造成的排气不畅；

(18) 自动变速器油温过高间接导致冷却液温度过高。

3. 故障诊断

故障诊断流程如图2-7所示。

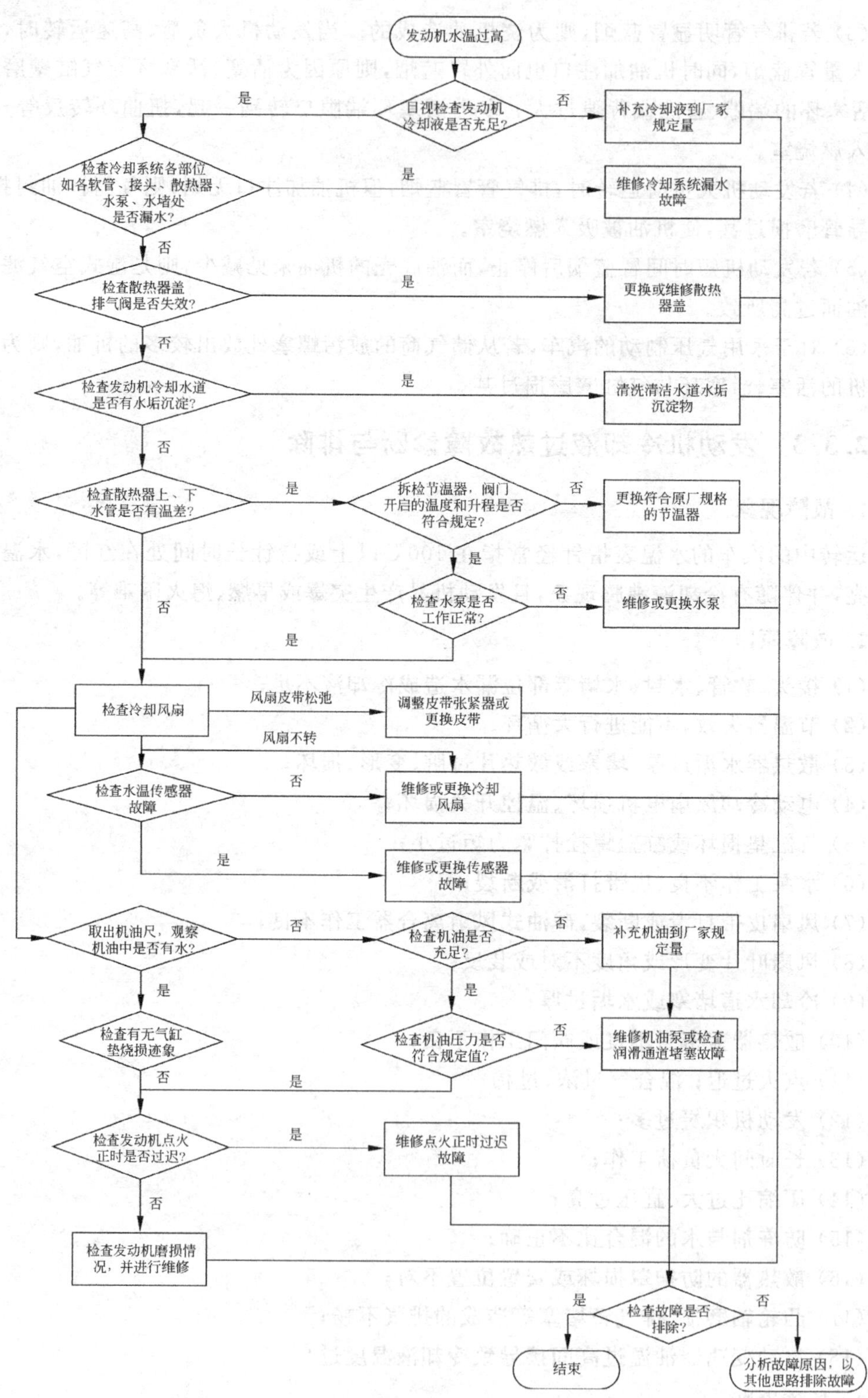

图 2-7　发动机水温过高的故障诊断流程图

2.3.4 发动机动力不足故障诊断与排除

1. 故障现象

发动机无负荷运转时基本正常，但带负荷运转时加速和上坡无力，加速踏板踩到底时仍感到动力不足，转速提不高，达不到最高车速。

2. 故障原因

发动机动力不足的原因有两大类：一是发动机机械故障；二是发动机燃油、点火系统及电控系统故障。发动机机械故障原因有气缸磨损，使压缩压力过低或配气正时失准等。发动机燃油、点火系统及电控系统故障有节气门调整不当，不能全开；空气滤清器堵塞；燃油压力过低；气缸缺火；点火正时不当或高压火花弱；空气流量计或进气歧管真空度传感器、冷却液温度传感器、节气门位置传感器故障；喷油器堵塞或雾化不良；废气再循环装置工作不良等。

3. 故障诊断

1）检查电控系统

首先用诊断仪读取故障码，检查有无故障码出现，读取动态数据流，或用万用表检查数据。影响动力性能的传感器和执行器有空气流量计或进气歧管绝对压力传感器、节气门位置传感器、点火器、喷油器等。按所显示的故障码或数据流分析故障，查找故障原因。

检查进气系统是否正常，如有问题应检查进气系统是否漏气、堵塞，上述传感器是否良好。

用诊断仪检查点火提前角和爆震修正信号。如果车辆维修过，应考虑检查点火正时记号是否对准等。检查所有火花塞、高压线、点火线圈，如有异常，应更换。必要时可用点火示波器观察点火波形来分析点火系统是否正常。

检查燃油系统压力。如压力过低，应进一步检查电动燃油泵、油压调节器、燃油滤清器等。拆检喷油器，检查喷油情况，如喷油量不正常或喷油雾化不良，应清洗或更换喷油器。

检查废气再循环装置工作是否正常，检查排气是否畅通、三元催化转化器是否堵塞。

2）检查发动机机械部分

如果发动机电控系统正常，应重点检查发动机机械部分。测量气缸压缩压力，如果不正常，可用内窥镜做进一步检查，确诊是发动机内部机械问题应拆检发动机。现代汽车应检查进气增压装置、可变配气正时及气门升程装置的工作情况。

3）故障诊断排除要点

必须确认汽车行驶无力是否由发动机动力不足引起的。

汽车加速时提速很慢，上坡时汽车行驶更加缓慢的现象，不要立即认为是发动机故障。要注意如果传动系统打滑或行驶系统有问题，也会使汽车提速迟钝，易被误解为发动机动力性能不佳。为确认汽车提速迟钝是否由发动机造成，可按以下办法鉴别。

（1）在实车道路上把汽车提速后，突然收回加速踏板，并立即将变速手柄推入空挡。

如果汽车借惯性滑行距离较长，证明汽车传动系统及行驶系统良好；如果滑行车速降速明显，则为汽车行驶系统或传动系统有问题。

(2) 汽车上坡时按常规换挡后，应注意发动机转速是否与车速匹配。若车速降速明显，而发动机的转速很高，则说明传动系统打滑。

(3) 对带有牵引力控制系统的车辆来说，应关闭牵引力控制系统再试车一次。如果关闭牵引力控制系统后，汽车动力充足，故障就出在牵引力控制系统而非发动机。

(4) 大负荷时感觉发动机无力，在已知自动变速器没故障时也可做一下失速试验，看失速转速是否过低。

4) 发动机动力不足的本质原因分析

造成燃油发动机动力性能不足的主要原因有：空燃比不良或供给量不足；点火性能不良；电控系统失常(电控燃油喷射式发动机)；发动机调整或装配不当，或发动机本身机械状态不佳。

对燃油发动机来说，若混合气的空燃比不当，混合气过稀或过浓，均会影响发动机的动力性能。若混合气过浓，排气管必冒黑烟；若混合气过稀，则会造成燃烧缓慢，严重时会导致进气管回火放炮。但若空燃比失调不太严重，则上述症状不太明显。可燃混合气供给量不足不能完全靠直觉察觉，可以用诊断仪检测诊断。造成空燃比不良或混合气供给量不足的主要原因是燃油供给不足或空气供给受阻，应检查油路及空气滤清器。

点火性能不良主要是指高压火花弱、缺火、高速大负荷时断火、点火不正时等。

发动机调整或装配不当，或发动机本身机械状态不佳，主要是机械磨损或装配调整不正确，从而导致进、排气性能不佳，气缸压力下降等，如正时带错齿、凸轮磨损、气门间隙不正确、气门积炭严重、气门弹簧过软导致高速运转时气门漂浮、缸套与活塞环磨损等。

电控系统失常是指电控系统的传感器、执行器或ECU出现某些问题，导致喷油控制、点火提前角控制、进气控制、增压控制、可变配气相位及气门升程控制、可变排气控制等出现问题。

5) 汽车三元催化转化器的检查

三元催化转化器位于汽车下部正中央，用螺栓固定在排气歧管的后部管上。三元催化转化器为一整体式结构，在其排气管中央的栅格网表面涂有催化剂。三元催化转化器的作用是将废气中的HC、CO和NO_x等有害的气体转化成CO_2、N_2和水蒸气。

当发动机出现诸如熄火等故障时，可能导致废气温度超过1400℃，从而使三元催化转化器基质熔化，烧坏三元催化转化器。应避免使用含铅燃油，因为废气中的铅会覆盖在催化剂表面，阻止催化反应的进行，废气中的残留燃油也有可能毒害催化剂。

(1) 目测检查。检查三元催化转化器的外观，如发现外壳被压扁、锈蚀或出现凹痕，则应更换。从汽车上拆除三元催化转化器时，用电筒照其排气处，看是否被积炭或铅污染物堵塞。轻轻摇动三元催化转化器，听听内部元件有无松动的迹象。如果发生元件堵塞、熔化或其他形式的损坏，应更换三元催化转化器。

(2) 功能测试。

- 以2500r/min的转速运转发动机约2min，将三元催化转化器加热至工作温度；

- 在三元催化转化器的废气入口处和出口处分别接一支表面温度探头，测量温度；
- 出口处温度至少应比进口处温度高38%；
- 如果温差低于规定值，则应更换三元催化转化器；
- 用排气背压表在氧传感器安装孔处或一氧化碳(CO)测试管处检测排气压力；
- 在氧传感器(或一氧化碳测试管)处安装排气压力表；
- 在正常工作温度下发动机怠速时，压力表读数不应超过8.6kPa(有些车会超过这一数值，此处仅供参考)。把发动机转速提高至2000r/min，压力表的读数不应超过20.7kPa。如果在两种转速中的任何一种情况下背压超出规定值，那么表明排气系统受阻；
- 检查排气系统有无压扁的管路，系统是否发生热变形或内部消声器是否出现故障。如果没有找到排气系统背压过高的明显原因，那么可能是三元催化转化器受阻。完成检测后，在重新安装前用防黏剂涂敷氧传感器的螺纹。

2.3.5 发动机排放异常故障诊断

发动机正常工作时，排放的尾气是无色透明的气体，只在短时间内接近全负荷运转或启动时，才可能排出灰色或深灰色尾气。发动机排放异常是指汽车排放的尾气颜色和气味异常。发动机排放异常的故障主要包括：排气管冒白烟、发动机冒蓝烟或黑烟。

1. 排气管冒白烟

排气管冒白烟实际上是冒“白汽”，是排气管排出的水蒸气。发动机在冷车时，特别是冬天，启动时排气管冒白烟，热车后消失，属正常现象。而水温上升后，仍冒白烟，则属异常现象，说明发动机存在故障。发动机冒白烟的根本原因是发动机气缸有水进入，高温变成水蒸气，通过排气管排除，遇冷变白汽。

汽油发动机运行中，排气管冒白烟的主要故障原因是燃油含水分太多、气缸垫烧蚀或缸体有裂纹。

2. 发动机冒蓝烟

排气管冒蓝烟表示发动机烧机油。根据机油进入气缸的途径，诊断发动机烧机油的故障原因如下。

1) 气门原因

气门杆磨损过大、气门导管松旷、气门杆座磨损异常、气门油封失效、气门座圈变形等造成气门密封性能不良，机油由进气门通道进入气缸燃烧，如图2-8所示。

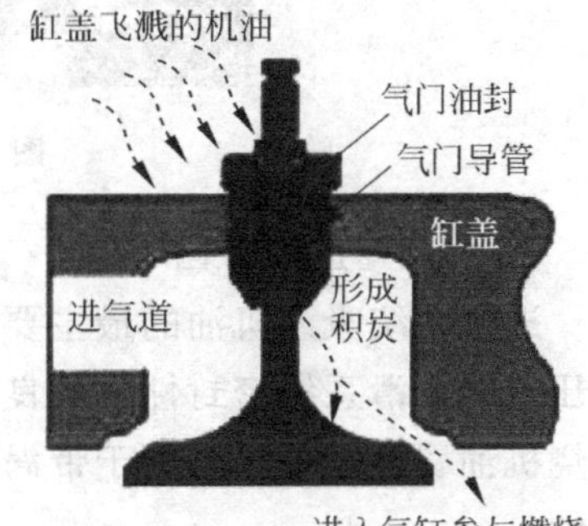

图2-8 机油从气门座进入气缸的原理示意

2) 活塞原因

气缸磨损过度、活塞磨损过度、活塞环磨损过度、活塞环安装错误等造成活塞环密封不良，曲轴箱的机油泄漏至气缸燃烧。发动机气缸磨损产生的烧机油痕迹如图2-9所示。

图 2-9 发动机气缸烧机油痕迹

3）曲轴箱通风机构原因

曲轴箱通风阀损坏或曲轴箱通风口堵塞会使曲轴箱内的压力增大，导致机油随曲轴箱气体进入气缸参与燃烧。曲轴箱通风系统引起烧机油的主要元件是曲轴箱通风管上的PCV阀，PCV阀堵塞或导通，都会引起曲轴箱通风性能失常，导致机油进入气缸，如图2-10所示。

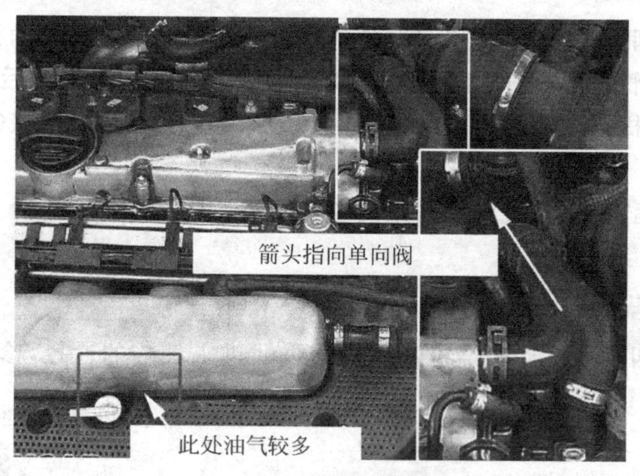

图 2-10 发动机曲轴箱通风装置

4）涡轮增压器原因

进气系统吸入机油的最主要部位是涡轮增压器。涡轮增压器需要机油润滑，当涡轮增压器的润滑系统密封性能不良，就有可能将机油带入进气系统，从而进入气缸燃烧，产生烧机油冒蓝烟现象。对于带涡轮增压系统的发动机，必须检查涡轮增压器的润滑油密封性。

3. 发动机冒黑烟

发动机冒黑烟原因是混合气过浓，燃烧不完全；或燃油根本没燃烧，直接排放到排气管产生炭化，导致排气管冒黑烟。造成混合气过浓的故障原因有：燃油压力过高；传感器信号错误，使控制模块控制输出了过多的喷油量；燃油蒸汽回收炭罐故障等。

如果燃油蒸汽回收电磁阀短路或一直打开，燃油蒸汽会被吸入进气系统，进而增大混合气浓度，可能会引起排气管冒黑烟。检查燃油蒸汽炭罐性能和控制电磁阀及线路故障。奥迪 A6 的燃油蒸汽回收控制电磁阀如图 2-11 所示。

图 2-11 奥迪 A6 的燃油蒸汽回收控制电磁阀

2.4 技能实训：发动机冷却系统故障分析和诊断

1. 实训目的

(1) 学会汽车发动机冷却系统的故障诊断与排除方法；

(2) 掌握发动机冷却系统的故障诊断操作规范。

2. 安全要求及注意事项

(1) 没有老师批准，学生不准随意启动和驾驶实训车辆，移动车辆时只能推车移动；

(2) 启动发动机前，必须检查发动机机油和冷却液；

(3) 启动发动机前，检查换挡杆是否在空挡位置，驻车制动器是否拉起；

(4) 启动发动机前，必须注意周围情况，提醒发动机舱前的其他人员；

(5) 发动机温度高时，严禁打开冷却系统散热器盖，必须等待温度下降后才能打开；

(6) 冷却风扇会随时启动运转，不要把手放于风扇叶片位置。

3. 设备/工具/耗材要求

(1) 设备：桑塔纳、帕萨特或别克君威乘用车或相似车型一辆。

(2) 工具：常用扳手、螺丝刀、套筒工具、翼子板垫、试灯、万用表、导线、冷却液泄漏检测器、机油压力表、故障诊断仪。

(3) 耗材：抹布、机油、冷却液、自来水。

4. 实训指导

1) 冷却液不足故障检查主要内容

冷却系统泄漏、散热器盖失效、气缸垫烧蚀。

2）冷却液循环不良检查主要内容

水泵故障、节温器故障、水道堵塞、散热器性能不良检查、冷却风扇工作不良、机械冷却风扇故障、电子风扇故障。

3）技术要点

（1）组合仪表冷却液温度指示灯包括水温表、水温指示灯和冷却液液位指示灯。

（2）散热风扇电动机的转速由电动机决定，两个电动机串联工作，则电动机低速运转；两个电动机并联工作，则电动机高速运转。串联或并联由继电器控制。

（3）电控单元控制的冷却液温度传感器只能通过诊断仪诊断，不能使用短接法。

（4）散热风扇的工作除受发动机温度控制外，还受空调开关信号的控制。

（5）冷却系统的警告故障，优先排除控制电路系统的故障。

2.5 技能实训：发动机动力不足故障诊断与排除

1. 实训目的

（1）学会汽车发动机动力不足的故障诊断与排除方法；

（2）掌握发动机动力不足的故障诊断操作规范。

2. 安全要求及注意事项

（1）没有老师批准，学生不准随意启动和驾驶实训车辆，移动车辆时只能推车移动；

（2）启动发动机前，必须检查发动机机油和冷却液；

（3）启动发动机前，检查换挡杆是否在空挡位置，驻车制动器是否拉起；

（4）启动发动机前，必须注意周围情况，提醒发动机舱前的其他人员；

（5）发动机温度高时，严禁打开冷却系统散热器盖，必须等待温度下降后才能打开；

（6）冷却风扇会随时启动运转，不要把手放于风扇叶片位置。

3. 设备/工具/耗材要求

（1）设备：帕萨特乘用车或相似车型一辆。

（2）工具：常用扳手、螺丝刀、套筒工具、翼子板垫、试灯、万用表、导线、机油压力表、气缸压力表、燃油压力表、故障诊断仪、内窥镜、人员防护用具(防护眼镜)。

（3）耗材：抹布。

4. 实训指导

1）电控发动机动力不足的原因

电控发动机动力不足的根本原因是发动机工作不良。引起发动机工作不良的因素是燃油系统、点火系统和发动机气缸压力过低，具体步骤如下。

（1）使用诊断仪读取故障码和数据流。若有故障码显示，根据故障码所包含的内容，检查和排除相应的部件和线路故障；若数据显示不正常，分析和检查相关部件和线路。

（2）检查和排除燃油系统故障，例如燃油压力、喷油器等。

（3）拆除火花塞，检测火花塞是否烧蚀、积炭或有油渍。根据火花塞燃烧情况分析故障原因。

(4) 检查气缸压缩压力。若确诊是发动机内部机械问题,应拆检发动机。

(5) 检查点火正时。

(6) 检查进气增压装置、可变配气正时及气门升程装置的工作情况。

2) 技术要点

(1) 首先确认汽车行驶无力是否由发动机动力不足引起的。

(2) 进行燃油系统的拆装作业时要注意,燃油供油管有较高的压力,因此松开软管接口时应戴上防护眼镜和耐燃油的手套,小心地取出连接接管,释放压力。对于配有高压油泵的车辆,可以先断开燃油泵电路,等发动机怠速运转到自动熄火时,释放燃油压力。

(3) 为了避免磨损燃油管路,安装时要注意其与所有运动的或热的部件要有足够的距离,并且不得过度弯折管路。

(4) 气缸压缩压力测试时,为避免燃油进入气缸,需要断开燃油泵供电电路。

练习与思考题

1. 判断题(正确的打√,错误的打×)

(　　)(1) 混合气过浓会造成汽油发动机热机启动困难。

(　　)(2) 汽油发动机点火时间过晚,会使发动机冷却液温度升高。

(　　)(3) 汽油发动机点火时间过早,会使发动机冷却液温度升高。

(　　)(4) 发动机水温过高与冷却液过少有关。

(　　)(5) 发动机气缸体、气缸盖均为铸铁,安装新气缸垫时应将其光滑的一面朝向气缸盖。

(　　)(6) 气门间隙是指气门与气门座之间的间隙。

(　　)(7) 曲轴主轴颈和轴瓦修理尺寸应该是一致的。

(　　)(8) 量缸表用于测量发动机气缸的磨损,圆度和圆柱度的精度为 0.01mm。

(　　)(9) 六缸机的工作次序采用 1—5—3—6—2—4 为多。

(　　)(10) 锉削时,锉刀不可沾水、沾油。

2. 选择题

(1) 用逐缸断缸法可判断各缸(　　)。

A. 点火是否良好　　B. 喷油是否良好

C. 点火顺序是否正确　　D. 工作是否良好

(2) 用逐缸断缸法测试时,应该(　　)。

A. 拆除各缸火花塞　　B. 点火开关 OFF

C. 拆除蓄电池负极线　　D. 逐个拆除各缸火花塞

(3) 水温过高应检查(　　)。

A. 冷却水是否过少　　B. 冷却风扇运转是否正常

C. 发动机转速是否过高　　D. A 和 B

(4) 机油压力过低应检查(　　)。

A. 机油泵　　B. 机油滤清器

C. 机油道　　D. A、B、C 都检查

(5) 检查皮带是否老化引起尖叫,可采用(　　)。

A. 直接更换皮带　　B. 用水浇在皮带上

C. 用油浇在皮带上　　D. 手摸皮带是否发烫

(6) 怠速时通过水箱口观察冷却液,加速时如果(　　),说明发动机正常无故障。

A. 液面升高　　B. 液面下降

C. 产生大量气泡　　D. 产生少量气泡

(7) 从机油口处倾听,声响清脆并且有较大的"当当"声,这是(　　)。

A. 连杆轴承异响　　B. 气门脚异响

C. 活塞环异响　　D. 曲轴轴承异响

(8) 发动机活塞销异响是一种(　　)的声音。

A. 无节奏　　B. 浑浊的有节奏

C. 钝哑无节奏　　D. 有节奏的"嗒嗒"

(9) 判断发动机活塞环敲击响时,可向气缸内注入(　　),若响声减弱,则可能端隙过大。

A. 大量机油　　B. 少量机油

C. 少量柴油　　D. 大量汽油

(10) 若发动机活塞敲缸异响,低温响声大,高温响声小,则为(　　)。

A. 活塞质量差　　B. 机油压力低

C. 连杆弯曲变形　　D. 活塞与缸壁间隙过大

3. 简答题

(1) 简述气缸体上平面翘曲变形的故障现象并分析故障原因。

(2) 分析发动机不能启动着车的故障原因(机械部分)。

模块3

汽油发动机电控系统故障诊断

1. 知识目标

(1) 知道现代汽车发动机电控系统的组成和基本原理;

(2) 能叙述汽油发动机传感器和执行器件的常见故障现象、原因和诊断方法;

(3) 能描述汽油发动机控制系统的常见故障诊断方法。

2. 能力目标

(1) 会使用诊断仪读取和分析发动机电控系统的故障码和数据流;

(2) 会运用测试灯、二极管灯、万用表等工具诊断发动机电控系统的电路故障;

(3) 会使用示波器检测发动机电控系统的传感器和执行器波形,并能进行波形分析;

(4) 会诊断和检测发动机控制系统的常见故障。

一辆捷达王轿车在早上出现无法启动的故障,启动机运转强劲有力,但发动机却不能着车。

首先用故障诊断仪 V. A. G 1552 检测发动机,读取故障码,没有故障码输出。然后进行基本检查:检测发动机的燃油压力和气缸压力,都在正常范围内;检查喷油器,均能按顺序正常工作;检查配气相位、点火正时和火花塞的跳火情况,均没有发现问题。通过一系列的检查,发现发动机有油、有火,却不能启动着车,到底是什么原因呢?在拆检火花塞时发现,经多次启动发动机,火花塞却没有被燃油浸湿的迹象。显然,喷油器的喷油量过少,从而使混合气过稀造成冷车不能启动。因此必须找出冷车喷油少的原因,再次连接故障诊断仪 V. A. G 1552，读取该车静态发动机数据，发现 ECU 输出的冷却液温度为 105℃，而此时发动机的实际温度只有 20℃。很明显，水温传感器出现了故障，为发动机 ECU 提供了错误的水温信号。为了进一步确定，用万用表测量了水温传感器。水温传感器既没有断路，也没有短路，因而没有故障码输出，但阻值却很小。仔细询问车主才知道，车主曾在发动机很热的情况下冲洗过发动机，这恰恰是引起此故障的关键。由于车主的错误操作，导致冷却液温度传感器输出信号失真。更换已损坏的水温传感器，故障排除。

服务方案

（1）听取客户报修的故障现象，请客户填写维修工单；

（2）服务顾问填写客户有关数据，检查并收取行驶证；

（3）验证客户反映的故障，与客户沟通，初步确定维修方案；

（4）拆检后，根据损坏情况和维修成本确定维修方案。若有修理价值，则对其进行维修；若无修理价值，则更换。

拓 扑 图

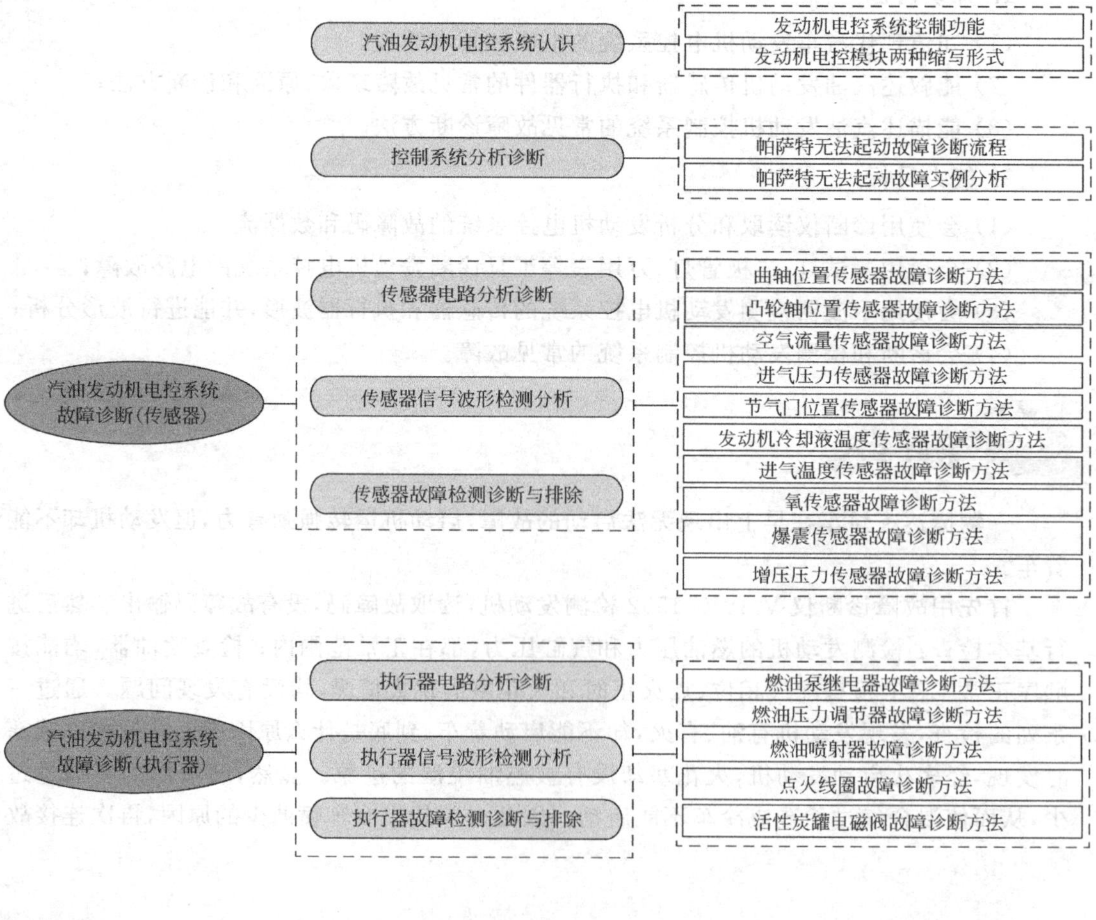

- 汽油发动机电控系统认识
  - 发动机电控系统控制功能
  - 发动机电控模块两种缩写形式
- 控制系统分析诊断
  - 帕萨特无法起动故障诊断流程
  - 帕萨特无法起动故障实例分析
- 汽油发动机电控系统故障诊断（传感器）
  - 传感器电路分析诊断
  - 传感器信号波形检测分析
  - 传感器故障检测诊断与排除
    - 曲轴位置传感器故障诊断方法
    - 凸轮轴位置传感器故障诊断方法
    - 空气流量传感器故障诊断方法
    - 进气压力传感器故障诊断方法
    - 节气门位置传感器故障诊断方法
    - 发动机冷却液温度传感器故障诊断方法
    - 进气温度传感器故障诊断方法
    - 氧传感器故障诊断方法
    - 爆震传感器故障诊断方法
    - 增压压力传感器故障诊断方法
- 汽油发动机电控系统故障诊断（执行器）
  - 执行器电路分析诊断
  - 执行器信号波形检测分析
  - 执行器故障检测诊断与排除
    - 燃油泵继电器故障诊断方法
    - 燃油压力调节器故障诊断方法
    - 燃油喷射器故障诊断方法
    - 点火线圈故障诊断方法
    - 活性炭罐电磁阀故障诊断方法

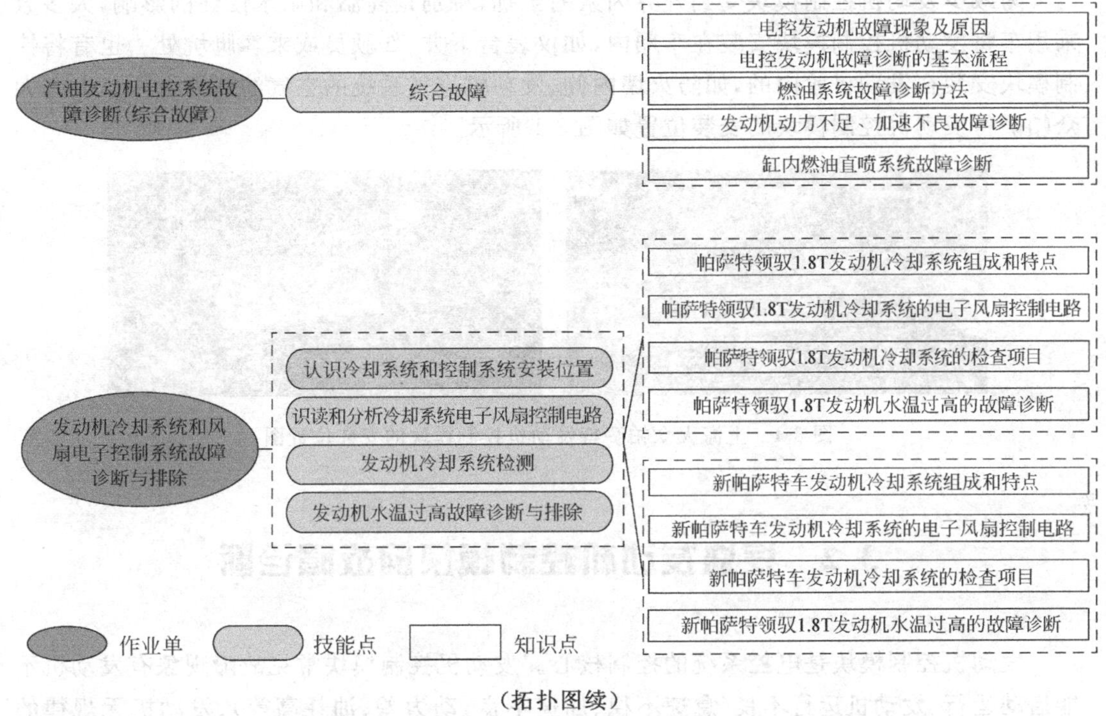

(拓扑图续)

3.1 汽油发动机电控系统概述

汽油发动机电控系统主要由电控模块(ECU)、传感器(Sensor)和执行器组成。

电控模块是发动机电控系统的核心。它采集发动机各种参数,控制喷油量、喷油定时和点火时刻,决定整个电控系统的主要使用性能。

传感器将发动机工况与环境的信息通过各种信号即时、真实地传递到ECU,所以传感器信息的准确性、再现性与即时性就直接决定了控制结果的好坏。汽油喷射系统传感器有发动机转速传感器、霍尔传感器、空气流量计或进气歧管绝对压力传感器、节气门位置传感器、冷却液温度传感器、进气温度传感器、爆震传感器、带加热器的λ传感器等。

电控系统要完成的各种控制功能,是靠各种执行器来实现的。在控制过程中,执行器将ECU传来的控制信号转换成某种机械运动或电气运动,从而改变发动机运行参数,完成控制功能。汽油喷射系统的执行器件有节气门控制组件或怠速控制阀、喷油器、点火线圈总成、活性炭滤清器电磁阀、增压压力控制电磁阀等。

ECU以发动机转速和负荷作为反映发动机实际工况的基本信号,参照由试验得出的发动机各工况相对应的喷油量和喷油定时脉谱图来确定基本的喷油量和喷油定时,然后根据各种因素(水温、油温、大气压力等)对其进行各种补偿,从而得到最佳的喷油量、喷油正时和点火定时,再通过执行器控制输出。

为减少发动机控制模块受到外界因素的干扰，特别是高温和雨水侵蚀的影响，大多数乘用车将发动机控制模块安装在车厢内，如仪表台下方、驾驶员或乘客脚坑处。也有将控制模块安装在发动机舱内的，如防火墙内侧、发动机进气系统的空气滤清器盒内。上海大众帕萨特发动机控制模块的安装位置如图 3-1 所示。

图 3-1　上海大众帕萨特发动机控制模块的安装位置图

3.2　汽油发动机控制模块的故障诊断

发动机控制模块是电控系统的控制核心。发动机控制模块常见故障现象有发动机不能启动运行、发动机运行不良(怠速不稳、加速不良、动力差、油耗高等)、发动机无规律的熄火等。下面以帕萨特车为例介绍发动机控制模块的故障诊断方法。

1. 故障现象

一辆上海大众帕萨特领驭 1.8T 轿车，搭载了型号 CED 的发动机。故障现象为启动机运转正常，但发动机无法启动运行。

2. 故障诊断流程

车辆无法启动的原因可分为机械系统和电控系统两大类。机械系统故障诊断与排除方法见模块 2。电控系统的故障原因有控制模块损坏、传感器无信号或信号错误、执行器件损害，以及电源、接地、导线损坏等。帕萨特车无法启动着车的故障诊断流程如图 3-2 所示。

3. 故障诊断实例

1) 首先对车辆进行常规检查

检查发动机机油液位和冷却液位是否正常；进气管路、曲轴箱通风管路连接是否完好；各传感器、执行器安装是否牢固，导线插件有无松脱；发动机控制线路有无明显老化现象，检查车辆电源和接地是否良好。

2) 检查燃油系统

打开点火开关，燃油表显示油箱内剩余汽油量约 40L，启动中发动机无着车迹象。连接诊断仪查询发动机系统故障存储器，系统显示无故障码。读取“发动机数据流”中的发动机转速信号，启动中发动机转速显示 200～300r/min。进入诊断仪的“动作器测试功能”驱动燃油泵运转，可明显听到燃油供给管路中燃油流动的声音，初步判断燃油泵控制

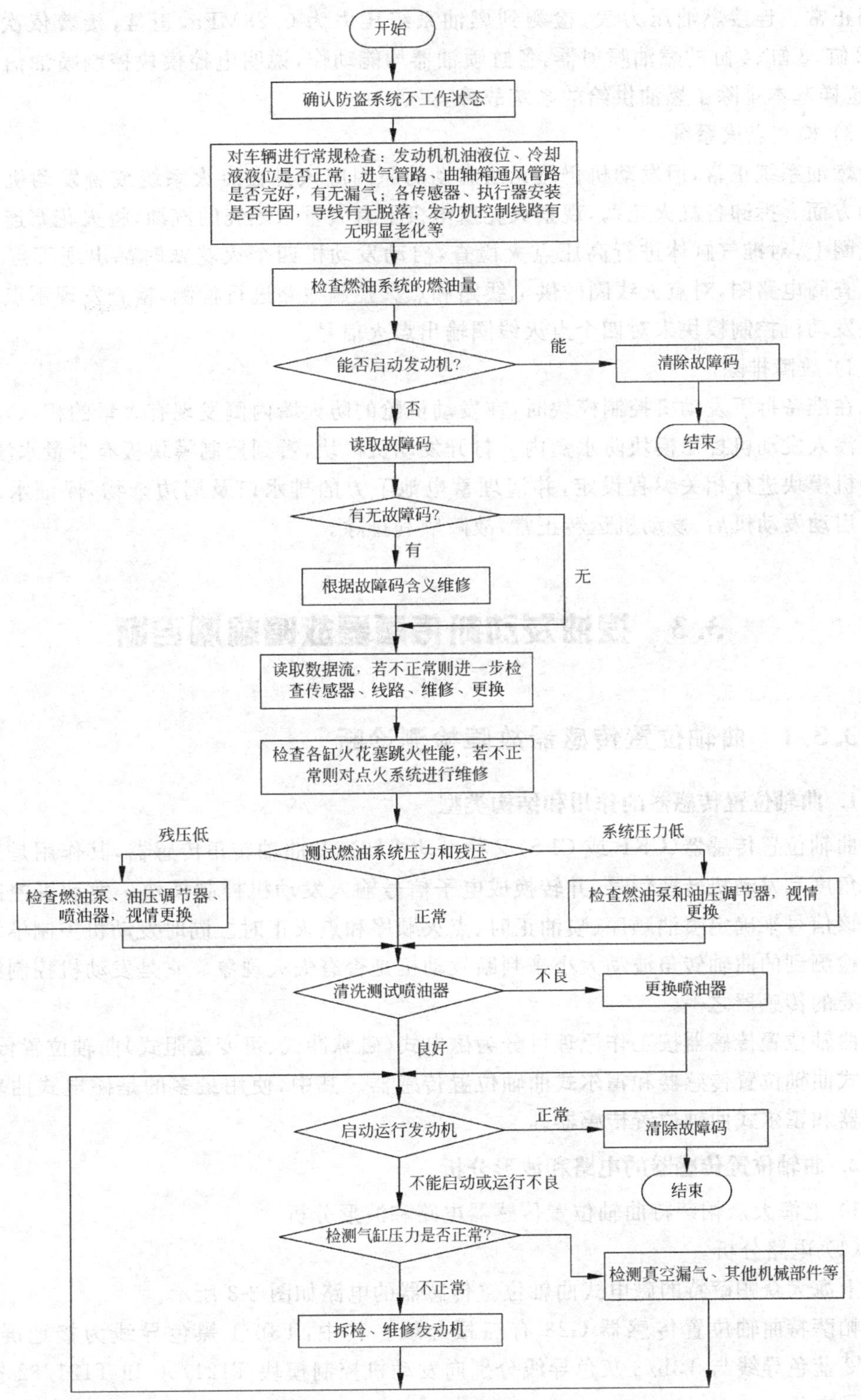

图 3-2　帕萨特车无法启动着车的故障诊断流程

电路正常。连接燃油压力表，检测到燃油系统压力为0.28MPa，正常，接着依次驱动1缸、2缸、3缸、4缸的燃油喷射器，各缸喷油器均能动作，说明电控模块控制喷油信号也正常，这样基本排除了燃油供给的系统故障。

3）检查点火系统

燃油系统正常，但发动机仍然无法启动的原因应该是在点火系统或者发动机机械故障等方面。拆卸各缸火花塞，观察火花塞电极上有大量未燃烧的汽油，将火花塞连接到点火线圈上，对准气缸体进行高压点火检查，启动发动机四个火花塞时都出现不点火的现象。查阅电路图，对点火线圈的供电线路和点火控制线路进行检测，检查发现不点火的原因是发动机控制模块未对四个点火线圈输出点火信号。

4）故障排除

在准备拆下发动机控制模块时，在发动机舱的防火墙内侧发现有大量的积水，且积水已经渗入发动机控制模块防水盒内。打开发动机模块，看到控制模块板有少量水渍，更换发动机模块进行相关编程设定，并清理蓄电池下方的排水口及周边杂物，保证水流的畅通。启动发动机后，发动机运转正常，故障顺利排除。

3.3 汽油发动机传感器故障检测诊断

3.3.1 曲轴位置传感器故障检测诊断

1. 曲轴位置传感器的作用和结构类型

曲轴位置传感器(CKP或CPS)又称发动机转速与曲轴转角传感器，其作用是采集曲轴转角度和发动机转速信号，并转换成电子信号输入发动机控制模块。发动机控制模块根据该信号来确定喷油顺序、喷油正时、点火顺序和点火正时。同时发动机控制模块能够根据检测到的曲轴转角波动大小来判断发动机是否有失火现象。它是发动机控制系统中最重要的传感器之一。

曲轴位置传感器按工作原理可分为磁电式(磁脉冲式、可变磁阻式)曲轴位置传感器、光电式曲轴位置传感器和霍尔式曲轴位置传感器。其中，使用最多的是磁电式曲轴位置传感器和霍尔式曲轴位置传感器。

2. 曲轴位置传感器的电路和波形分析

1）上海大众帕萨特曲轴位置传感器电路和波形分析

(1) 电路分析。

上海大众帕萨特的磁电式曲轴位置传感器的电路如图3-3所示。

帕萨特曲轴位置传感器G28有三根导线。其中，T3b/1黑色导线为接地屏蔽线，T3b/2蓝色导线与T3b/3灰色导线分别向发动机控制模块T121/90和T121/82提供交流信号电压。

G28传感器的电阻值为800～1000Ω，启动中万用表测量其交流信号电压为2～3V。

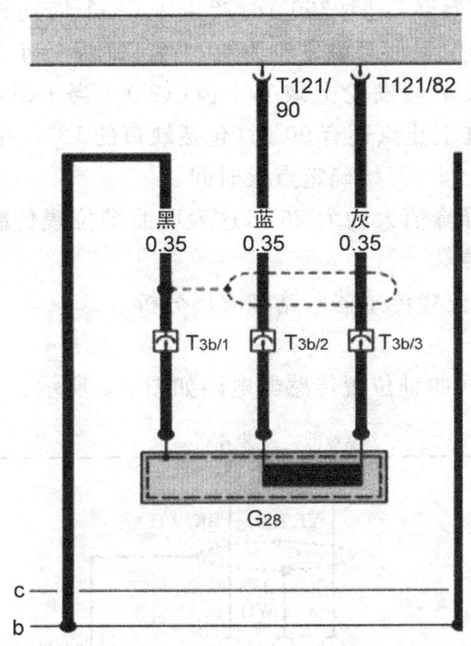

图 3-3 帕萨特的磁电式曲轴位置传感器电路图

怠速时交流信号电压10V左右，加油门电压上升。如果需要更加精确地对该传感器的性能进行检测，可以通过汽车专用示波器来测试波形图。

(2) 波形分析。

上海大众帕萨特的曲轴位置传感器波形如图 3-4 所示。

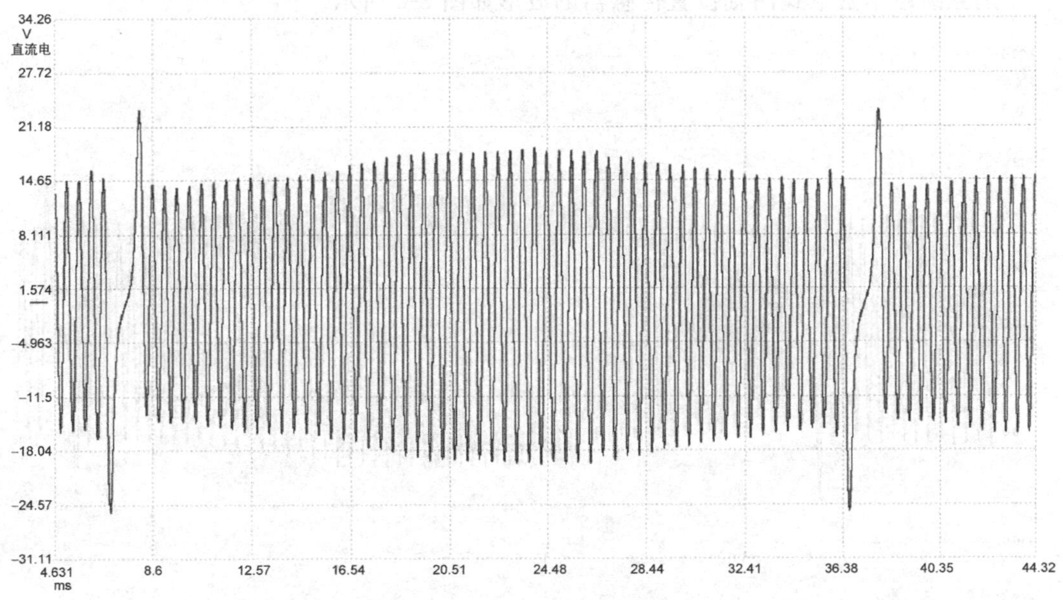

图 3-4 帕萨特的磁电式曲轴位置传感器波形图

从波形上看，曲轴在旋转一周（360°）时产生了 58 个周期相等的信号和 2 个缺齿信号，也就是说该车的曲轴位置信号触发轮为 60 个齿，每两个齿之间为 6°，共 360°。若其中缺失一个触发信号，则表示触发轮上缺一个齿（12°）。当 ECU 根据该缺齿信号判断出 1 缸和 4 缸活塞距离气缸上止点还有 90°时（包括缺口的 12°），在缺口后的第 11 个或第 12 个信号（至上止点前 12°～6°）开始确定点火时间。

图 3-4 所示波形的峰峰值大约为 26V，这表明曲轴位置传感器的电阻值和传感器与触发轮之间的间隙均正常。

2）别克凯越车曲轴位置传感器电路和波形分析

（1）电路分析。

别克凯越车的磁电式曲轴位置传感器电路如图 3-5 所示。

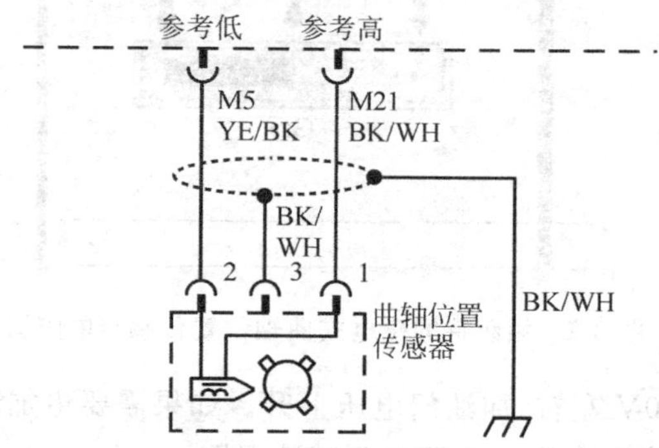

图 3-5 别克凯越车的磁电式曲轴位置传感器电路图

（2）波形分析。

别克凯越车磁电式曲轴位置传感器的波形如图 3-6 所示。

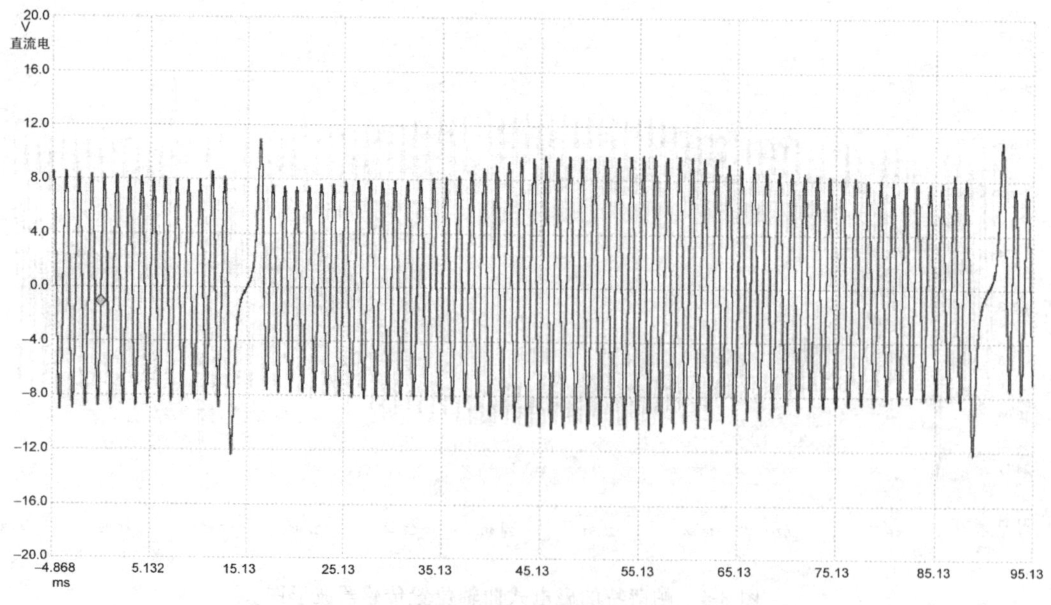

图 3-6 别克凯越车的磁电式曲轴位置传感器波形图

3. 上海大众帕萨特的曲轴位置传感器故障检测诊断

1）故障现象

曲轴位置传感器损坏或其信号线路出现问题时，ECU检测不到发动机转速及曲轴转角位置，大多数车辆会出现发动机无法启动的故障现象。也有一些车辆（通用英朗、新君威）的发动机模块PCM（美国通用汽车动力控制模块的英文缩写是PCM）可以根据凸轮轴位置传感器的信号来确定喷油和点火顺序，发动机可以顺利启动，但在低速和怠速时的发动机稳定性较差。

2）分析和诊断

出现发动机无法启动的故障现象时，首先可以观察启动时仪表盘上面的发动机转速指示指针是否有变化，如果发动机转速指示指针没有反应，则说明曲轴位置传感器可能没有信号发生，应该先检测曲轴位置传感器。也可以连接汽车故障检测仪，进入发动机控制系统读取相应的故障码，可能会出现00513故障码（发动机转速传感器G28故障码）。如果没有故障码，则可以进入数据流菜单读取数据流。启动发动机，观察启动中故障检测仪数据流发动机转速信号是否变化。如果始终显示0r/min，则说明发动机ECU未收到发动机转速信号，可先检测曲轴位置传感器。

3）检测步骤

(1) 拆卸蓄电池负极，拔下曲轴位置传感器的连接导线，并将曲轴位置传感器从发动机上拆卸下来。观察传感器磁头表面是否有大量污垢，如果有污垢，则清理干净。

(2) 查阅电路图，将万用表调整至电阻2kΩ量程，测量传感器2号针脚与3号针脚之间的电阻值是否在标准范围（800～1000Ω）之内。如果电阻值过大或过小，则说明传感器损坏。

(3) 拆卸蓄电池负极，拔下发动机控制模块ECU插件，观察ECU线束插件是否有氧化腐蚀现象。

(4) 将万用表调整至电阻200Ω量程，分别测量曲轴位置传感器插件T3b/2与ECU模块T121/90之间的导线、插件T3b/3与ECU模块T121/82之间的导线的电阻值是否在标准范围（<0.5Ω）之内。

(5) 如果电阻值过大，则说明线路有断路或接触不良故障，需要对线路进行修理或更换。

3.3.2　凸轮轴位置传感器故障检测诊断

1. 凸轮轴位置传感器的作用和结构类型

凸轮轴位置传感器（CMP）又称相位传感器或判缸传感器，主要作用是检测凸轮轴位置和转角，从而确定第一缸活塞压缩上止点位置。发动机控制模块根据启动中凸轮轴位置传感器和曲轴位置传感器提供的信号，识别出各个气缸活塞的位置和冲程，控制燃油喷射顺序和点火顺序。

凸轮轴位置传感器按其工作原理的不同可分为：磁电式凸轮轴位置传感器、光电式凸轮轴位置传感器、磁阻元件式凸轮轴位置传感器和霍尔式凸轮轴位置传感器。

凸轮轴位置传感器信号盘一般安装在凸轮轴正时齿轮之后和凸轮轴的末端。

2. 凸轮轴位置传感器的电路分析和波形分析

1）电路分析

上海大众帕萨特的凸轮轴位置传感器电路图如图 3-7 所示。

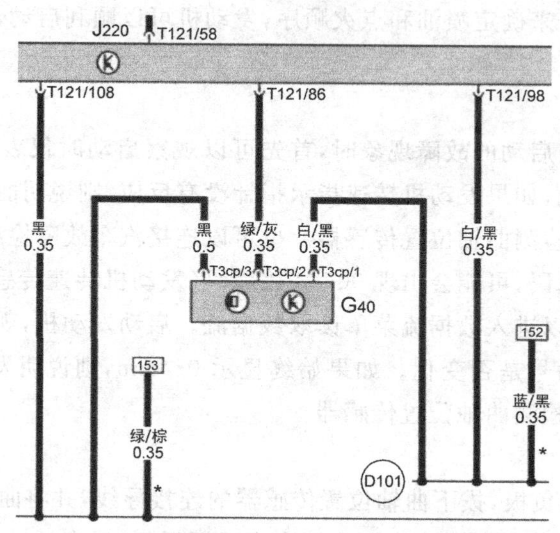

图 3-7 上海大众帕萨特凸轮轴位置传感器电路图

凸轮轴位置传感器 G40 有三根导线。其中，G40/1 号脚由 ECU 模块 T121/98 提供 5V 工作电源，G40/3 号脚由 ECU 模块 T121/108 提供接地回路，G40/2 号脚向 ECU 模块 T121/86 输出凸轮轴位置信号。打开点火开关，发动机静态时测量 G40/2 号脚对地信号电压为 12V 或 0V，这取决于传感器与触发轮之间的位置关系。启动发动机后，测量 G40/2 号脚对地信号电压，万用表显示为 6～7V。

2）波形分析

如果需要更加精确地判断凸轮轴位置状态，可通过汽车专用示波器来测试其波形图。上海大众帕萨特的凸轮轴位置传感器波形如图 3-8 所示。

3. 上海大众帕萨特的凸轮轴位置传感器故障检测诊断

1）故障现象

当凸轮轴位置传感器或其线路有故障时，发动机控制模块 ECU 的故障存储器会保存故障代码，同时点亮仪表上的发动机故障警告灯。大众 CED、BGC 型发动机会出现启动困难、怠速不稳、动力不足的现象，但有的发动机没有明显的故障现象。如果是其他机械原因导致凸轮轴位置传感器信号异常，例如 VVT 调整机构卡滞、配气相位正时偏差、凸轮轴触发轮安装错位等，也会出现上述故障现象。

2）分析和诊断

连接汽车故障诊断仪，读取发动机控制系统故障码，了解故障代码的具体含义。如果

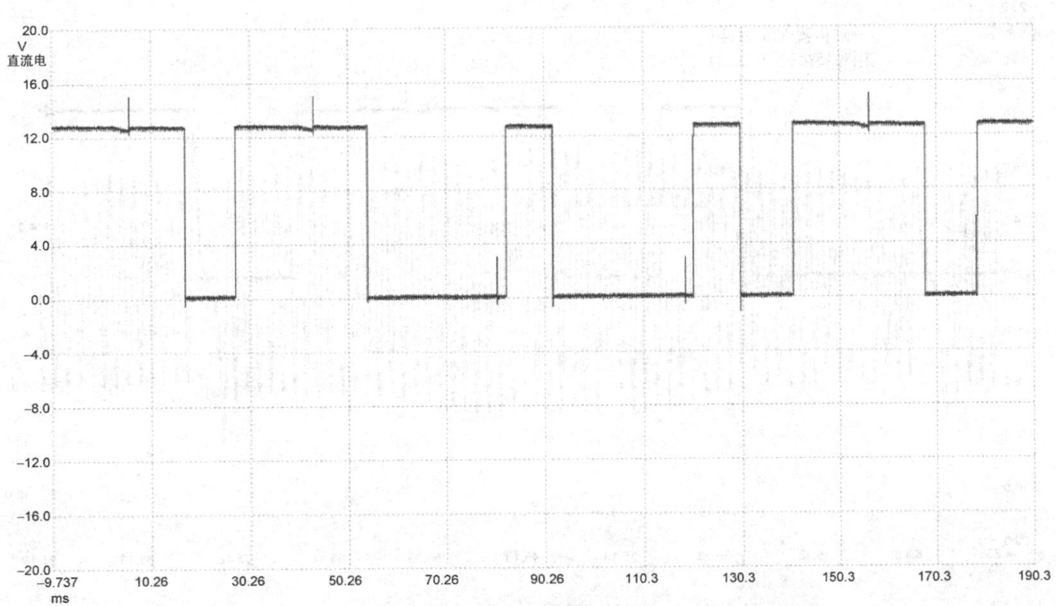

图 3-8　上海大众帕萨特的凸轮轴位置传感器波形图

故障码 DTC 显示"凸轮轴位置传感器电路对地或对正极开路、短路"，或"凸轮轴位置传感器信号不存在"，一般是由于传感器自身损坏或线路有故障。当 DTC 显示"凸轮轴位置传感器性能"和"凸轮轴位置/曲轴位置分配错误"，则应先考虑触发轮安装错位、配气相位正时故障。帕萨特 1.8T 的曲轴位置与凸轮轴位置正常相位关系如图 3-9 所示，错误相位关系如图 3-10 所示。

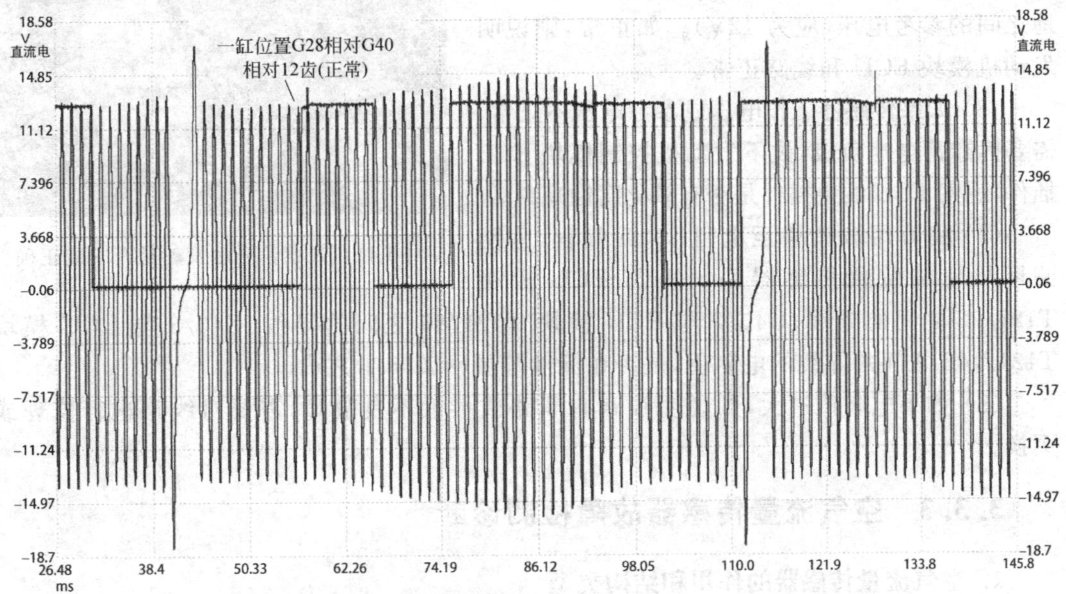

图 3-9　帕萨特 1.8T 的曲轴位置与凸轮轴位置正常相位关系图

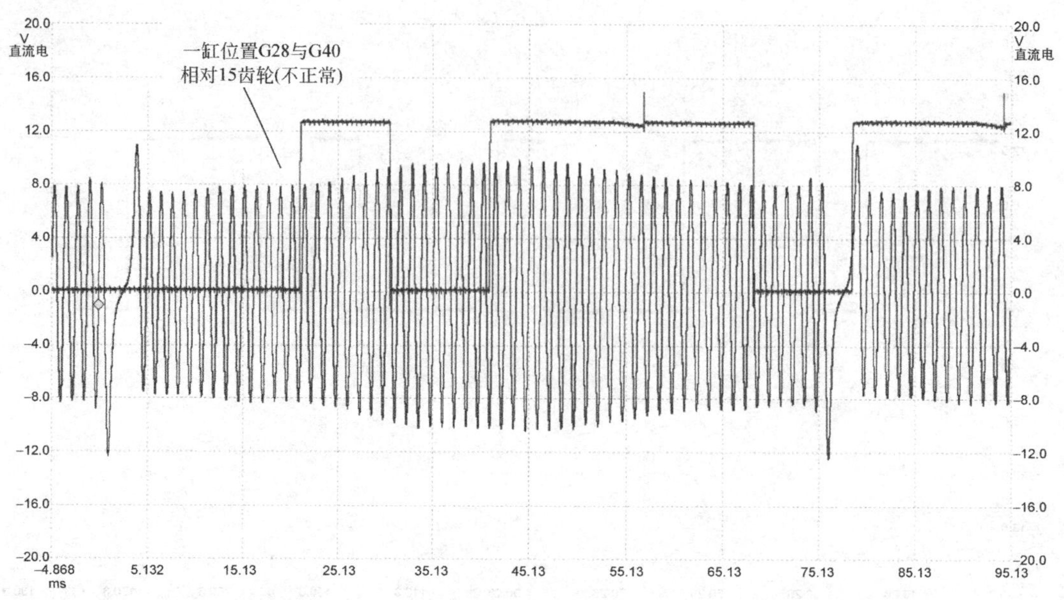

图 3-10 帕萨特 1.8T 的曲轴位置与凸轮轴位置错误相位关系图

3）检测步骤

（1）拔下凸轮轴位置传感器的连接导线，并将凸轮轴位置传感器从发动机上拆卸下来，观察信号触发轮是否安装正确，如图 3-11 所示。

图 3-11 观察信号触发轮是否安装正确

（2）查阅电路图。打开点火开关，测量导线端 G40/1 电源与 G40/3 接地之间的工作电压（应为 5V），测量导线端 G40/2 信号与 G40/3 接地之间的参考电压（应为 12V）。如正常，则说明发动机模块 ECU 和线路正常。

（3）如果传感器工作电压或参考电压不正常，需要拆卸蓄电池负极，拔下发动机控制模块 ECU 插件，观察 ECU 线束插件是否有氧化腐蚀现象。

（4）将万用表调整至电阻 200Ω 量程，分别测量凸轮轴位置传感器 G40/1 与 ECU 模块 T121/98 之间的导线、G40/2 与 ECU 模块 T121/86 之间的导线、G40/3 与 ECU 模块 T121/108 之间的导线的电阻值，是否在标准范围（<0.5Ω）之内。

（5）如果电阻值过大，则说明线路有断路或接触不良故障，需要对线路进行修理或更换。

3.3.3 空气流量传感器故障检测诊断

1. 空气流量传感器的作用和结构类型

空气流量传感器（MAF）简称空气流量计，主要用于测量进入发动机气缸内的空气量，然后将进气量信号转换成电子信号输入发动机控制单元 ECU，发动机控制单元将测得的空气流量与发动机转速的比值作为基准，计算出标准喷油量，控制喷油器向气缸（进气歧管）内喷入与进气量成最佳比例的燃油。

空气流量计一般安装在空气滤清器与节气门体之间。目前汽车上运用的空气流量计主要是热线式空气流量计和热膜式空气流量计。

2. 空气流量计传感器的电路分析和波形分析

1）电路分析

上海大众帕萨特热膜式空气流量传感器的电路图如图 3-12 所示。

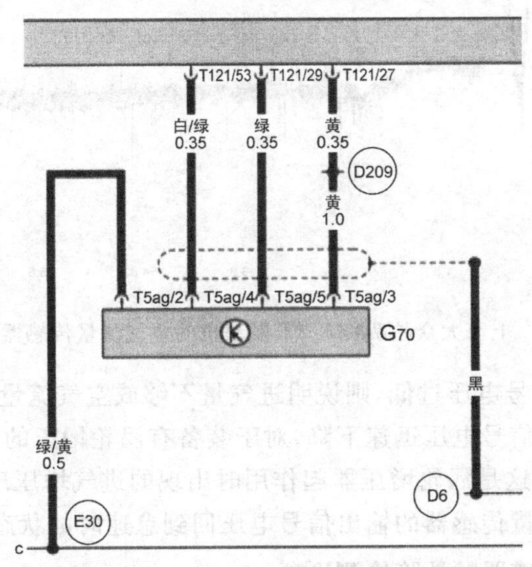

图 3-12　上海大众帕萨特热膜式空气流量传感器的电路图

上海大众帕萨特的热膜式空气流量计 G70 插件上有 6 个针脚，G70/1 号脚为空脚（在大众其他车型中的空气流量计内部安装有进气温度传感器，G70/1 号脚为进气温度信号线）G70/2 号脚由燃油泵继电器 J17 提供 12V 工作电源，G70/3 号脚经 ECU 模块 T121/27 接地回路，G70/4 号脚由 ECU 模块的 T121/53 号脚提供 5V 参考电压，G70/5 号脚向 ECU 模块 T121/29 输出进气流量的电压信号。

2）波形分析

通过检测热膜式空气流量传感器的信号波形，就可以准确地分析传感器的性能和发动机进气量的变化。上海大众帕萨特 1.8T 发动机的空气流量传感器的波形如图 3-13 所示。

(1) 从波形上可以看出，发动机在怠速运转时，空气流量传感器的输出信号电压为 1.3～1.5V，这相当于进气量为 3.5～4g/s。

(2) 当节气门迅速完全打开时，进气量开始增加，MAF 敏感元件由于进气量的变化，输出信号电压逐渐上升。

(3) 由于节气门瞬间打开导致进气压力将降低，进气歧管负压变成正压，进气阻力增大，MAF 处产生进气迟滞现象，信号电压下降。

(4) 随着发动机的转速提高，进气量开始增大，信号电压持续上升，最高电压可达到

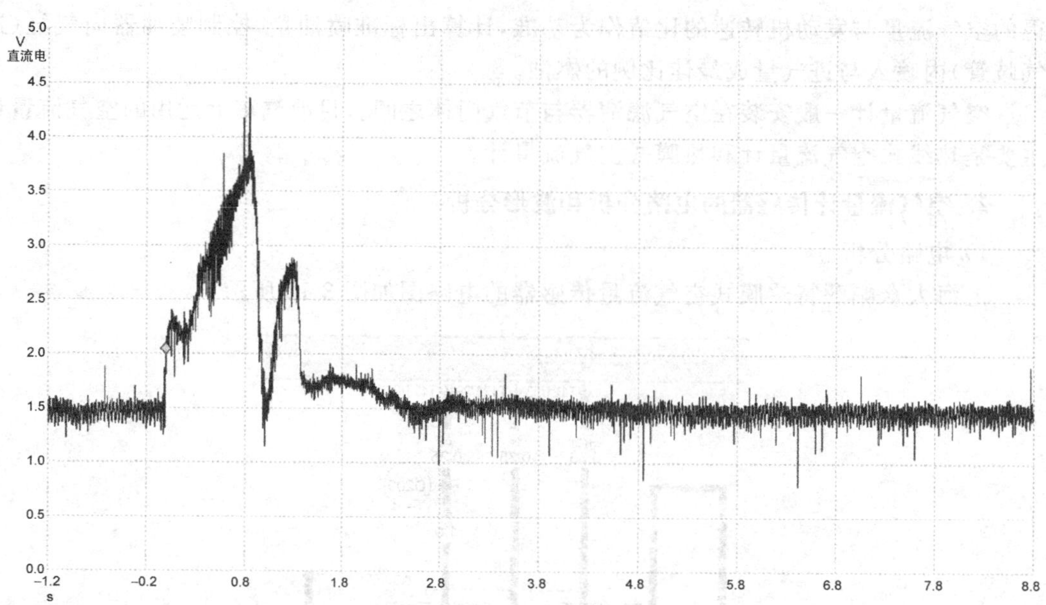

图 3-13 上海大众帕萨特 1.8T 发动机的空气流量传感器的波形图

约 3.5V。如果最高信号电压过低，则说明进气量不够或空气流量计性能故障。

(5) 急收油门时，信号电压迅速下降，对于装备有涡轮增压的发动机会在输出信号电压上产生第二个波峰，这是涡轮增压器起作用时出现的进气增压现象。

(6) 随后，空气流量传感器的输出信号电压回到怠速时的状态。

3. 空气流量计传感器的故障检测诊断

1) 故障现象

(1) 传感器本体故障会造成怠速时信号电压过高，导致发动机油耗增大。

(2) 传感器本体故障会造成信号响应速度慢，导致车辆行驶时发动机提速效果差、动力明显降低等。

(3) 空气流量传感器出现线路故障时，ECU 模块内的故障存储器中会存储 DTC，此时发动机控制模块会采用节气门开度信号和发动机转速信号等负荷信号来计算当前进气量，车辆仍然可以行驶，其动力性比 MAF 发生本体性能故障优越，但发动机的稳定性和燃油调整不能精确修正。

2) 分析诊断

连接汽车故障诊断仪，读取发动机控制系统故障码，若 DTC 显示"空气流量计没有信号"或"空气流量计信号对地或对正极开路、短路"，则重点检查空气流量计相关线路。如果 DTC 显示"发动机燃油调整稀/浓"，则应该通过发动机动态数据流来分析故障，排查是空气流量计性能故障，还是其他方面的原因。

3) 检测步骤

如果发动机控制模块 ECU 未收到空气流量传感器的信号，可按图 3-14 所示的诊断流程进行检测。

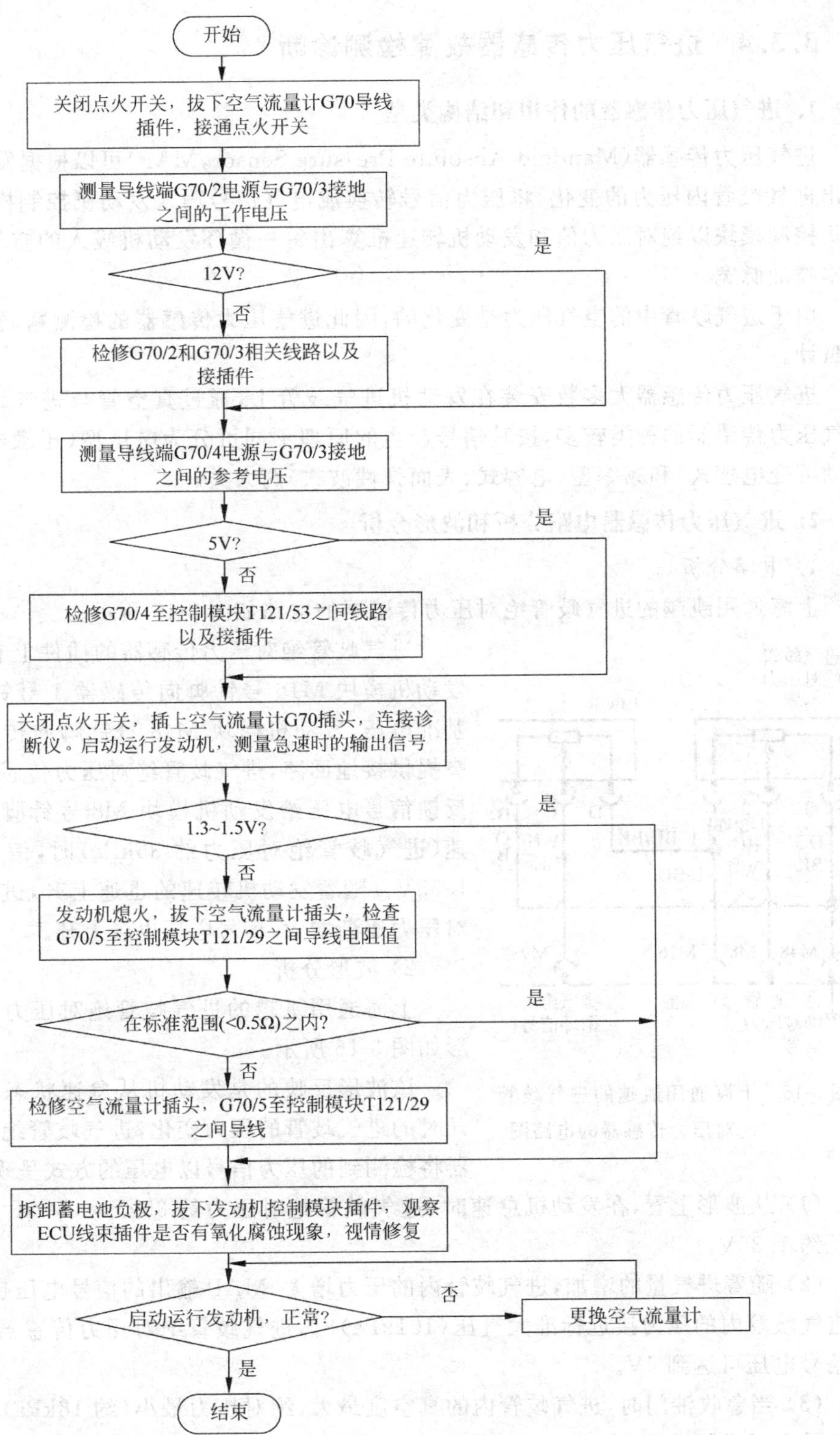

图 3-14 发动机控制模块未收到空气流量传感器信号的故障诊断流程

3.3.4 进气压力传感器故障检测诊断

1. 进气压力传感器的作用和结构类型

进气压力传感器(Manifold Absolute Pressure Sensor,MAP)可以根据发动机的负荷测出进气歧管内压力的变化,将压力信号转换成电气信号输入发动机控制模块ECU,发动机控制模块以绝对压力值和发动机转速推算出每一循环发动机吸入的空气量,以确定基本喷油脉宽。

由于进气歧管中的空气压力是变化的,因此进气压力传感器的检测精确度不如空气流量计。

进气压力传感器大多数安装在发动机进气歧管上,通过真空管与进气歧管相连接。进气压力传感器的种类较多,按其信号产生的原理不同可分为电压型(压敏电阻式、膜盒传动可变电感式)和频率型(电容式、表面弹性波式)两大类。

2. 进气压力传感器电路分析和波形分析

1) 电路分析

上海通用凯越的进气歧管绝对压力传感器的电路如图3-15所示。

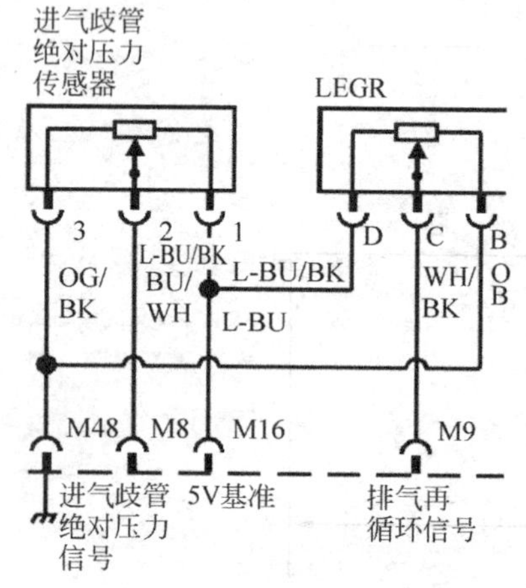

图3-15 上海通用凯越的进气歧管绝对压力传感器的电路图

进气歧管绝对压力传感器的插件上有3个针脚,发动机模块M16号针脚向传感器1号针脚提供5V基准电压,发动机模块M48号针脚向传感器3号针脚提供接地回路,进气歧管绝对压力传感器2号针脚反馈信号电压给发动机模块M8号针脚。发动机怠速(进气歧管绝对压力约35kPa)时,信号电压约为1.35V。随着发动机转速的迅速上升,进气歧管的绝对压力逐渐增大,信号电压也会上升。

2) 波形分析

上海通用凯越的进气歧管绝对压力传感器的波形如图3-16所示。

该波形反映的是发动机从怠速状态到节气门全开时的进气歧管的压力变化,进气歧管绝对压力传感器将检测到的压力信号以电压的方式呈现出来。

(1) 从波形上看,在发动机怠速时(进气歧管绝对压力约35kPa),MAP输出的信号电压约1.35V。

(2) 随着进气量的增加,进气歧管内的压力增大,MAP输出的信号电压也随之上升。当进气歧管内的压力接近标准大气压(101kPa)时,进气歧管绝对压力传感器MAP输出的信号电压可达到5V。

(3) 当急收油门时,进气歧管内的真空度最大,绝对压力最小(约18kPa),MAP输出的信号电压只能达到1.06V。

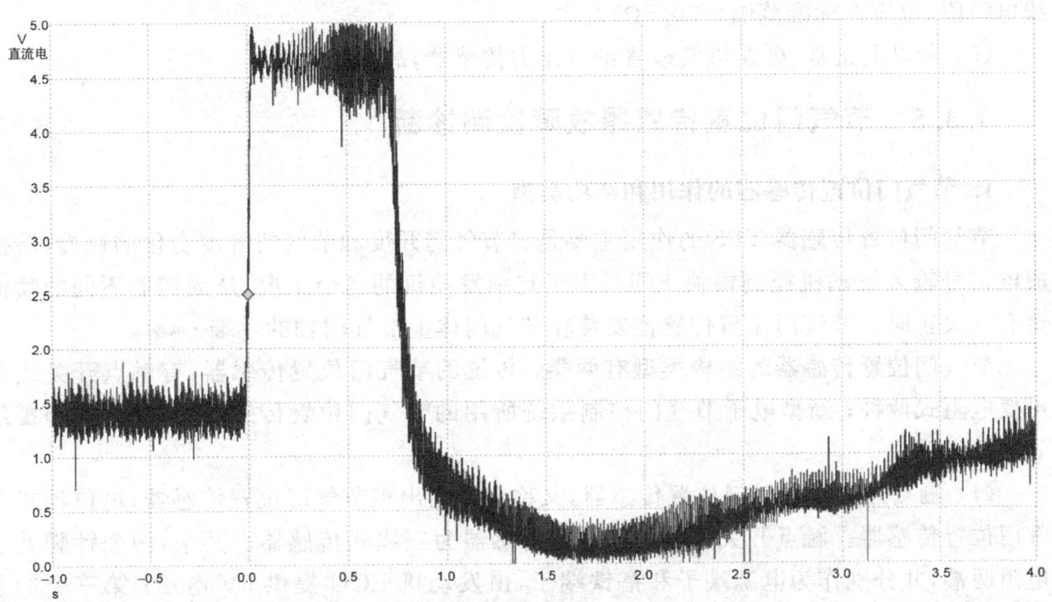

图 3-16 上海通用凯越的进气歧管绝对压力传感器的波形图

3. 进气压力传感器的故障检测诊断

1）故障现象

一辆通用凯越轿车的发动机怠速不稳、加速不良，并且仪表板上的发动机故障警告灯常亮。

2）分析诊断

连接原厂故障诊断仪 TECH-2，读取发动机系统故障存储器内容，DTC 显示"进气歧管绝对压力传感器(MAP)传感器电路低电压"，清除故障码，发动机运转一定时间后该故障码再次出现。

TECH-2 读取发动机数据，发现有两个数据显示不正常：一是怠速时进气歧管绝对压力显示为 24kPa，过低，正常值约为 35kPa；二是大气压力显示为 85kPa，过低，正常标准大气压应为 101kPa。由于进气压力传感器 MAP 反馈给 ECU 的信号电压过低，导致 ECU 计算出的基本喷油量减小，混合气过稀，数据中的前后氧传感器的电压偏低，ECU 控制长期燃油调整为 7%(加浓)。

通过以上数据分析，可以确认发动机怠速不稳、加速不良的故障，主要是由进气歧管绝对压力传感器 MAP 信号不正确导致的。

3）检测步骤

(1) 关闭点火开关，拔下进气歧管绝对压力传感器导线插件，打开点火开关。

(2) 测量导线端 MAP/1 电源与 MAP/3 接地之间的基准电压，应为 5V。

(3) 关闭点火开关，并拆卸蓄电池负极，拔下发动机控制模块插件，检查 ECU 线束插件有无氧化腐蚀现象。

(4) 将万用表调整至电阻 200Ω 量程，测量 MAP/2 与 ECU 模块针脚 M8 之间的导线电阻值,也应在标准范围(<0.5Ω)之内。

(5) 若以上正常,更换进气歧管绝对压力传感器,故障排除。

3.3.5 节气门位置传感器故障检测诊断

1. 节气门位置传感器的作用和结构类型

节气门位置传感器 TPS 的作用主要是将节气门开度和节气门开度变化的快慢,转换成电信号输入发动机控制模块 ECU,用于判别发动机的各个工况,从而控制不同的喷油量和点火正时。节气门位置传感器安装在节气门体上节气门轴的一端。

节气门位置传感器的结构类型有两类:传统的节气门位置传感器,有触点开关式和可变电阻式两种;新型电子节气门控制系统所用的节气门位置传感器,有复合式和霍尔效应式两种。

(1) 触点开关式节气门位置传感器,又称线性输出型节气门位置传感器、电位计式节气门位置传感器。触点开关式节气门位置传感器为三线式传感器。其中,两个针脚处于电阻两端,并分别作为电源端子和搭铁端子,由发动机 ECU 提供 5V 电压;第三个端子连接滑动触点,与节气门轴联动,当节气门轴转动时,滑动触点在电阻上移动,进而引起滑动触点电位的变化,并将当前的节气门开度变化转变成电压信号输入 ECU。

(2) 可变电阻式节气门位置传感器。当其中一个传感器发生故障时能及时被识别,增加了系统的可靠性。从两个传感器输出信号的变化关系来看,可变电阻式节气门位置传感器有反向式和同相式两种类型。其中,同向式可变电阻式节气门位置传感器又可分为同斜率线性变化和不同斜率线性变化两种类型。

2. 节气门位置传感器的电路分析和波形分析

1) 电路分析

上海通用凯越的拉索式节气门传感器电路如图 3-17 所示。

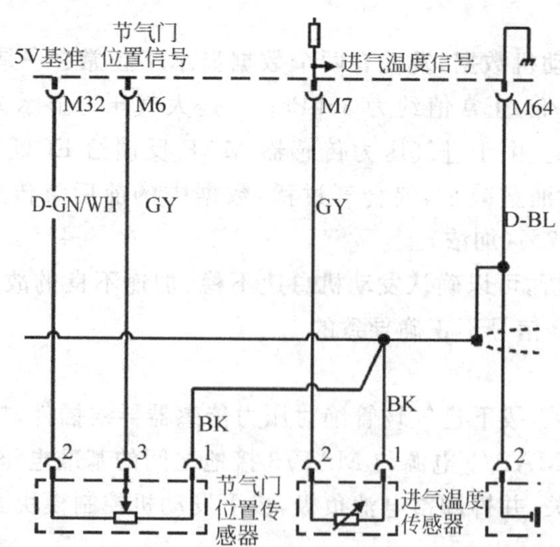

图 3-17 上海通用凯越的拉索式节气门传感器电路图

节气门位置传感器插件上有 3 个针脚。发动机模块 M32 号针脚向传感器 2 号针脚提供 5V 基准电压，发动机模块 M64 号针脚向传感器 1 号针脚提供接地回路，节气门位置传感器 3 号针脚反馈信号电压给发动机模块 M6 号针脚。节气门全关时节气门位置传感器电阻值的信号电压为 0V，节气门全开时节气门位置传感器信号电压为 3.5V。

上海大众帕萨特的电子节气门电路如图 3-18 所示。

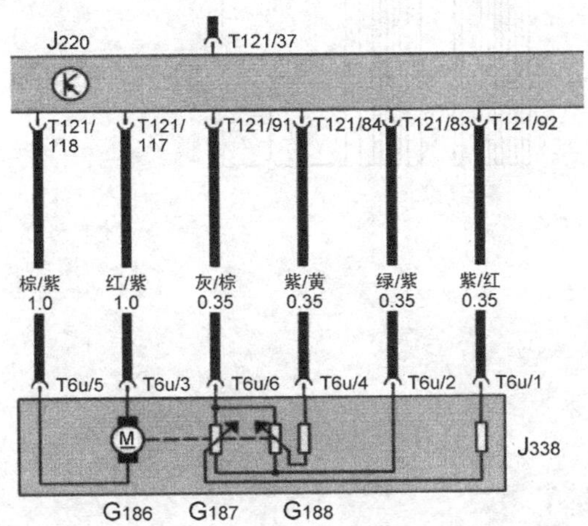

图 3-18 上海大众帕萨特的电子节气门电路图

节气门控制组件 J388 由节气门定位电机 G186、节气门角度传感器 1/G187、节气门角度传感器 2/G188 组成。节气门定位电机 G186 的电阻约 3Ω，发动机控制模块 J220 的 T121/117 号脚和 T121/118 号脚以占空比的方式来控制节气门定位电机动作。

节气门角度传感器 G187 和 G188 为滑动电阻式传感器，其电阻值随着节气门开度的变化而发生变化，发动机控制模块 J220 的 T121/83 号脚向节气门组件 J338 的 T6u/2 号脚提供 5V 工作电压，发动机控制模块 J220 的 T121/91 号脚向节气门组件 J338 的 T6u/6 号脚提供接地回路。

节气门组件 J338 的 T6u/1 号脚反馈节气门角度传感器 G187 的信号电压（怠速时约为 0.6V）给发动机控制模块 J220 的 T121/92 号脚，加油门时信号电压上升。

节气门组件 J338 的 T6u/4 号脚反馈节气门角度传感器 G188 的信号电压（怠速时约为 3.4V）给发动机控制模块 J220 的 T121/84 号脚，加油门时信号电压下降。

2）波形分析

发动机控制模块 J220 控制节气门定位电机动作，控制占空比信号波形如图 3-19 所示。在节气门从怠速状态到节气门全开，再从全开到怠速的全过程中，节气门角度传感器 G187 与节气门角度传感器 G188 的信号波形如图 3-20 所示。

从图 3-20 所示的波形可以看出：

（1）怠速时，节气门驱动角度传感器 G187 输出的信号电压约 0.6V，随着节气门的逐渐开启，电压上升，当节气门开度最大时，节气门驱动角度传感器 G187 信号电压可以达到 3.3V。

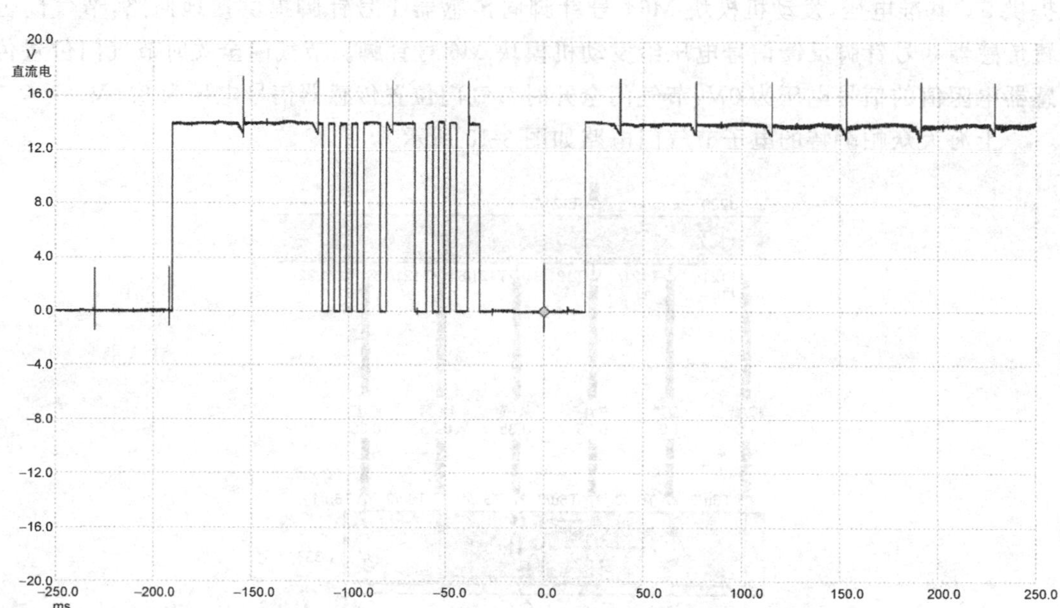

图 3-19 控制节气门定位电机的控制信号波形

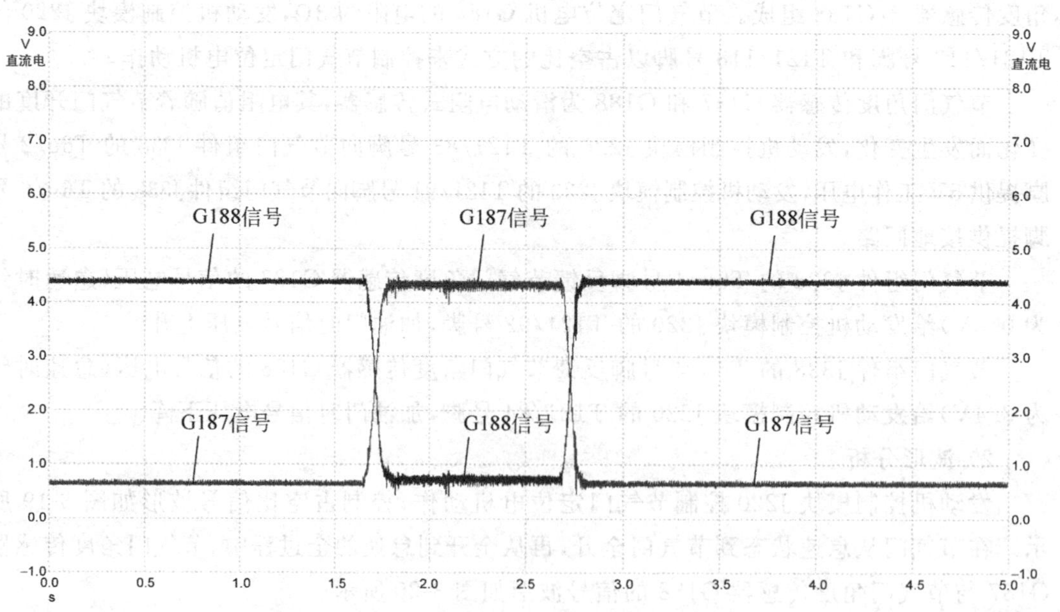

图 3-20 电子节气门角度传感器的信号波形

（2）节气门驱动角度传感器 G188 的信号电压正好与气门驱动角度传感器 G187 呈互补关系。怠速时，节气门驱动角度传感器 G188 输出的信号电压约 3.4V，随着节气门的逐渐开启，电压下降，当节气门开度最大时，节气门驱动角度传感器 G187 信号电压只达到 0.7V。

3. 节气门位置传感器的故障检测诊断

1）故障现象

当电子节气门中的节气门驱动角度传感器和其相关线路出现故障时，会出现加油门发动机提速缓慢或不提速等现象，且仪表上的 EPC 故障灯常亮。

2）故障原因

诊断仪显示节气门位置传感器有故障，其原因有节气门位置传感器本体故障、接插件接触不良或导线故障等。

3）故障诊断

连接大众原厂故障诊断仪，读取发动机系统故障存储器的内容，根据 DTC 含义和电路图进行检测与分析。

3.3.6　发动机冷却液温度传感器故障检测诊断

1. 发动机冷却液温度传感器的作用和结构类型

发动机冷却液温度传感器(ECT)简称水温传感器。发动机冷却液温度传感器的作用是检测发动机冷却液温度，向 ECU 输入冷却液温度信号，发动机控制模块根据该信号修正燃油喷射和点火正时。同时，在发动机暖机过程中，需要对混合气加浓，其加浓量主要取决于发动机的温度、负荷和转速，ECU 以冷却液温度传感器的信号电压作为冷启动加浓的主要依据。

发动机冷却液温度传感器一般安装在发动机节温器出水口附近和发动机缸盖的水套上。发动机冷却液温度传感器由封闭在金属盒内的对温度变化非常敏感的负温度系数热敏电阻(NTC 电阻)构成，利用电阻值的变化来检测冷却液的温度。冷却液温度越低，电阻值越大；冷却水温度越高，电阻值越小。30℃时的电阻值为 1.5～2.0kΩ，80℃时的电阻值为 275～375Ω。如果没有达到额定值，应更换冷却液温度传感器。

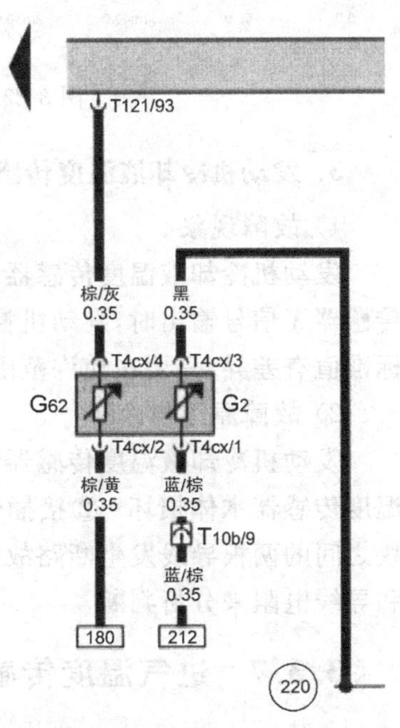

图 3-21　上海大众帕萨特车的发动机冷却液温度传感器与 ECU 的连接电路图

2. 发动机冷却液温度传感器的电路分析和波形分析

1）电路分析

发动机冷却液温度传感器与 ECU 的连接电路如图 3-21 所示。

发动机冷却液温度传感器 G62 与冷却液温度传感器 G2(水温表用)组装在一起。发动机控制模块 T121/93 号针脚向发动机冷却液温度传感器 G62 的 T4cx/4 号针脚提供 5V 参考电压。发动机冷却液温度传感器 G62 的 T4cx/2 号脚由组合仪表 T32a/7 号针脚提供接地回路。

2) 波形分析

随着水温升高,冷却液温度传感器的电阻值逐步下降,如图 3-22 所示。

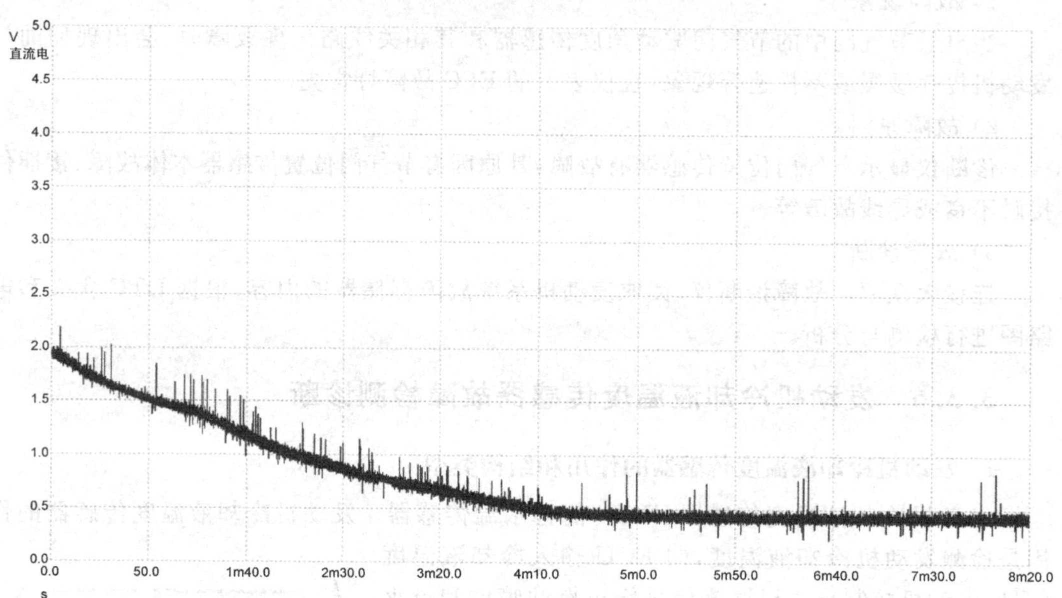

图 3-22 发动机冷却液温度传感器的信号波形

3. 发动机冷却液温度传感器的故障检测诊断和排除

1) 故障现象

发动机冷却液温度传感器的常见故障有传感器无信号输出和信号错误。冷却液温度传感器无信号输出时,发动机控制单元自动默认温度为 80℃,且产生故障码。信号值与标准值有差异,只要在允许范围内,不会产生故障码。

2) 故障原因与诊断

发动机冷却液温度传感器无信号输出或信号不正确,可能原因有:①发动机冷却液温度传感器本体损坏;②接插件接触不良;③发动机冷却液温度传感器至发动机控制模块之间的两根导线发生断路故障。可检查接插件和测量发动机冷却液温度传感器电阻值和导线电阻来分析判断。

3.3.7 进气温度传感器故障诊断

1. 进气温度传感器的作用和结构类型

进气温度传感器(IAT)用于检测发动机吸入的空气温度,并将空气温度信号转换成电压信号传送给发动机控制模块 ECU。由于空气密度随温度的变化而变化,而喷油量是按空气质量来计算的，因此 ECU 根据进气的温度的信号做出不同程度的喷油脉宽修正，以获得最佳的空燃比。

进气温度传感器通常安装在空气滤清器之后的进气软管上或空气流量计传感器上。进气温度传感器的内部结构与水温传感器完全相同，也是一个负温度系数的热敏电阻。

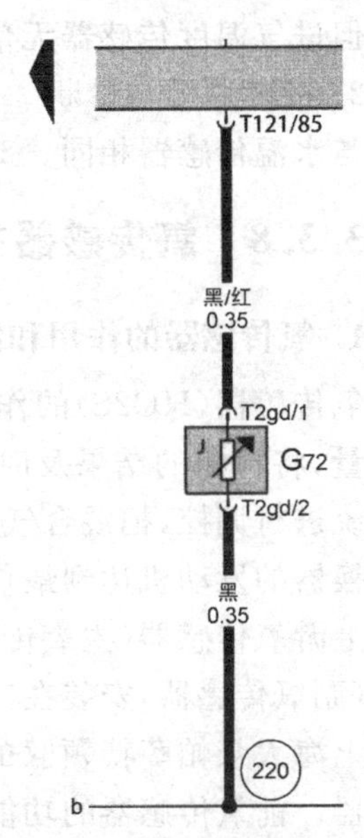

图 3-23　上海大众帕萨特车的进气温度传感器与 ECU 的连接电路图

2. 进气温度传感器的电路分析和波形分析

1）电路分析

进气温度传感器与 ECU 的连接电路如图 3-23 所示。

进气温度传感器 G72 插件上有两个针脚。发动机控制模块的 T121/85 号针脚向进气温度传感器的 T2gd/1 号针脚提供 5V 参考电压，进气温度传感器 G72 的 T2gd/2 号脚由发动机控制模块 T121/108 号针脚提供接地回路。

2）波形分析

进气温度传感器的波形如图 3-24 所示。

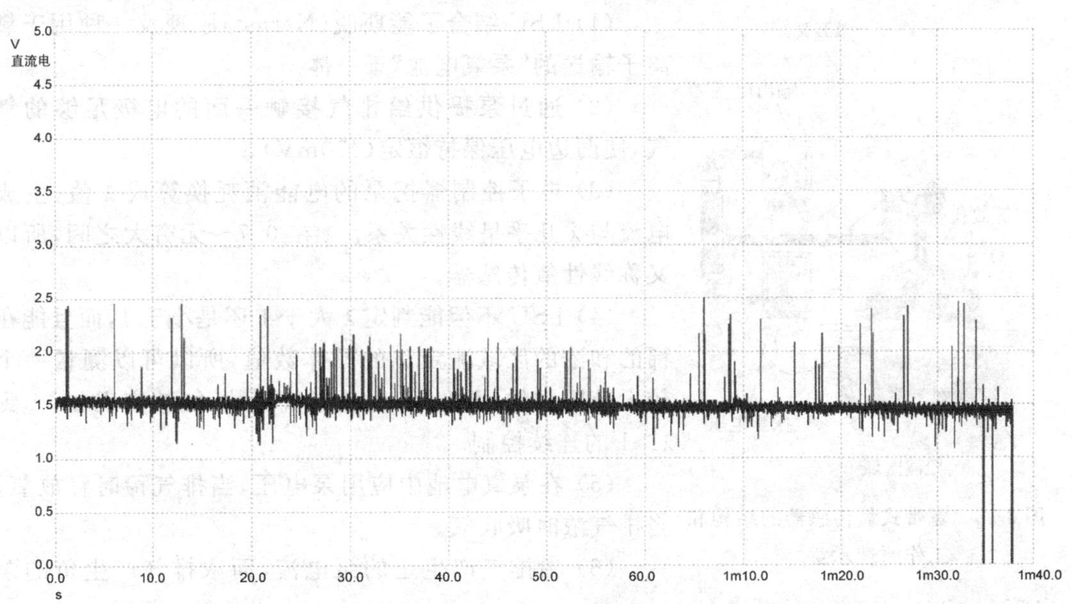

图 3-24　进气温度传感器的波形图

3. 进气温度传感器的故障排除

1）故障现象

进气温度传感器的常见故障有进气传感器无信号输出和信号错误，与水温传感器相同。但进气温度传感器无信号或信号错误没有明显的故障现象。

2）故障原因与诊断

与水温传感器相同。

3.3.8 氧传感器故障检测诊断

1. 氧传感器的作用和结构类型

氧传感器(HO2S)的作用是指示发动机中混合气燃烧是否充分,通过测定废气中的氧含量,将检测的结果及时反馈给发动机控制模块 ECU,使发动机控制系统有效地对燃料系统进行调控,把混合气的空燃比控制在理论空燃比附近很窄的范围内,使装有三元催化转换器的发动机达到最佳的排气净化效果。

上游氧传感器(主氧传感器)安装在排气歧管近端,三元催化转换器之前。下游氧传感器(副氧传感器)安装在三元催化转换器之后。

上海大众帕萨特领驭的车载自动诊断系统(OBD)的氧传感器有前氧传感器和后氧传感器。前氧传感器的功能是检测混合气的燃烧情况,后氧传感器的功能是监测三元催化和前氧传感器的性能。在帕萨特领驭的系统中,前氧传感器是宽带式氧传感器(LSU),后氧传感器是跳变式氧传感器(LSF)。

1）宽带式氧传感器

宽带式氧传感器(LSU)的结构和工作原理如图 3-25 所示。

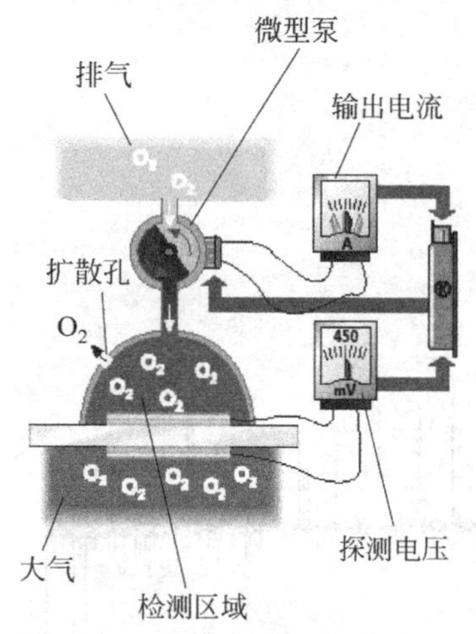

图 3-25 宽带式氧传感器的结构和工作原理示意

(1) LSU 结合了能斯脱(Nernst)原理及一种用于氧离子输送的“泵氧电池”于一体。

(2) 通过泵提供给排气接触一面的电极足够的氧气,使两边电压保持恒定(450mV)。

(3) 电子控制器把泵的电能消耗换算成 λ 值,生成电流与 λ 几乎呈线性关系。λ 在 0.7～无穷大之间,所以又称线性氧传感器。

(4) LSU 不但能判定 λ 大于 1 还是小于 1,而且能在稀的和浓的区域测定 λ 的具体数值,所以可以测量一个较大范围内的(即宽频)过量空气系数,能够实现 $\lambda<1$ 到 $\lambda>1$ 的连续控制。

(5) 在泵氧电池中应用泵电压,当排气稀时释放氧;当排气浓时吸收氧。

(6) 稀排气产生正的泵电流,而浓排气产生负的泵电流。

2）跳变式氧传感器

LSF 氧传感器是平面式的氧传感器,从陶瓷管状发展而来,采用了丝网印刷技术把各个功能层(内外电极、加热原件等)叠在一起呈片状。由于 LSF 采用了厚膜技术,具有尺寸小、重量轻;采用成片技术,加热速度快,进入闭环控制时间短;低加热功率等优点。

LSF 氧传感器的工作是通过将传感元内外的氧离子浓度差转化成电压信号输出来实现的。当传感元的温度达到 350℃时，即可具有固态电解质的特性。由于其材质的特殊，使氧离子可以自由地通过传感元。正是利用这一特性，将浓度差转化成电势差，从而形成电信号输出。若混合气体偏浓，则传感元内外氧离子浓度差较高，电势差偏高，大量的氧离子从内侧移动到外侧，输出电压较高(800～1000mV)；若混合气偏稀，则传感元内外氧离子浓度差较低，电势差较低，仅有少量的氧离子从内侧移动到外侧，输出电压较低(接近 100mV)。信号电压在理论当量空燃比(λ=1)附近发生突变。

2. 电路分析和波形分析

1) 电路分析

上海大众帕萨特领驭车的宽带式前氧传感器(LSU)的电路如图 3-26 所示。发动机控制单元 J220 的接插件有 121 个引脚(T121)，前氧传感器的接插件(T6t)有 6 个引脚，前氧传感器各引脚的作用是：T6t/1 为能斯特电压(由能斯特方程计算出的电动势称为能斯特电压，在给定的温度和压力下即为可逆电池电压)、T6t/2 为平衡电路、T6t/3 为加热电路(+12V)、T6t/4 为加热电路(—)、T6t/5 为虚拟接地、T6t/6 为泵电流。

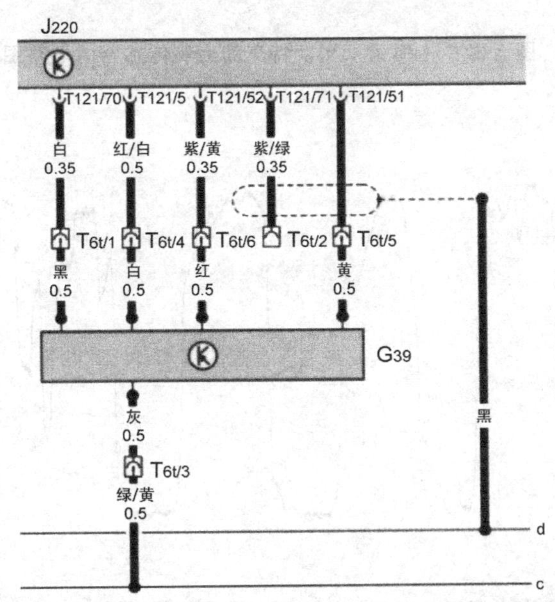

图 3-26 上海大众帕萨特领驭车的宽带式前氧传感器的电路图

上海大众帕萨特车的后氧传感器的电路如图 3-27 所示。后氧传感器各引脚的作用是：T4/1 为加热电路(+12V)、T4/2 为加热电路(—)、T4/3 为信号电压(—)、T4/4 为信号电压(+)。

2) 波形分析

图 3-28 所示为上海通用凯越车的加热型平面式前氧传感器的输出信号电压波形。从电压变化上可以看出，该信号电压在 100～860mV 之间不断地跳跃，并且氧传感器信号电压跳跃的频率为 10s 内变化 6～8 次。这说明前氧传感器的性能良好，发动机工作正常。

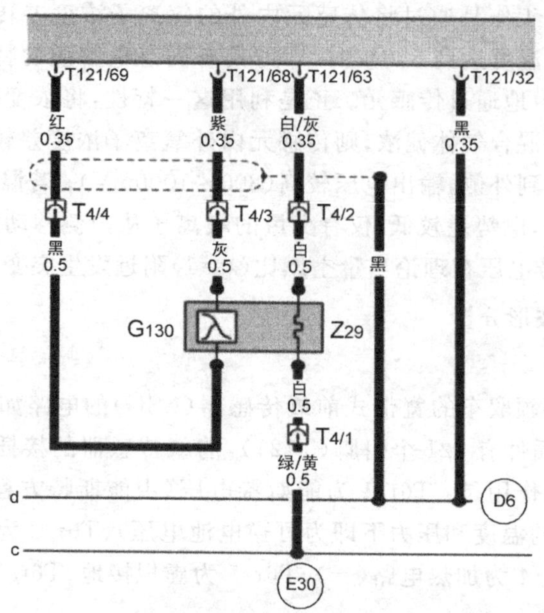

图 3-27 上海大众帕萨特车的后氧传感器的电路图

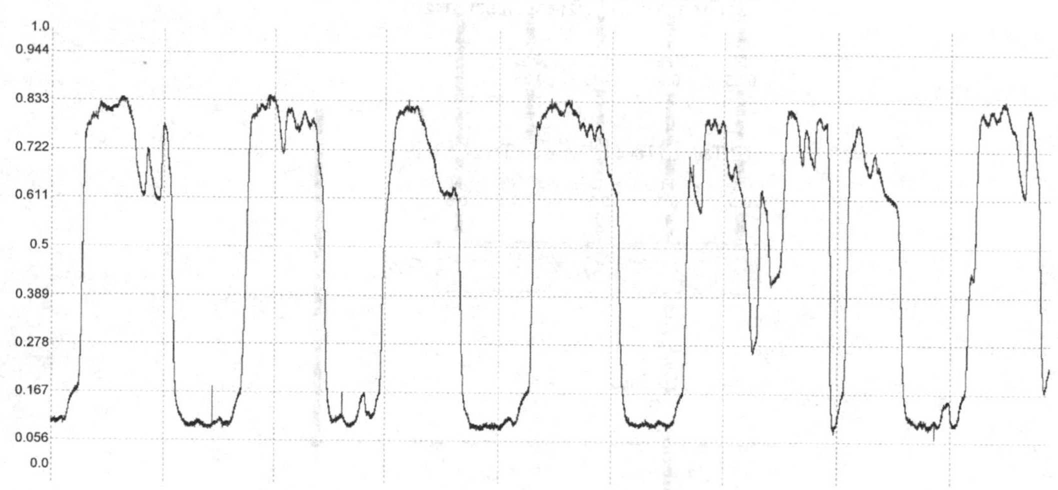

图 3-28 上海通用凯越车的加热型平面式前氧传感器的输出信号电压波形

三元催化后氧传感器是评判三元催化是否失效的重要传感器。下游后氧传感器的电压信号的幅值可以间接地反映催化器的催化性能，幅值波动越大说明催化器的催化性能越差，相应地对 HC、NO_x 和 CO 催化转化能力也越差。因为如果三元催化器工作正常，在对 HC、NO_x 和 CO 催化转化过程中消耗一定量的氧，同时 HC、NO_x 和 CO 的含量大量减少，所以后氧传感器的信号波动趋缓。催化器诊断的主要原理是系统监测下游后氧传感器的电压波动幅值，如果测量的幅度超过设定的限值，系统会判断为三元催化器失效，信号波形如图 3-29 所示。

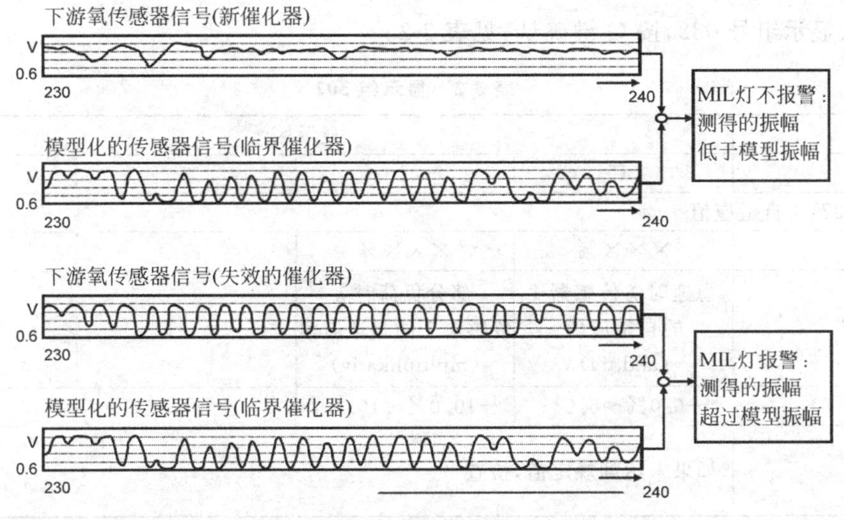

图 3-29 后氧传感器信号波形分析原理

3. 宽带氧传感器的故障检测诊断

1) 故障现象

宽带氧传感器的故障现象有发动机故障灯亮，发动机油耗高，或发动机由于混合气过稀导致发动机动力不足。

2) 故障原因

(1) λ 自适应值低于规定值：进气区漏气(涡轮增压器和进气管之间有压力差)、机油被稀释、空气流量计损坏、活性炭罐电磁阀卡在打开位置、燃油压力过高、喷油阀关不上、λ 传感器加热器损坏或 λ 传感器损坏。

(2) λ 自适应值高于规定值：进气区漏气、燃油压力过低、空气流量计损坏、λ 传感器加热器损坏或 λ 传感器损坏、喷油阀不能打开或只能部分打开、活性炭罐电磁阀卡住。

3) 检测诊断

(1) 检查条件：排气系统不泄漏、发动机冷却温度不低于 80℃。

(2) 连接诊断仪 VAS 5051 或—V. A. G 1551，输入 01，发动机怠速运转，选择“发动机控制单元”，进入“读取数据”功能，按 Q 键确认，选择通道 30 组，见表 3-1。

表 3-1 显示组 030

	显示区			
	1	2	3	4
显示组 030：λ 状态				
显示屏	×××	×××		
显示内容	λ 传感器状态 λ 传感器 1	λ 传感器状态 λ 传感器 2		
工作范围	0=关 1=开	0=关 1=开		
规定值	111	110		
说明	如果未达到规定值，检查。 如果达到规定值，但故障存储器内存储了一个故障。检查 λ 传感器自适应值和 λ 控制			

输入显示组号 032，按 Q 键确认，见表 3-2。

表 3-2 显示组 302

	显示区			
	1	2	3	4
显示组 032：λ 自适应值				
显示屏	×××%	×××%		
显示内容	急速时 λ 传感器 1 的自适应值 (additiv)	部分负荷时 λ 传感器 1 的自适应值 (multiplikativ)		
规定值	−6.0%～6.0%	−10.0%～10.0%		
说明	如果未达到规定值，检查			

输入显示组号 033，按 Q 键确认，见表 3-3。

表 3-3 显示组 033

	显示区			
	1	2	3	4
显示组 033：λ 控制				
显示屏	×××%	×××××V		
显示内容	λ 传感器 1	λ 传感器 1 电压		
规定值	在−10.0%～10.0%之间至少波动 2%	0.130～3.600V		
说明	如果未达到规定值，检查说明	如果未达到规定值，检查显示组 033		

3.3.9 爆震传感器故障检测诊断

1. 爆震传感器的作用和结构类型

爆燃是指燃烧室中本应逐渐燃烧的部分混合气突然自燃的现象。爆燃时产生的冲击波冲击气缸壁，产生爆震。爆燃使发动机部件受高温、高压影响，会使燃烧室和冷却系统过热，严重的可使活塞顶部熔化，爆燃还会使发动机功率下降，燃油消耗率上升。

爆震传感器(KS)的作用是检测发动机有无爆燃的现象发生，并将检测到的信号输入给发动机控制模块 ECU。ECU 根据爆震传感器反馈的信号来调整点火提前角，从而使点火提前角保持在最佳位置，改善发动机的工作性能。

爆震传感器一般安装在发动机气缸体侧面、火花塞或进气歧管上。用于发动机机体震动检测的爆震传感器有共振型和非共振型两大类。共振型又分磁致伸缩式和压电式两种。现在绝大多数汽车采用共振型压电式爆震传感器。

非共振型爆震传感器在发动机爆燃时输出的电压与发动机未爆燃时无明显增加，具有平缓的输出特性，这需要靠滤波器来检测出传感器的输出信号中有无爆燃频率，判断发动机是否有爆震产生。

共振型爆震传感器在发动机爆燃时输出的电压比较高，因此无须使用滤波器即可判断有无爆震产生，它是利用发动机发生爆燃时的震动频率和传感器本身的固有频率一致而产生共振的现象，用以检测爆燃是否发生，其输出信号为电压信号，电压值的大小表示爆震的强度。

2. 爆震传感器的电路分析和波形分析

1）电路分析

上海大众帕萨特车的爆震传感器电路如图 3-30 所示。

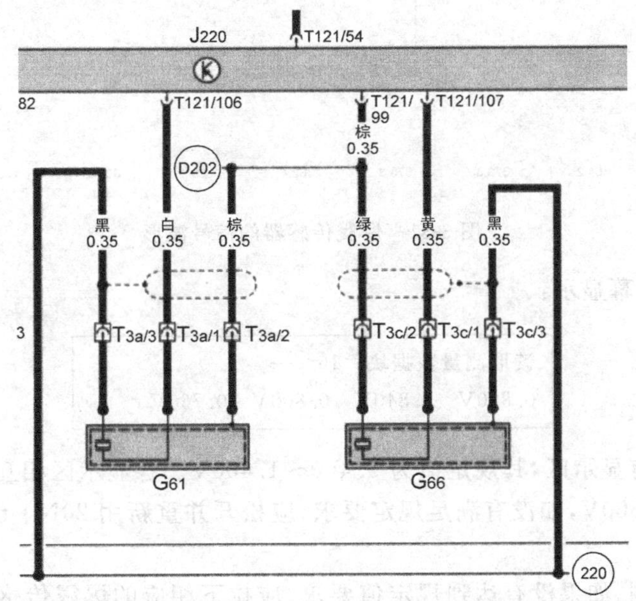

图 3-30 上海大众帕萨特车的爆震传感器电路

上海大众帕萨特车的爆震传感器采用 G61 和 G66 两个同类型的爆震传感器。其中，G61 检测 1、2 缸有无爆震信号，G66 检测 3、4 缸有无爆震信号。G61 和 G66 的第 3 脚为屏蔽线接地，1 脚为信号线，2 脚为传感器接地。

2）波形分析

爆震传感器的信号波形如图 3-31 所示。当发动机产生爆震时传感器会产生高峰值和高频率的信号波形。

3. 爆震传感器的故障检测诊断

1）故障现象

通常情况下，爆震传感器无信号输出时是没有故障现象的，因此判断爆震传感器是否良好应采用诊断仪读取爆震传感器故障码和读取数据进行分析。

2）检测诊断

(1) 连接 V. A. G 1551(V. A. G 1552)，地址代码选择 01(发动机电子控制单元)。发

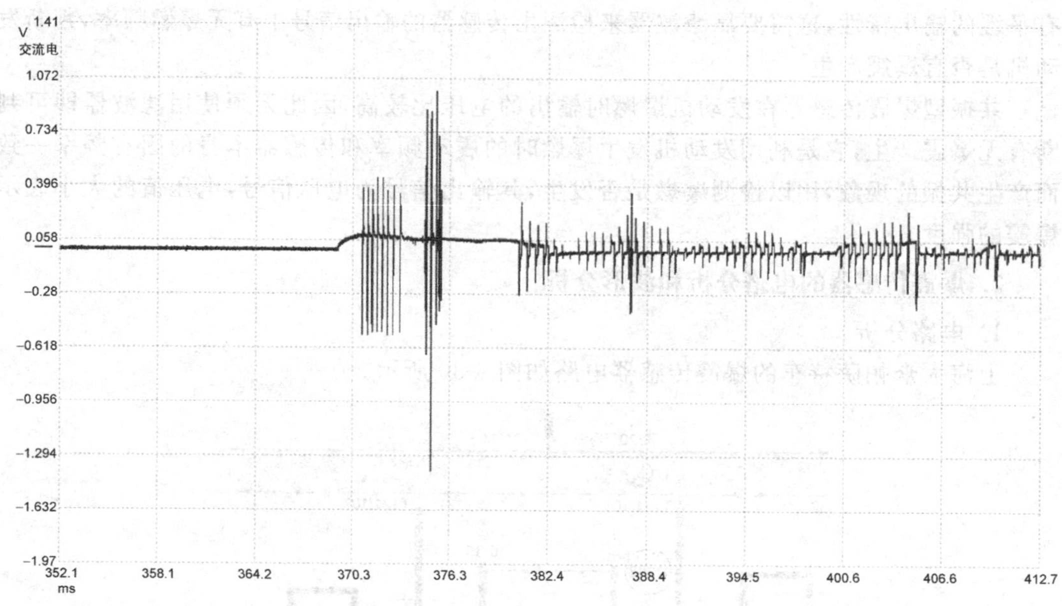

图 3-31 爆震传感器的信号波形

动机怠速运转，屏幕显示：

读取测量数据块 16 →
0.800V 0.840V 0.800V 0.760V

(2) 查看所有显示区，其规定值为 0.400～1.400V。各显示区相互比较，其规定值的公差值应小于 0.500V，如没有满足规定要求，应松开并重新用 20N·m 力矩紧固爆震传感器。

(3) 重新检测，如果没有达到规定值要求，应拉下相应的爆震传感器的线束插头，检测爆震传感器线束插头的三个端子间是否短路。如针脚之间短路，应更换传感器。

(4) 检测从爆震传感器到发动机控制单元线束的连接时，先把检测盒 V.A.G 1598/31 与发动机控制单元的线束相接，然后检测从相应的传感器到发动机控制单元的导线是否断路或对正极或负极短路。爆震传感器端子与检测盒或控制单元的对应关系如表 3-4 所列。必要时排除导线的故障。

表 3-4 爆震传感器的端子与检测盒或控制单元的对应关系

爆震传感器	3 针端子	检测盒 V.A.G 1598/31 或发动机控制单元
爆震传感器 1(G61,1、2 缸)	1(信号)	68
	2(接地)	67
	3(屏蔽)	67
爆震传感器 2(G66,3、4 缸)	1(信号)	60
	2(接地)	67
	3(屏蔽)	67

3.3.10　增压压力传感器故障检测诊断

1. 增压压力传感器的作用和结构类型

增压压力传感器主要用于检测涡轮增压器的增压压力，将增压压力信号转变成电气信号输入发动机控制模块 ECU，以便 ECU 修正喷油量和对增压压力进行控制。

增压压力传感器一般安装在涡轮增压器后、节气门前的增压管路上或增压空气冷却器上，上海大众帕萨特的增压压力传感器的安装位置如图 3-32 所示。涡轮增压压力传感器是用硅膜片上形成的扩散电阻作为传感元件的。

2. 增压压力传感器的电路分析和波形分析

1）电路分析

上海大众帕萨特的增压压力传感器的电路如图 3-33 所示。发动机增压传感器 G31 的插头定义：T4dc/1 为传感器搭铁、T4dc/3 为发动机提供的 5V 参考电压、T4dc/4 为 G31 的信号线。怠速时，信号电压为 1.9V，急加油门时的信号电压为 2.00～3.00V。

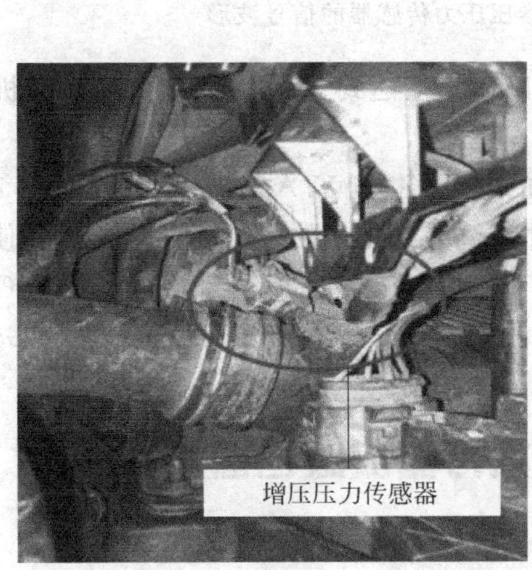

图 3-32　上海大众帕萨特的增压压力传感器的安装位置

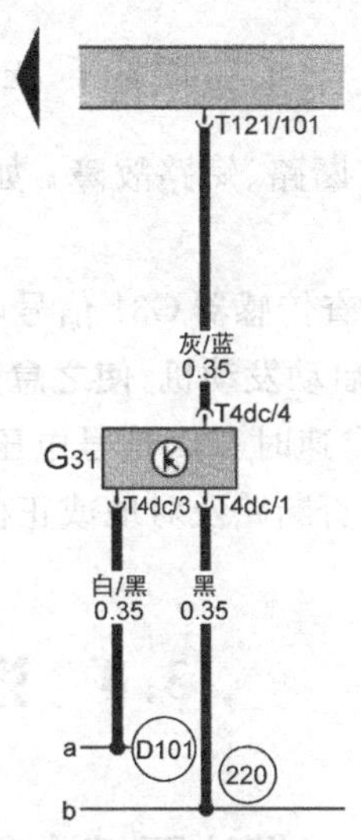

图 3-33　上海大众帕萨特的增压压力传感器的电路图

2）波形分析

随着节气门开度增加，增压压力传感器信号作线性变化，如图 3-34 所示。

3. 增压压力传感器的故障检测诊断

1）故障现象

增压压力传感器的故障现象有发动机动力不足、发动机故障灯亮等。

2）诊断与排除

(1) 检查传感器 G31 的工作电压：拔下增压压力传感器 G31，使用万用表的电压挡测量插头 1 和 3。打开点火开关时，正常的电压约为 5V，如不正常，需要检查发动机相关

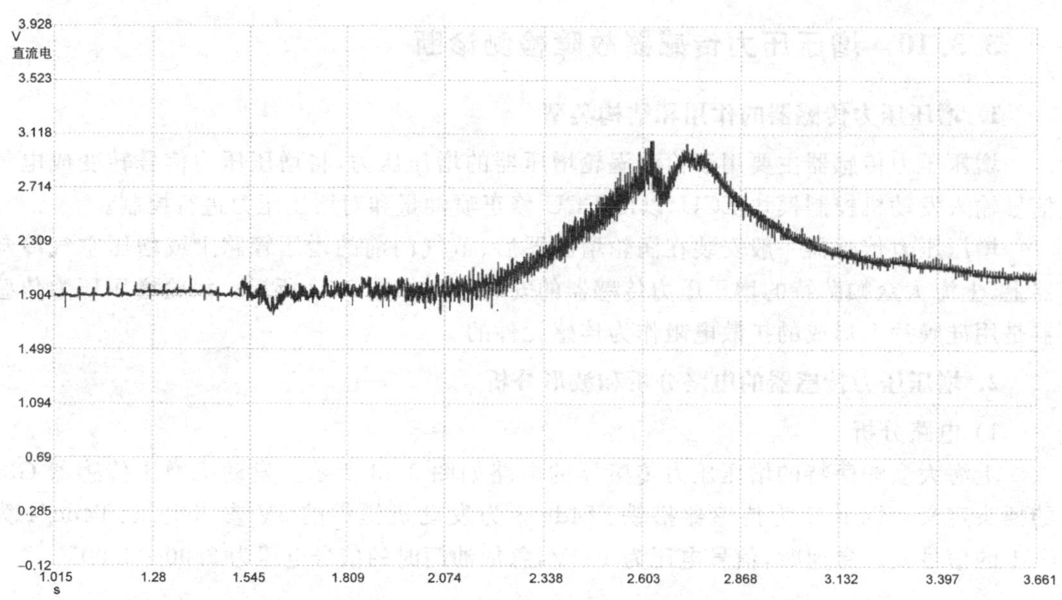

图 3-34 上海大众帕萨特的增压压力传感器的信号波形

线束是否有断路、短路故障；如果排除线路故障后不能达到 5V 电压，应更换发动机控制模块。

（2）检查传感器 G31 信号电压：将万用表的电压挡接到 V. A. G 1598/31 的插口 101 和 108 之间。启动发动机，使之怠速运转。怠速时，G31 信号电压的规定值约为 1.9V。使发动机急加速，怠速时 G31 信号电压的规定值为 2.00～3.00V。如果未达到规定值，检查 G31 的导线连接是否断路及对地或正极是否短路。如线路无异常，需更换增压压力传感器 G31。

3.4 汽油发动机执行器故障诊断

3.4.1 燃油泵继电器及燃油泵故障诊断

1. 燃油泵的作用和安装位置

汽油喷射燃油系统主要由燃油箱、汽油泵、汽油滤清器、燃油压力调节器、输油管、油轨（供油总管）、喷油器等组成。汽油泵安装在油箱内，如图 3-35 所示。汽油泵将燃油从油箱内吸出，通过输油管送到发动机上的供油总管，经喷油器以一定压力喷入进气管道，与新鲜空气混合形成可燃混合气进入气缸燃烧。其压力由燃油压力调节器进行调节，以保持稳定的燃油喷射。图 3-36 所示是大众帕萨特配电盒，372 继电器是油泵继电器。

2. 燃油泵的电路分析和波形分析

1）电路分析

上海大众帕萨特的燃油泵电路如图 3-37 所示。

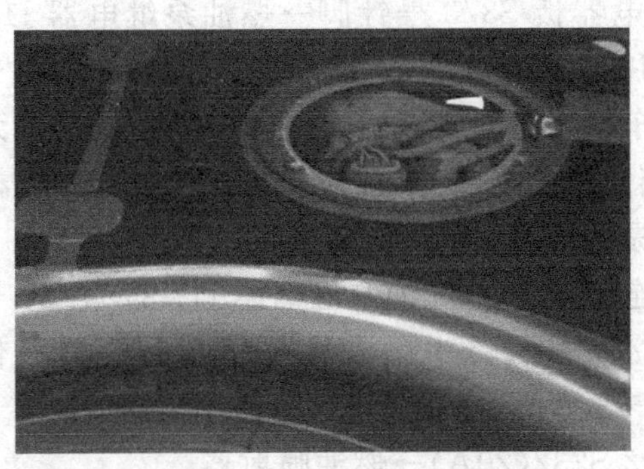

图 3-35 安装在油箱内的汽油泵

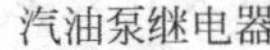

汽油泵继电器

图 3-36 大众帕萨特配电盒

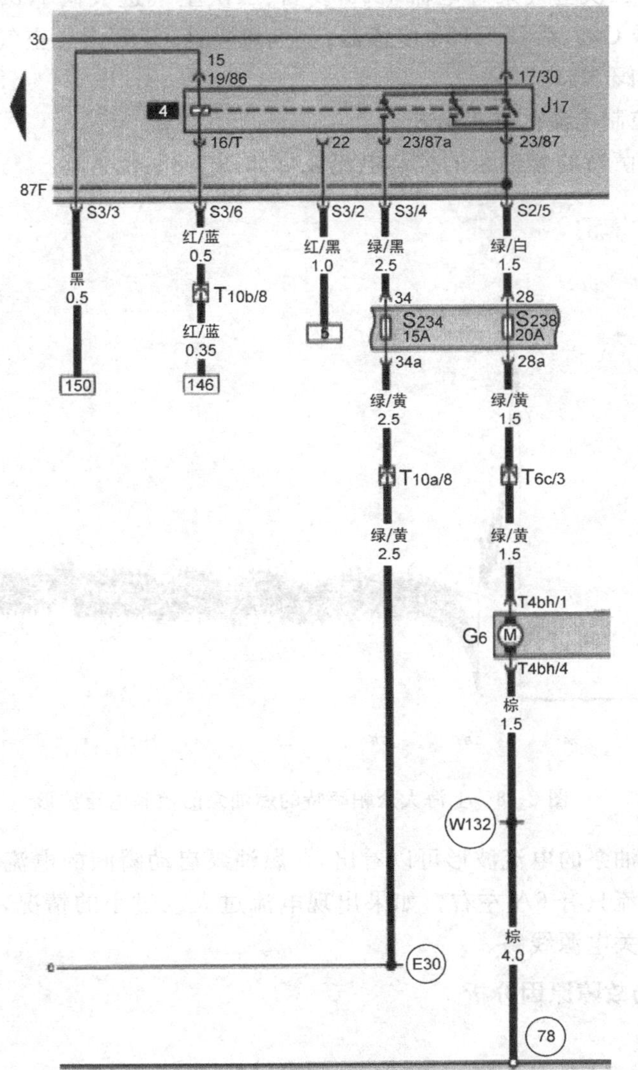

图 3-37 上海大众帕萨特的燃油泵电路

(1) 打开点火开关至 ACC 挡,点火开关中的 D/30 触点与 D/15 触点导通,蓄电池电压经点火开关 D/30 触点→D/15 触点→中央电器板 S3/3 号针脚→燃油泵继电器 J17 的 19/86 号针脚→继电器线圈→燃油泵继电器 J17 的 16/T 号针脚→中央电器板 S3/6 号针脚→发动机控制模块 J220 的 T121/65(有些车型在打开点火开关时,ECU 控制燃油泵继电器线圈接地 2s 左右,以建立启动油压)。当点火开关旋转至 STAR 挡位时,ECU 模块收到发动机转速信号,J220 的 T121/65 内部提供搭铁,燃油泵继电器工作。

(2) 蓄电池正极→中央电器板正极螺栓连接点 30→燃油泵继电器 J17 的 17/30 号针脚→继电器触点①→燃油泵继电器 J17 的 23/87 号脚→中央电器板 S2/5 号针脚→保险丝 S228(20A)→燃油泵 G6→接地,燃油泵运转。

中央线路板正极螺栓连接点 87F→保险丝 S232(20A)→燃油喷射器。

继电器触点②→燃油泵继电器 J17 的 20/87a 号脚→中央电器板 S3/4 号针脚→保险丝 S234(15A)→二次空气泵继电器 J299 线圈、二次空气进气阀 N112、活性炭罐电磁阀 N80、前氧传感器 G39、后氧 G130 传感器、空气流量计 G70、增压空气再循环阀 N249、增压压力限制电磁阀 N75。

2) 燃油泵控制电流的波形分析

上海大众帕萨特的燃油泵的控制电流波形如图 3-38 所示。

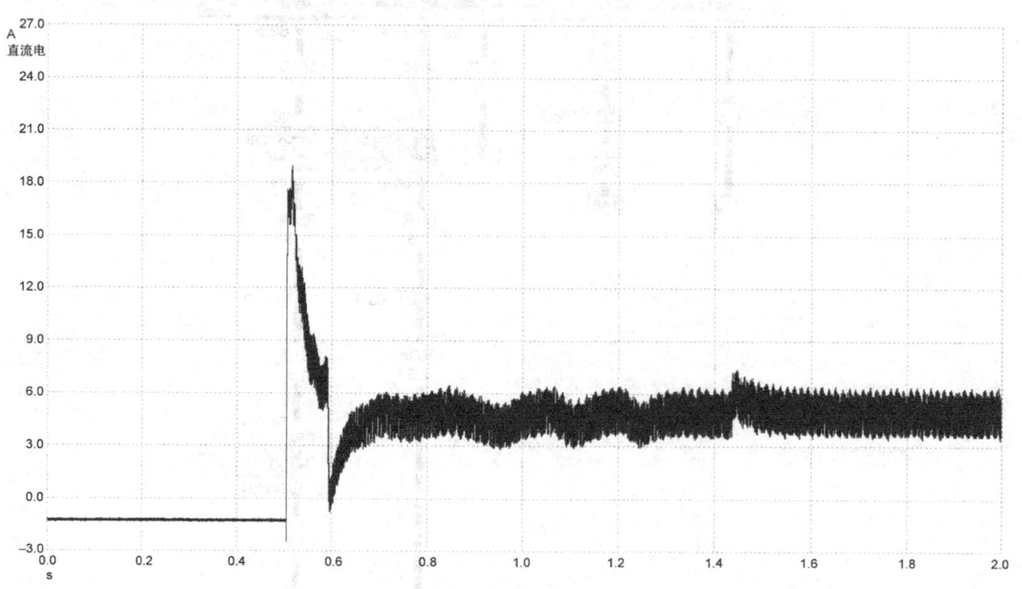

图 3-38 上海大众帕萨特的燃油泵的控制电流波形

通过电动燃油泵的电流波形可以看出,在燃油泵启动瞬间的电流较大,为 20A 左右,正常工作中的电流只有 6A 左右。如果出现电流过大或过小的情况,应检查电动燃油泵的电阻值和其相关电源线路。

3. 燃油泵的故障原因分析

1) 故障现象

燃油泵损坏会造成燃油泵不转,使发动机不能启动运转。

2）故障原因

燃油泵不转的原因有：燃油泵本体损坏、线路故障、油泵继电器故障、ECU 未收到发动机转速信号等。

3.4.2 燃油压力调节器故障诊断

1. 燃油压力调节器的作用

燃油压力调节器是按节气门单元进气歧管压力来调节油压的，主要功用是保持燃油分配管内油压与进气歧管内气压的压差不变，差值依发动机的类型而异，一般为 2.5～3.5bar。采用压力差恒定的控制方法，使 ECU 能够用喷油器这单一控制参数开启时间，对喷油量进行简单且精确的控制。

2. 燃油压力调节器的检测诊断

1）故障现象与分析

燃油系统压力不正常表现为系统油压过高、过低或熄火后系统残压保不住。由于燃油系统压力不正常，造成混合气过浓或过稀；汽车停下一段时间后难启动或不能启动；节气门体内积聚大量的燃油等。

2）分析诊断

燃油压力调节器的故障与系统油压的关系见表 3-5。使用燃油压力表检测系统油压和熄火后的残余油压，可判断油压调节器是否良好。

表 3-5 燃油压力调节器的故障与系统油压的关系

序号	故　障	系统油压
1	回油阀关闭不严	系统油压降低；系统残余油压保不住
2	回油阀不能打开	系统油压升高
3	真空管破裂	系统油压上升 0.5bar
4	膜片破裂	油压下降，排气管排出大量黑烟和未燃烧的燃油，节气门体内积聚大量的燃油

3.4.3 燃油喷射器故障诊断

1. 燃油喷射器的作用和结构类型

燃油喷射器（简称喷油器）根据发动机控制模块的指令，在规定的喷射时刻按规定的喷油量向缸内喷射雾状的燃油。

喷油器按照内部结构可分为针阀式、片阀式和球阀式。按喷射孔的数量可分为单孔和多孔。

2. 燃油喷射器的电路分析和波形分析

1）电路分析

上海大众帕萨特车的燃油喷射器电路如图 3-39 所示。

电源经保险丝 S232(20A)连接各缸喷油器的 1 脚，各缸喷油器的 2 脚接发动机控制模块，发动机控制模块通过控制接地来控制各缸喷油器的喷油时刻（喷油正时）和喷油脉宽（喷油量）。

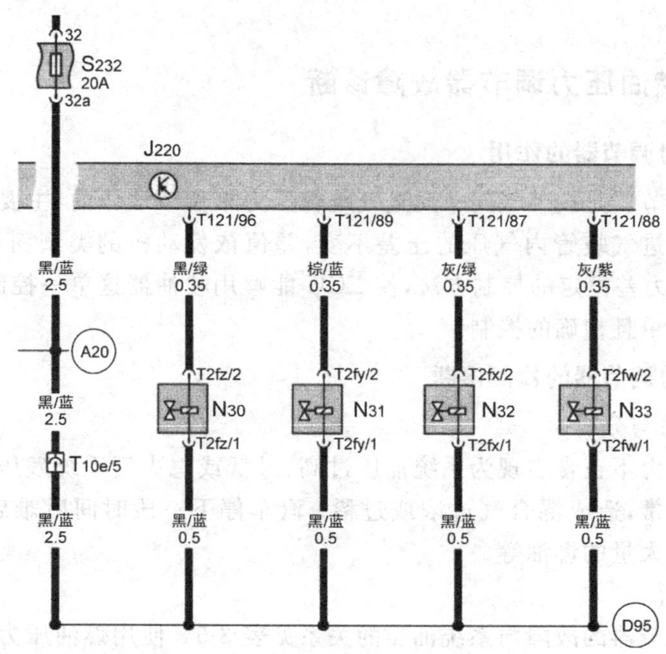

图 3-39 上海大众帕萨特车的燃油喷射器电路

2）波形分析

图 3-40 所示的波形是饱和开关型燃油喷射器控制喷油脉冲波形，图中有电流波形和电压波形。

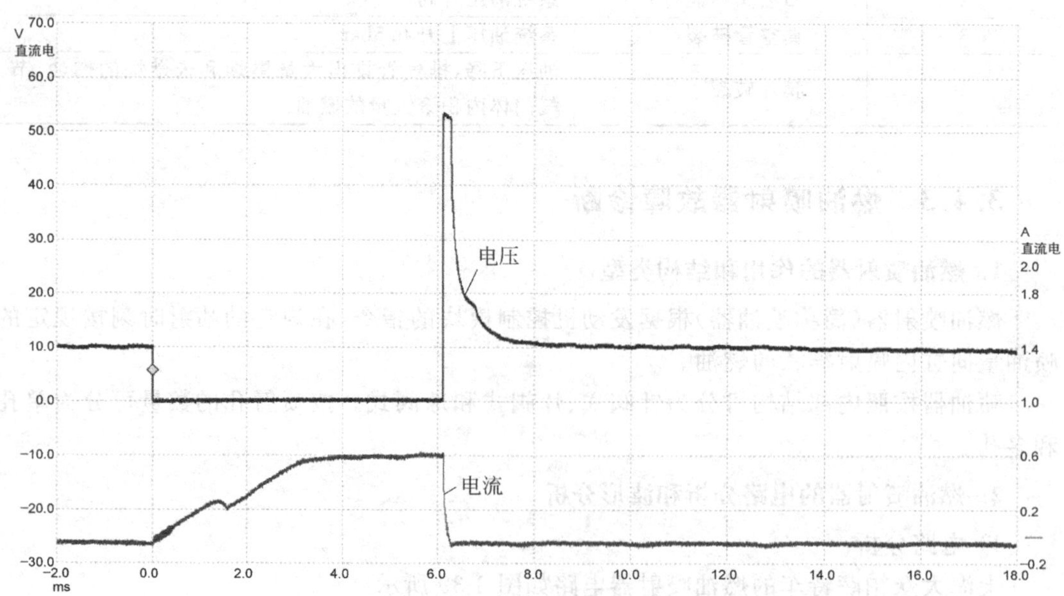

图 3-40 上海大众帕萨特车的燃油喷射器控制波形

波形上有导通电压、喷油脉宽(单位：ms)、峰值电压3个数据。喷油器线圈通电的导通电压为0～2V。喷油脉宽是根据发动机负荷和工况变化的。脉冲峰值电压为30～100V,被钳位二极管限制在30～60V。

3. 燃油喷射器的故障诊断

1）故障现象

喷油器的常见故障有不喷油、喷油雾化不良、喷油量少、漏油等。

2）故障原因分析

某缸的喷油器不工作或雾化不良会造成发动机怠速不稳抖动,发动机动力下降；所有缸的喷油器不工作可能会造成发动机不能启动运行；几个缸的喷油器漏油可能会造成发动机不能启动运行。

若喷油器不喷油、雾化不良、漏油,则故障原因是喷油器本体故障；若所有喷油器不喷油,则故障原因是油泵继电器、喷油器控制电路,也可能是发动机控制模块未收到发动机转速传感器信号。

3）喷油器故障诊断

喷油器的检测包括喷油量、喷油雾化、漏油、各缸喷油均衡性四个方面,可在喷油器检测仪上进行检测和清洗,也可按照维修手册中规定的方法,使用诊断仪和有关设备直接检查。3缸喷油器不喷油的故障诊断步骤如图3-41所示,电路图可参考图3-39。

3.4.4 点火线圈故障诊断

1. 单缸独立点火系统的特点

单缸独立点火系统如图3-42所示,每个气缸安装一只带内置放大集成电路模块的点火线圈,发动机ECU按点火顺序给点火线圈模块发出点火信号,控制点火线圈点火。

2. 点火系统的电路分析和波形分析

1）电路分析

大众帕萨特的单缸独立点火系统电路如图3-43所示。通过保险丝229(20A)给各点火线圈1脚提供工作电源,发动机控制模块发出各缸的点火控制信号至点火线圈3脚,2脚和4脚是点火电圈的接地。

2）波形分析

大众帕萨特的单缸独立点火系统的点火控制脉冲信号的波形如图3-44所示。

3. 发动机缺火故障诊断案例

1）故障分析

发动机缺火是现代汽车发动机的常见故障。在某些行驶条件下,缺火率过高会导致发动机动力不足、车辆行驶加速不良、排放超标、发动机燃烧不良且三元催化转换器过热等。

发动机电控系统实时监测每个气缸的曲轴转速变化,如果某一个气缸的曲轴转速变

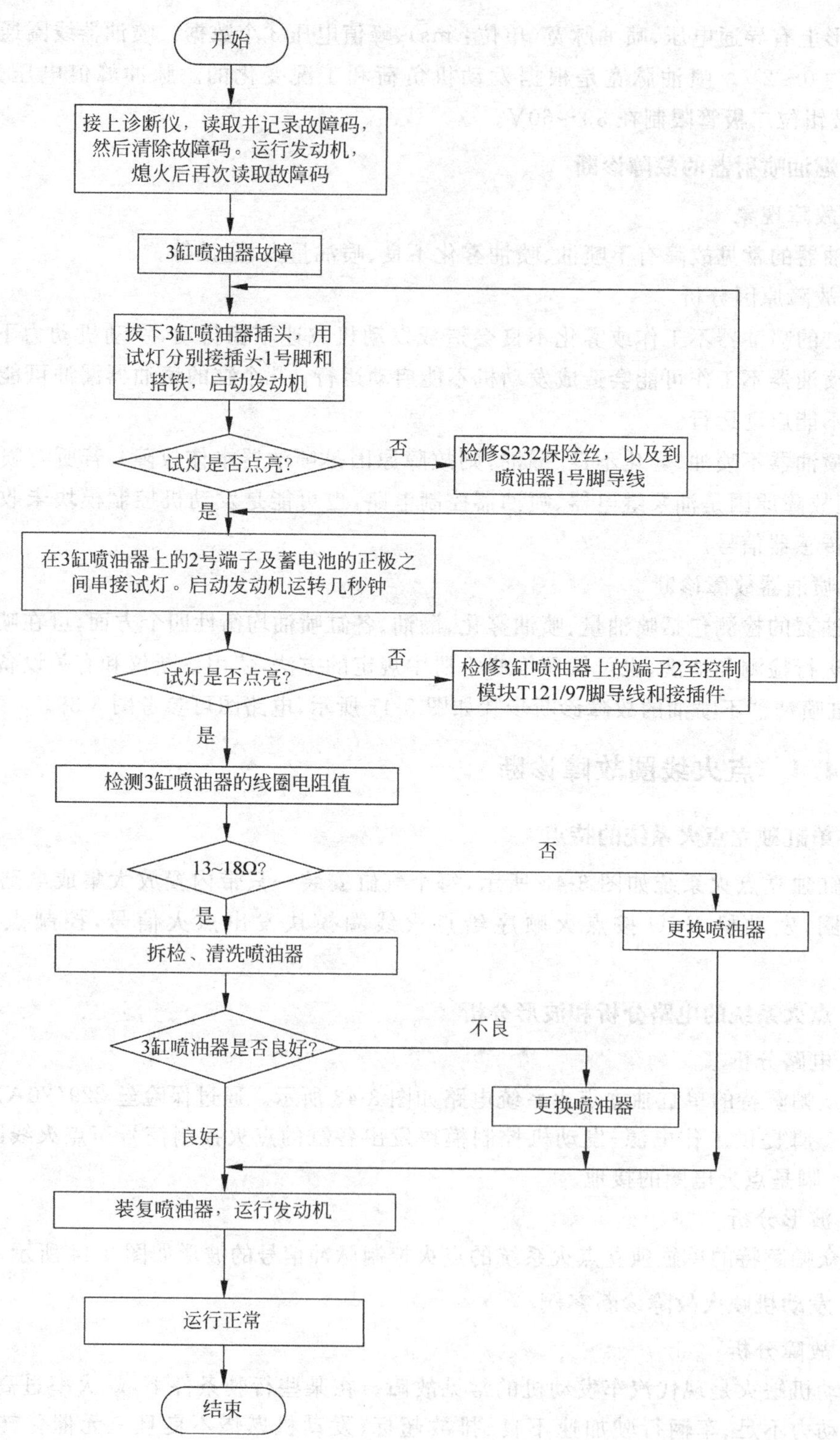

图 3-41　3 缸喷油器不喷油的故障诊断

图 3-42 单缸独立点火系统

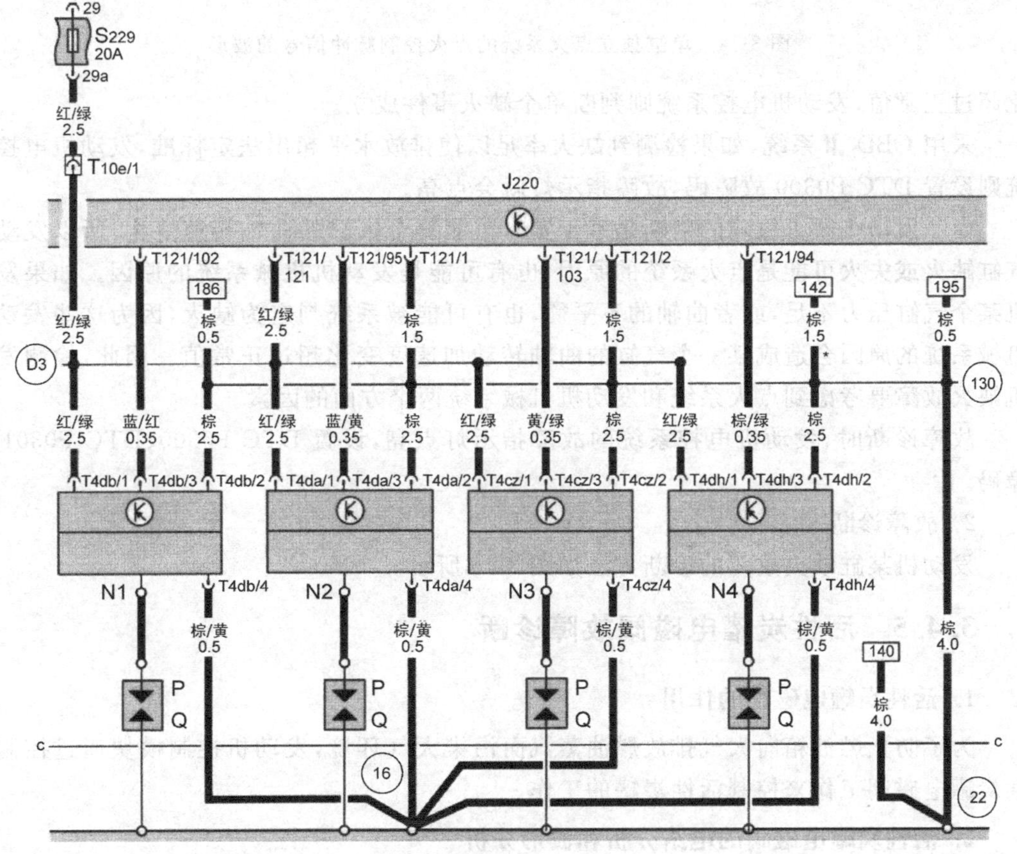

图 3-43 大众帕萨特的单缸独立点火系统电路

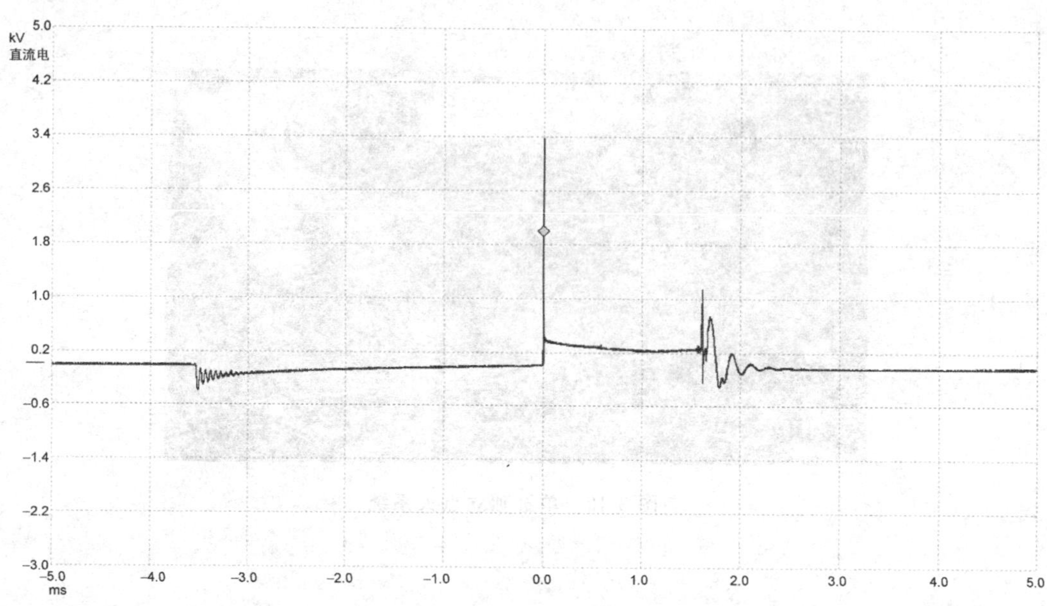

图 3-44 单缸独立点火系统的点火控制脉冲信号的波形

化超过正常值，发动机电控系统则判断单个缺火事件成立。

采用 OBD-Ⅱ系统，如果检测到缺火率足以使排放水平超出法定标准，发动机电控系统则设置 DTC P0300 故障码，故障指示灯就会点亮。

由于发动机缺火故障的判断是基于实时监测每个气缸的曲轴转速变化，所以发动机气缸缺火或失火可能是点火系统的原因，也有可能是发动机机械系统的原因。如果发动机某个气缸压力不足，或者曲轴的不平衡，也有可能被系统判定为缺火，因为这些发动机机械系统的原因会造成某一个气缸的曲轴转动加速度变化超过正常值。因此，检测发动机缺火故障要考虑到点火系统和发动机机械系统两个方面的因素。

故障诊断时，发动机电控系统的故障指示灯点亮，设置 DTC P0300、DTC P0301 故障码。

2）故障诊断

发动机某缸缺火故障的诊断方法如图 3-45 所示。

3.4.5 活性炭罐电磁阀故障诊断

1. 活性炭罐电磁阀的作用

为了防止燃油箱向大气排放燃油蒸汽而污染大气环境，发动机控制模块通过控制活性炭罐电磁阀工作来控制活性炭罐的工作。

2. 活性炭罐电磁阀的电路分析和波形分析

1）电路分析

上海大众帕萨特的活性炭罐电磁阀电路如图 3-46 所示。发动机控制模块 T121/64 通过占空比信号控制活性炭罐线圈的接地。

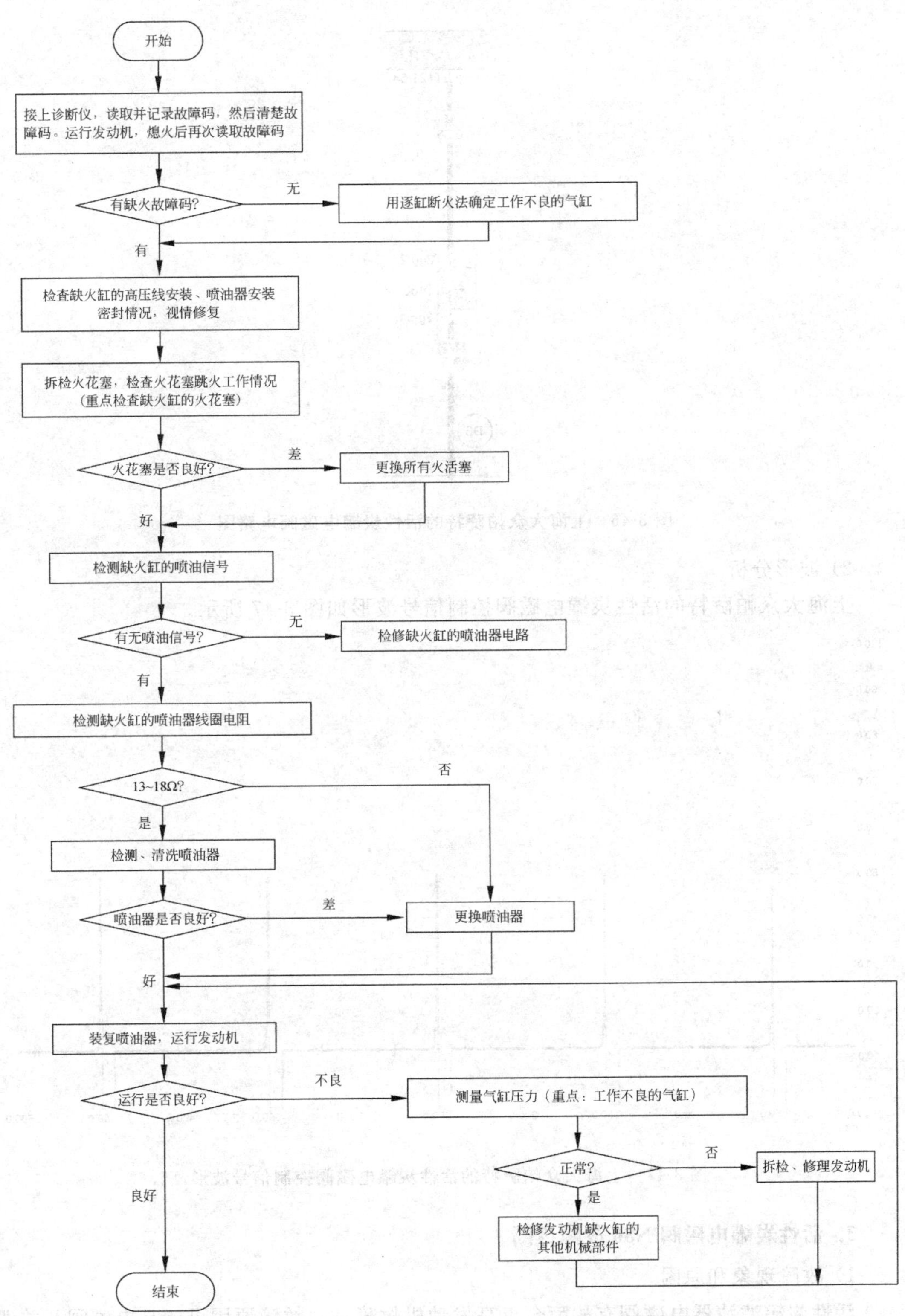

图 3-45　发动机某缸缺火故障的诊断方法

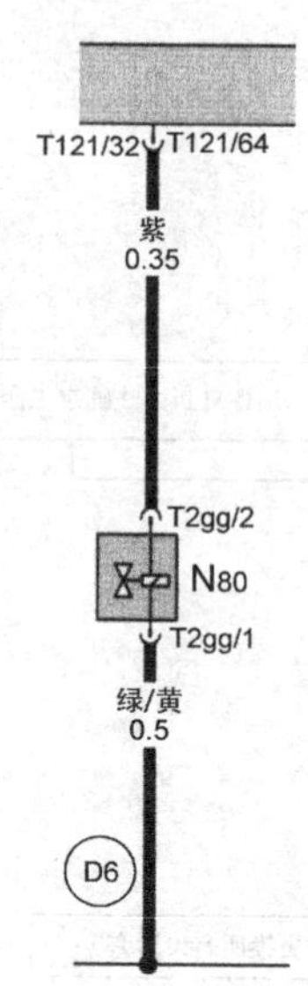

图 3-46　上海大众帕萨特的活性炭罐电磁阀电路图

2）波形分析

上海大众帕萨特的活性炭罐电磁阀控制信号波形如图 3-47 所示。

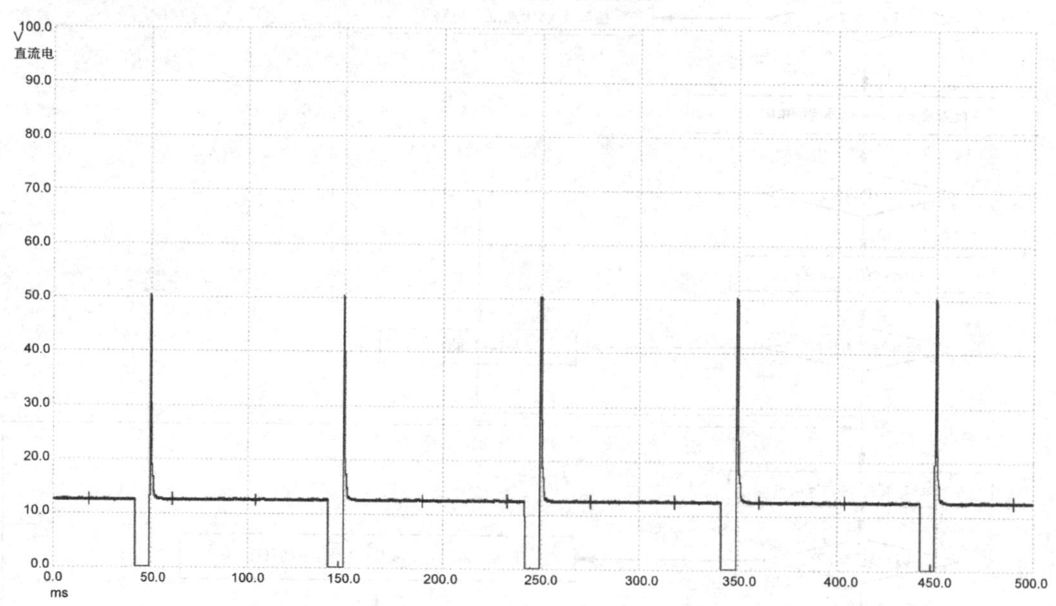

图 3-47　上海大众帕萨特的活性炭罐电磁阀控制信号波形

3. 活性炭罐电磁阀 N80 故障诊断

1）故障现象和原因

活性炭罐滤清器电磁阀有故障会点亮发动机故障灯。故障原因可能是电磁阀开关泄漏、开闭性能差、线圈烧毁、供电或控制电路有故障。

2）检测

(1) 检测泄漏。当没有电信号时，电磁阀应常闭。使用诊断仪选择执行元件诊断功能，检查电磁阀打开与关闭性能，以及是否泄漏。

(2) 活性炭罐电磁阀 N80 的电气检测。检查活性炭罐电磁阀的线圈阻值为 22～30Ω。

(3) ACF 阀供电的测试。ACF 阀通过燃油泵继电器得到供电。测试时，ACF 阀保险丝应完好。

(4) 检测 ACF 阀的工作状况。把二极管检测灯串联在接头触点 2 和 1(正极)之间，执行元件诊断并选择活性炭罐电磁阀 N80，二极管检测灯应闪亮。

现代汽车发动机控制系统的执行元件还包括凸轮轴调整电磁阀、增压压力限制电磁阀、增压空气再循环阀等。

3.5　汽油发动机综合故障诊断

3.5.1　电控发动机故障诊断的基本流程

1. 故障现象与原因

不管是什么车系或车型，由于发动机基本组成和结构不变，电控系统的基本控制原理不变，所以汽油发动机基本故障现象、原因和诊断方法也基本不变。电控发动机的常见故障现象及原因见表 3-6。

表 3-6　电控发动机的常见故障现象及原因

序号	故障类别	故 障 现 象	故障主要原因
1	启动	(1) 不能启动着车	启动系统、燃油系统、点火系统、防盗系统、发动机转速传感器
		(2) 热车难启动	燃油系统、水温传感器
		(3) 冷车难启动	燃油系统、水温传感器
		(3) 无规律难启动	导线、接插件接触不良、零部件不良
2	怠速	(1) 怠速不稳	燃油系统、点火系统、怠速系统、发动机机械
		(2) 怠速过高	怠速系统、电控系统
		(3) 怠速过低	燃油系统、点火系统、怠速系统、发动机机械
		(4) 无怠速	燃油系统、点火系统、怠速系统、发动机机械
3	其他	(1) 动力差	燃油系统、点火系统、电控系统、发动机机械
		(2) 冒黑烟	燃油系统、点火系统、电控系统、发动机机械
		(3) 油耗大	燃油系统、点火系统、电控系统、发动机机械
		(4) 行驶中熄火	燃油系统、点火系统、电控系统、电气连接
		(5) 有异响	发动机机械

2. 故障诊断的基本流程

故障诊断的基本流程如图 3-48 所示。

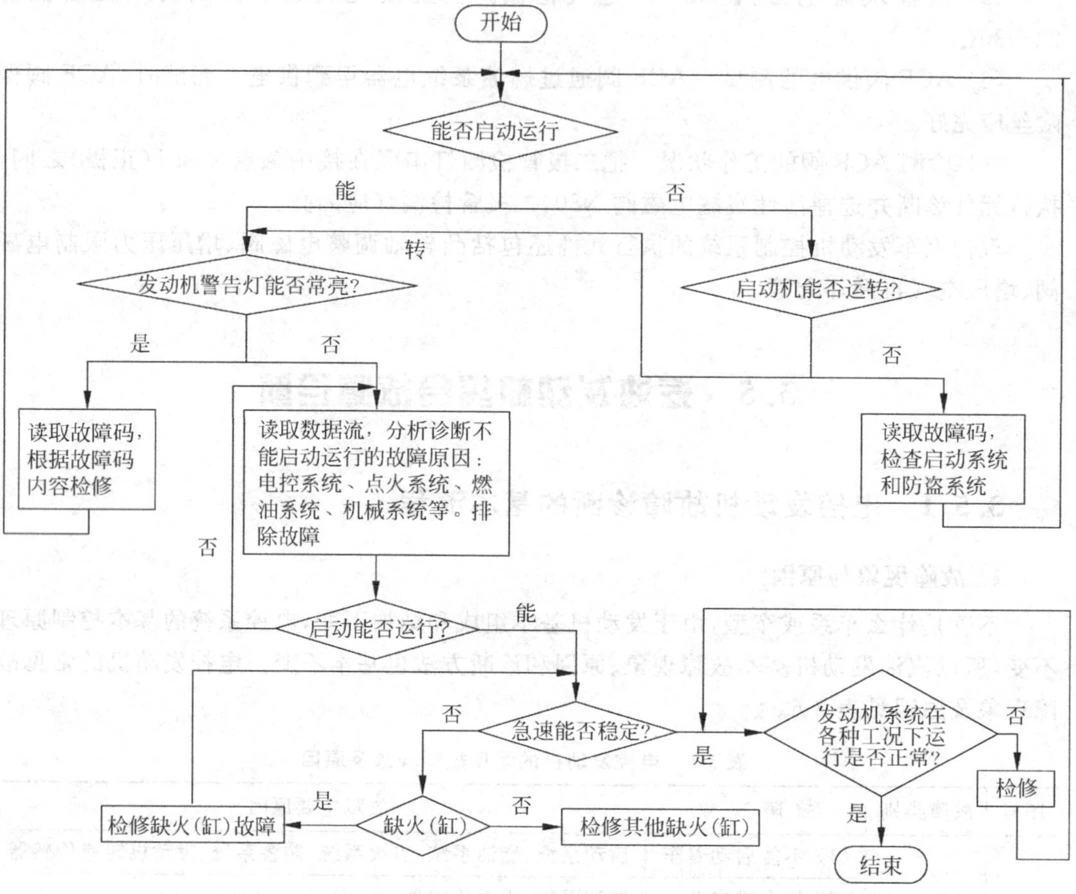

开始

能否启动运行

能

否

转

发动机警告灯能否常亮?

启动机能否运转?

是

否

否

读取故障码，根据故障码内容检修

读取数据流，分析诊断不能启动运行的故障原因：电控系统、点火系统、燃油系统、机械系统等。排除故障

读取故障码，检查启动系统和防盗系统

否

启动能否运行?

能

否

急速能否稳定?

是

发动机系统在各种工况下运行是否正常?

否

检修

是

否

检修缺火(缸)故障

缺火(缸)

检修其他缺火(缸)

是

结束

图 3-48 电控发动机故障诊断的基本流程

3.5.2 燃油系统故障诊断

1. 故障现象

张先生的一辆帕萨特车放置在小区内一个晚上,第二天早上发现无法启动着车。

2. 故障诊断

通过使用燃油压力表检查(图 3-49),初步检查确认是燃油压力不正常,造成帕萨特车无法启动运行,故障诊断流程如图 3-50 所示。

图 3-49 串接燃油压力表

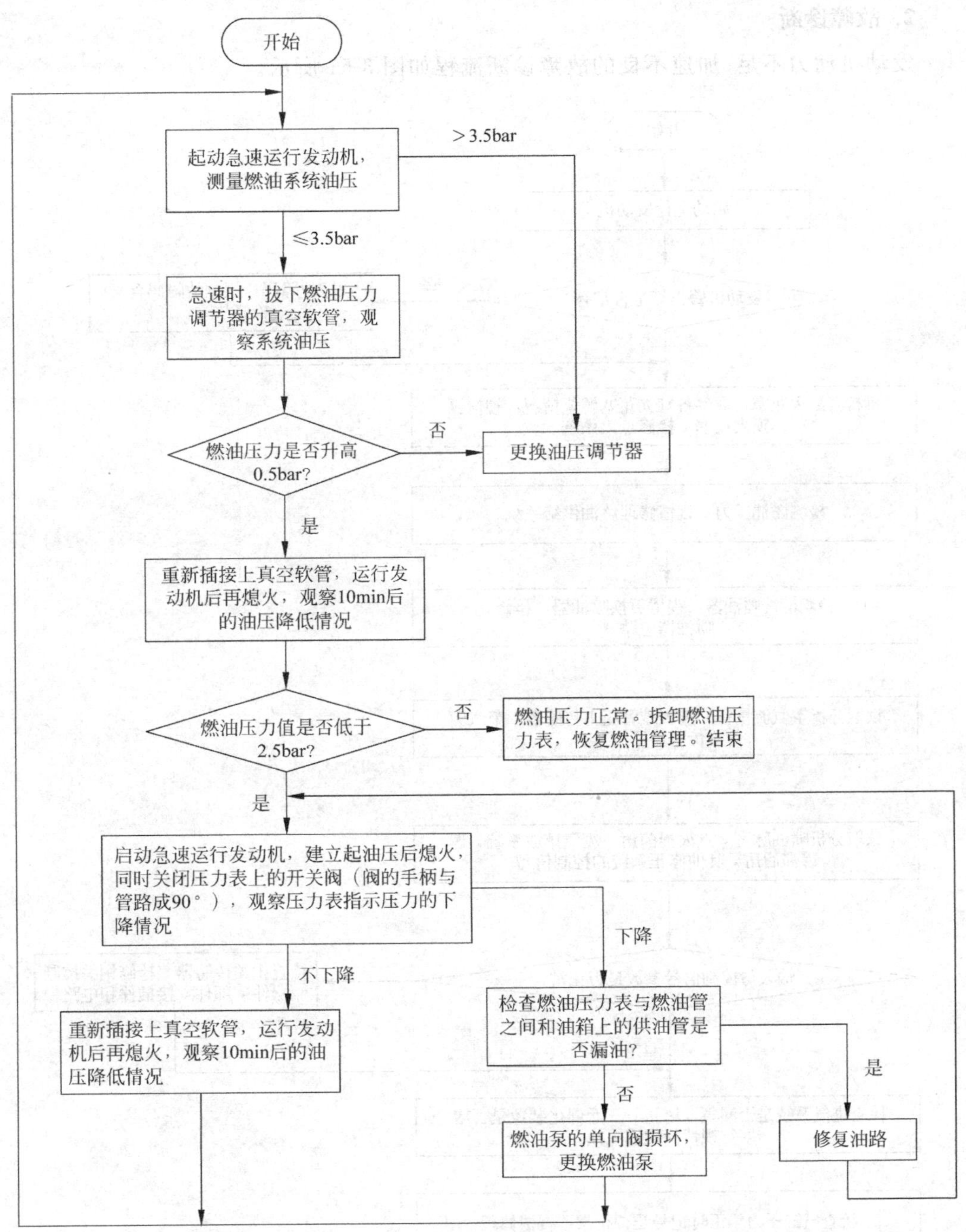

图 3-50 帕萨特车无法启动故障诊断(燃油系统故障)

3.5.3 发动机动力不足、加速不良故障诊断

1. 故障现象

一辆车行驶 12 万公里，行驶中发现动力不足、加速不良。

2. 故障诊断

发动机动力不足、加速不良的故障诊断流程如图 3-51 所示。

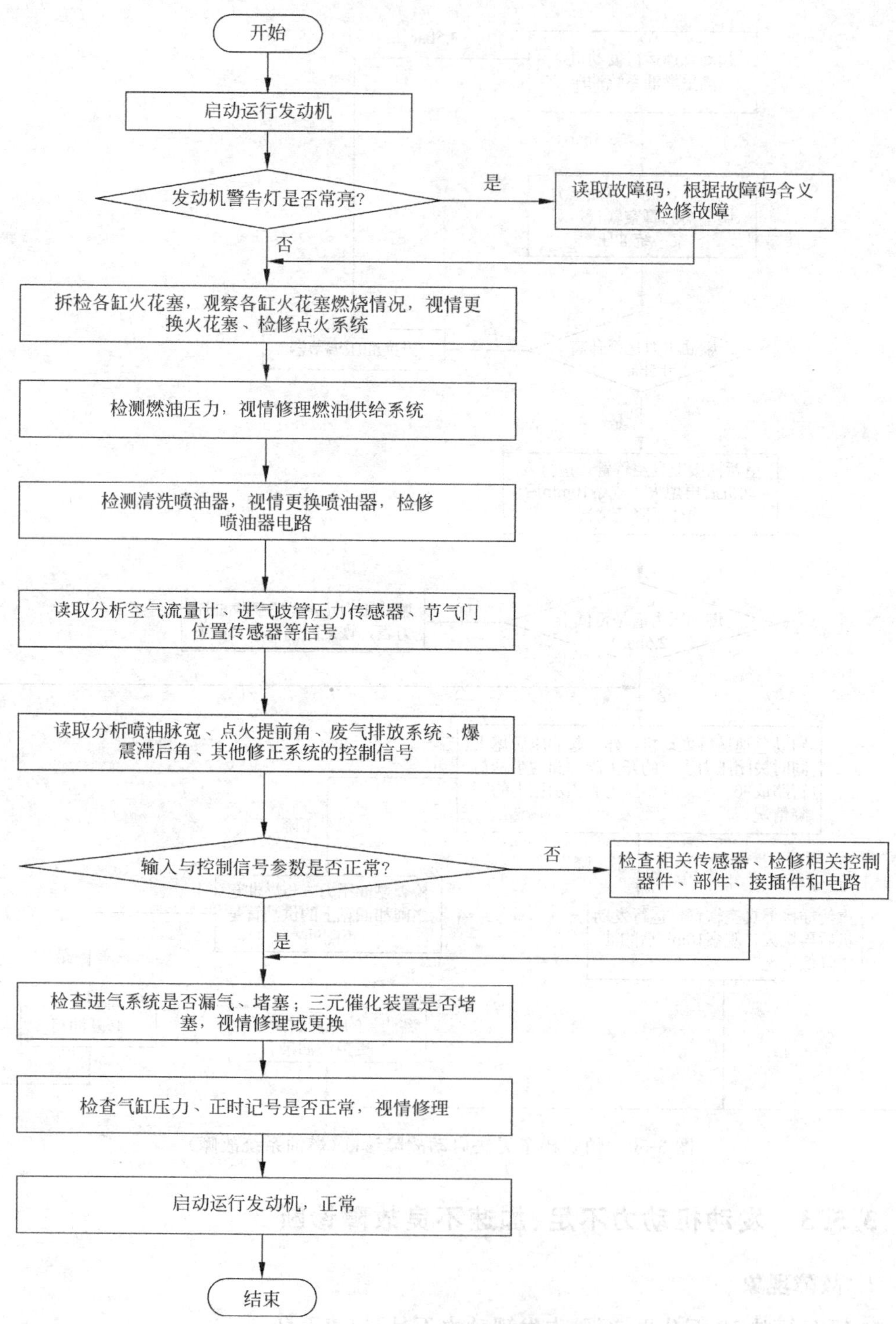

图 3-51 发动机动力不足、加速不良的故障诊断流程

3.5.4 缸内燃油直接喷射系统故障诊断

1. 基本组成

带涡轮增压燃油分层燃烧和缸内直喷(TFSI)系统的发动机,在中下负荷和转速范围内可以进行燃油分层燃烧。燃油分层燃烧时,气缸内只在火花塞范围内形成可点燃浓度的混合气,而在其他部分则是不能燃烧的新鲜空气和再循环的废气。

汽油缸内燃油直接喷射系统由高压和低压油路组成,如图 3-52 所示。打开点火开关后,低压燃油泵预工作 2~3s,低压管路油管为蓝色。目前,二代 EA888 系列发动机的高压燃油泵有两种,1.8TSI(发动机型号 CEA)上配备的是第二代燃油泵,2.0TSI(发动机型号 CGM)上配备的是第三代燃油泵。

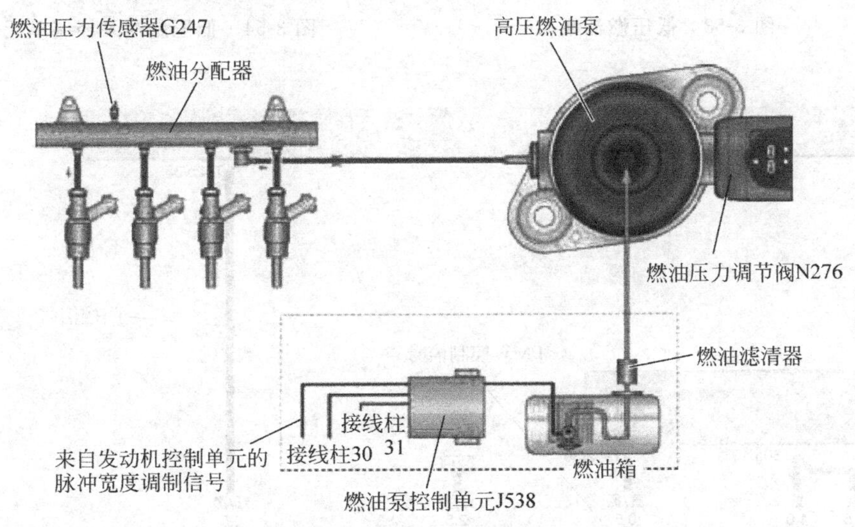

图 3-52 汽油缸内燃油直接喷射系统的组成

2. 低压燃油泵

1) 基本原理

低压燃油泵 G6(图 3-53)由发动机控制单元通过燃油泵控制单元 J538(图 3-54)进行控制。低压燃油系统压力一般在 3~6.4bar ,燃油泵油量按发动机实际的燃油需求量来供应,由燃油泵控制单元 J538 通过一个脉冲宽度调制(PWM)信号来控制。压力为 6.4bar 时,燃油供给单元中的限压阀打开泄压。

2) 电路分析和波形分析

(1) 电路分析。

低压燃油泵控制单元 J538 的电路如图 3-55 所示。

低压燃油泵控制单元 J538 一般安装在后座椅的下方,油泵控制单元分为两个插头,分别为 T10o、T5k 插头。其中,T5k 的 1 号和 5 号端子在启动时或在发动机正常运行时的电压为 12V 左右;T10o/1 号端子为 J538 的 30 号电源线;T10o/6 为 J538 的接地线;T10o/3 为 15 号电源线;T10o/2 为发动机控制 J538 的 PWM 信号线;T10o/7 号线为门

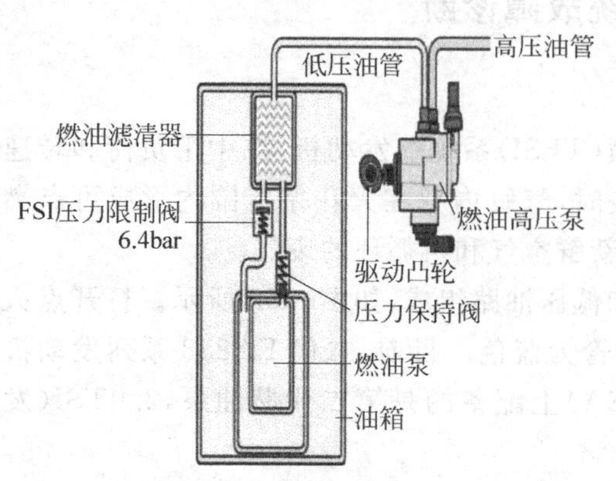

图 3-53　低压燃油泵 G6

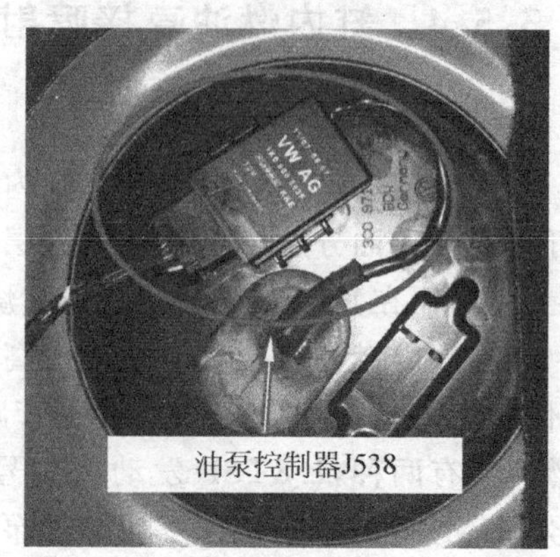

图 3-54　低压燃油泵控制单元 J538

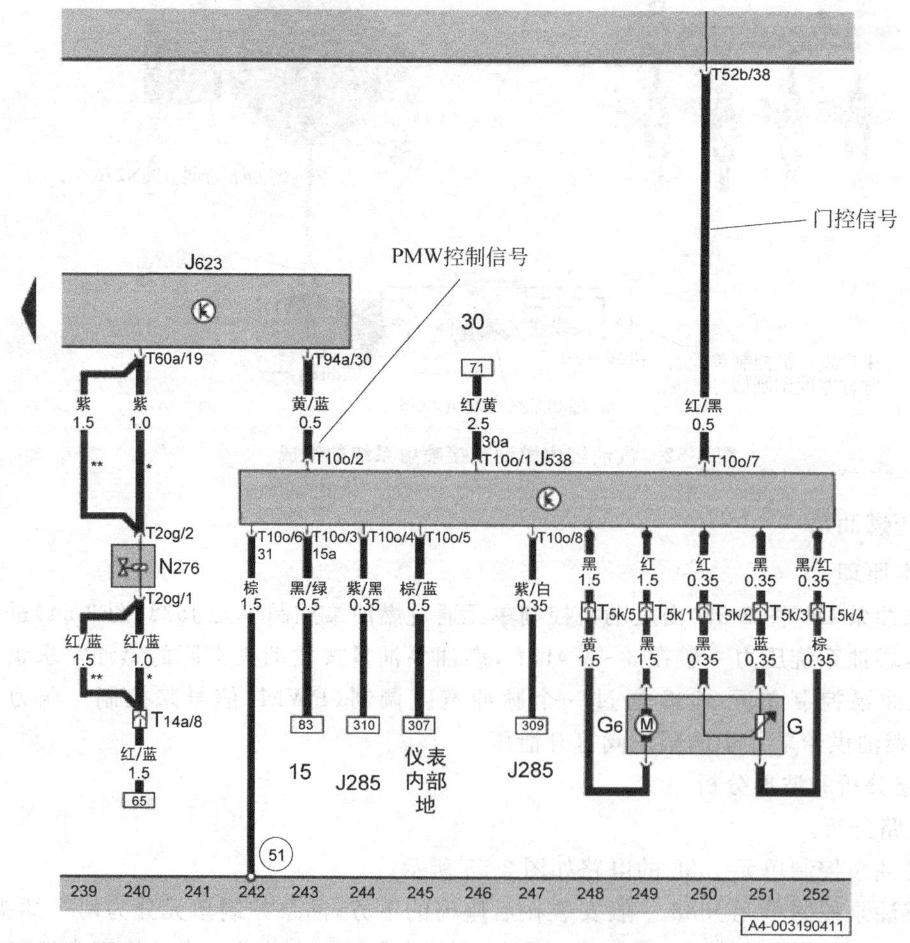

图 3-55　低压燃油泵控制单元 J538 的电路

控信号线，作用是在打开左前门时J538会控制G6低压燃油泵预工作2～3s，提高冷车启动便捷性。如果低压燃油泵控制单元J538发生故障，发动机则停止运行。

(2) 波形分析。

低压燃油泵G6由低压燃油泵控制单元J538通过脉冲宽度调制(PWM)信号来控制。冷车时为了提高发动机的启动的便捷性，PWM占空比68%左右(图3-56)；怠速时PWM占空比约为51%(图3-57)。检测仪显示占空比信号波形如图3-58所示。

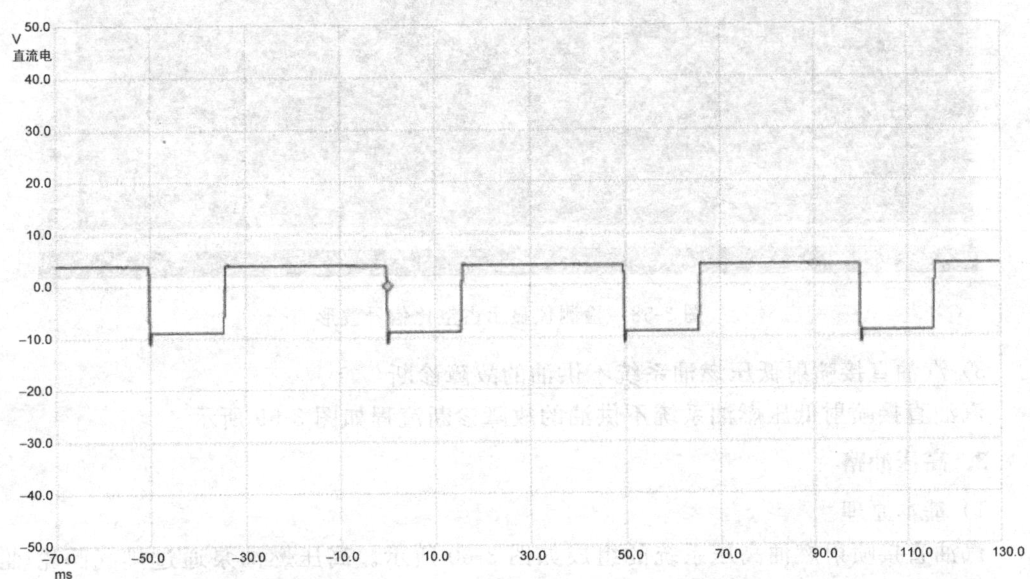

图3-56　冷车启动时低压油泵PWM控制占空比为68%

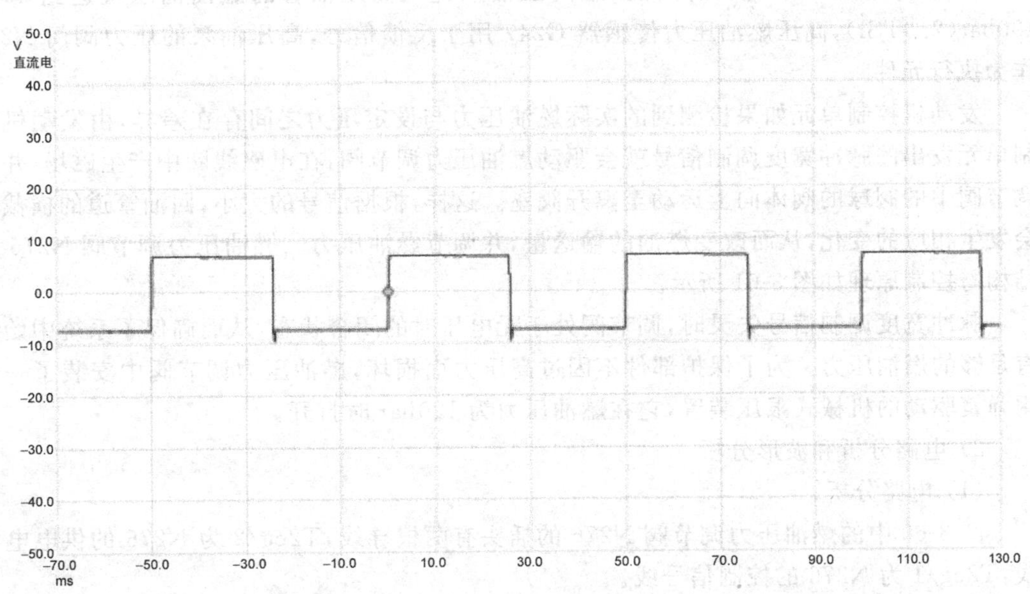

图3-57　怠速时低压油泵PWM控制占空比为51%

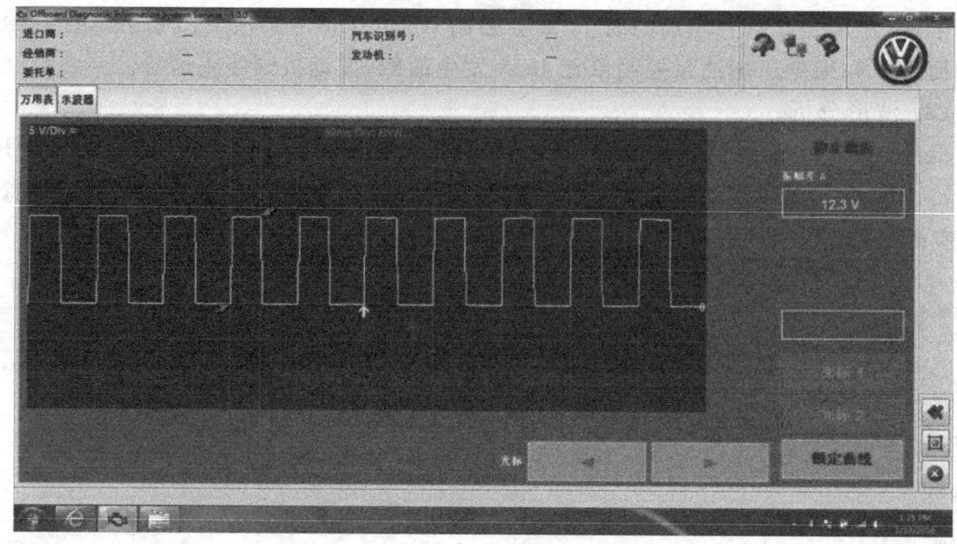

图 3-58 检测仪显示占空比信号波形

3）汽油直接喷射低压燃油系统不供油的故障诊断

汽油直接喷射低压燃油系统不供油的故障诊断流程如图 3-59 所示。

3. 高压油路

1）基本原理

汽油直接喷射燃油高压系统的组成如图 3-60 所示。高压燃油泵通过排气凸轮轴末端的四边形的凸轮进行驱动，利用滚柱推杆来驱动泵的活塞，这样的构造使发动机的运转平静度高，产生噪声小，油耗降低。经高压油泵进入高压油管的燃油油压可达到 40～190bar(2.0TSI)，高压燃油压力传感器 G247 用于反馈信号，高压油泵的压力阀门 N276 作为执行元件。

发动机控制单元如果检测到的实际燃油压力与设定压力之间存在差异，由发动机控制单元发出的脉冲宽度调制信号就会驱动燃油压力调节阀，在电磁线圈中产生磁场，并且调节阀中的阀球的阀体向上运动至离开阀座。这样，根据信号的大小，回油管道的横截面会发生相应的变化，从而改变燃油的输送量，并调节燃油压力。燃油压力调节阀 N276 的结构与控制原理如图 3-61 所示。

脉冲宽度调制信号失灵时，调节阀处于无电压时的闭合状态，从而确保了系统中始终有足够的燃油压力。为了保护部件不因过高压力而损坏，燃油压力调节阀中安装了一个用弹簧驱动的机械式限压装置，它在燃油压力为 120bar 时打开。

2）电路分析和波形分析

（1）电路分析。

图 3-60 中的燃油压力调节阀 N276 的插头有两根导线，T2cg/2 为 N276 的供电电源线，T2cg/1 为 N276 的控制信号线。

（2）波形分析。

燃油压力调节阀 N276 的波形如图 3-62 所示。

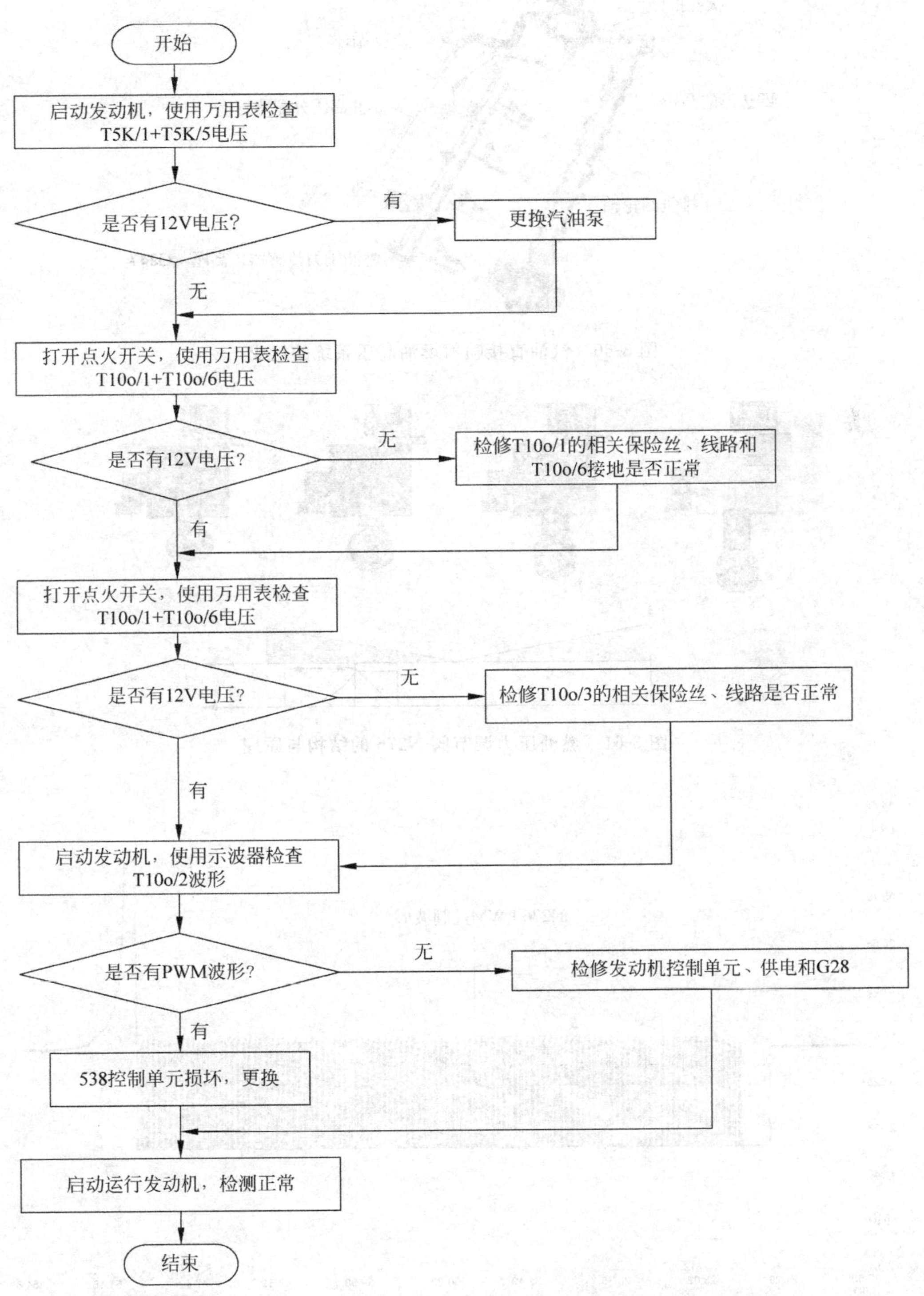

图 3-59 汽油直接喷射低压燃油系统不供油的故障诊断流程

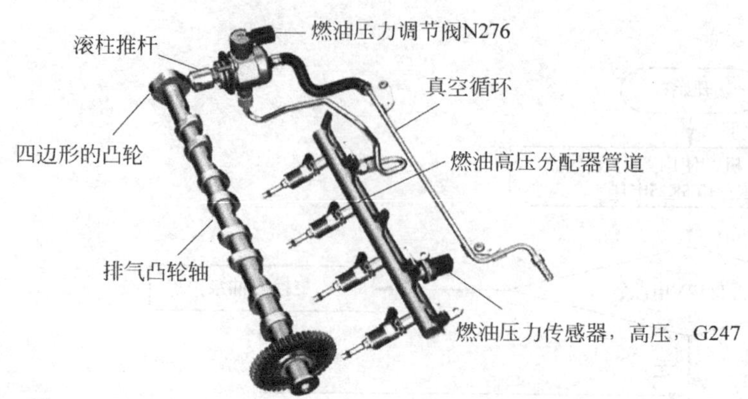

图 3-60　汽油直接喷射燃油高压系统的组成

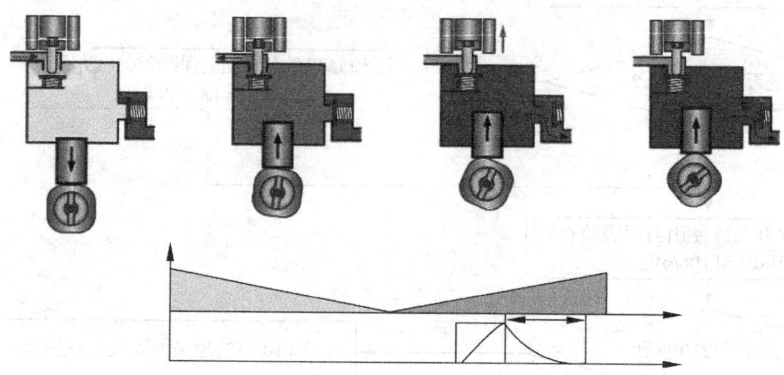

图 3-61　燃油压力调节阀 N276 的结构与原理

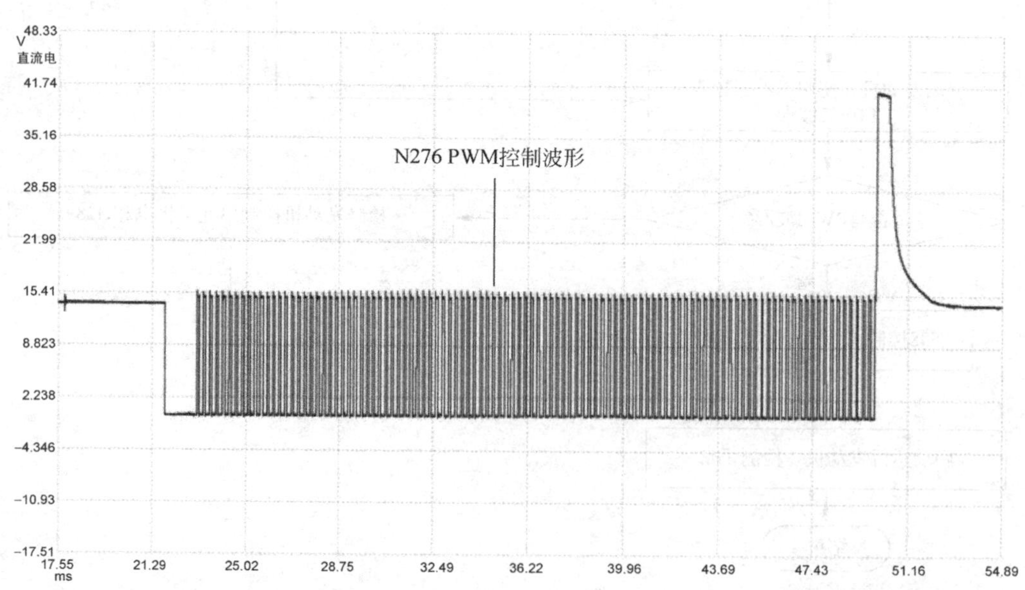

图 3-62　燃油压力调节阀 N276 的控制波形

3）高压燃油系统的燃油压力调节阀 N276 的故障诊断

高压燃油系统的燃油压力调节阀 N276 的故障诊断流程如下。

（1）打开点火开关，使用万用表检查 T2cg/2 是否有电压。如无电压，则检查继电器 J757、保险丝 SB7、继电器 J271 和相关线路。

（2）启动发动机，使用示波器检查 T2cg/2＋接地的波形。如波形正常，燃油压力高压不正常，需检查高压油泵是否卡滞、凸轮轴后端四边形凸轮是否磨损；如波形不正常，检查发动机控制模块和 T2cg/2 至发动机 T60a/19 的线路是否断路或短路。

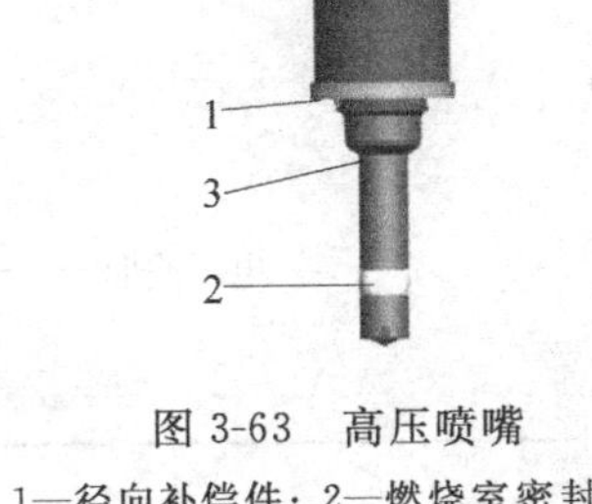

图 3-63　高压喷嘴

1—径向补偿件；2—燃烧室密封环；3—喷嘴；4—隔离环；5—O 形环；6—支撑环

4．高压喷嘴

1）基本结构

高压喷嘴如图 3-63 所示。其中，径向补偿件、隔离环、O 形环损坏后可更换。燃烧室密封环在安装时不得给环上油或用其他的润滑剂进行处理。O 形环在安装时稍稍用干净的发动机油浸润。

2）电路分析和波形分析

（1）电路分析。

汽油缸内直接喷射系统的喷嘴电路如图 3-64 所示。喷油嘴插头有两根线，它区别于以往的传统的进气道喷射系统的喷嘴，一根线由 12V 的电源供电，另一根由发动机控制模块通过 PWM 信号控制喷油量的大小。目前的高压喷嘴（N30-N33）T2cl、T2cm、T2cn、T2co 的输出和输入均由发动机控制模块控制。

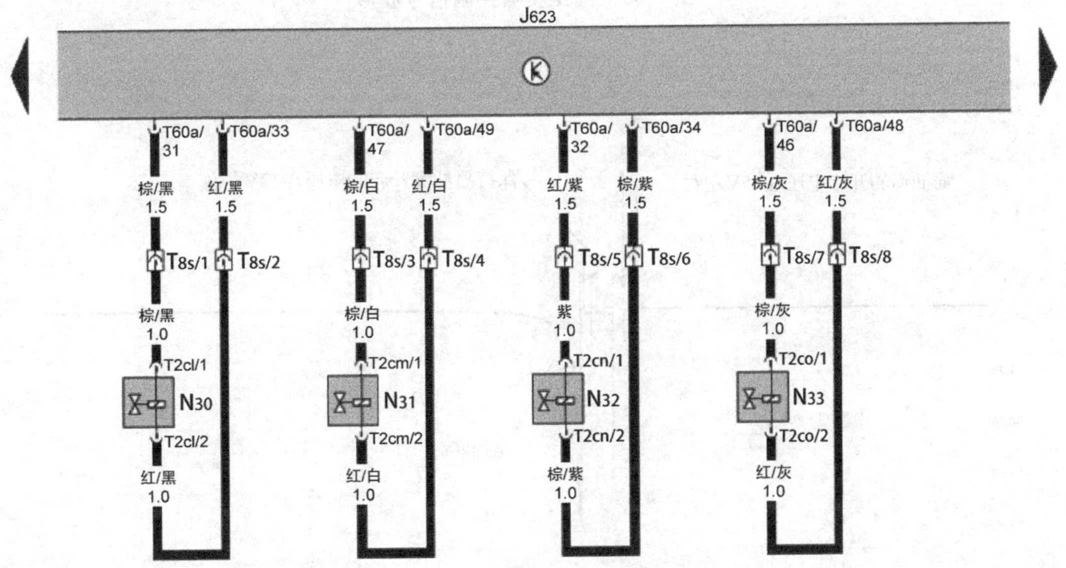

图 3-64　汽油缸内直接喷射系统的喷嘴电路

（2）波形分析。

高压喷嘴由一个复杂的电流变化过程进行控制，确保燃油喷射过程精确。首先，发动机控制单元的微处理器提供一个数字信号，驱动输出级（ASIC）根据这个信号产生一个控制喷油嘴的电流信号。在喷射开始时，发动机控制单元内的 DC/DC 转换器产生 65V 的高压，使线圈内的电流增大，迅速将针阀提起。喷油嘴完全打开后，电流只需维持一个较低水平（保持电流），以维持喷嘴的开启。燃油的喷油量与喷油时间成正比。

高压喷嘴控制信号波形如图 3-65 所示，电压波形如图 3-66 所示，电流波形如图 3-67 所示。

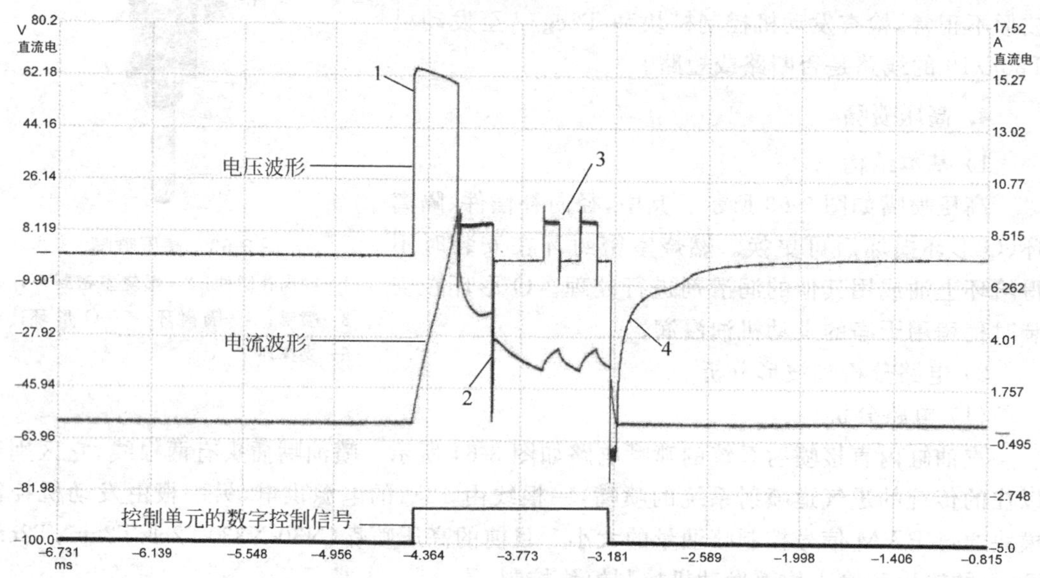

图 3-65 高压喷嘴控制信号波形

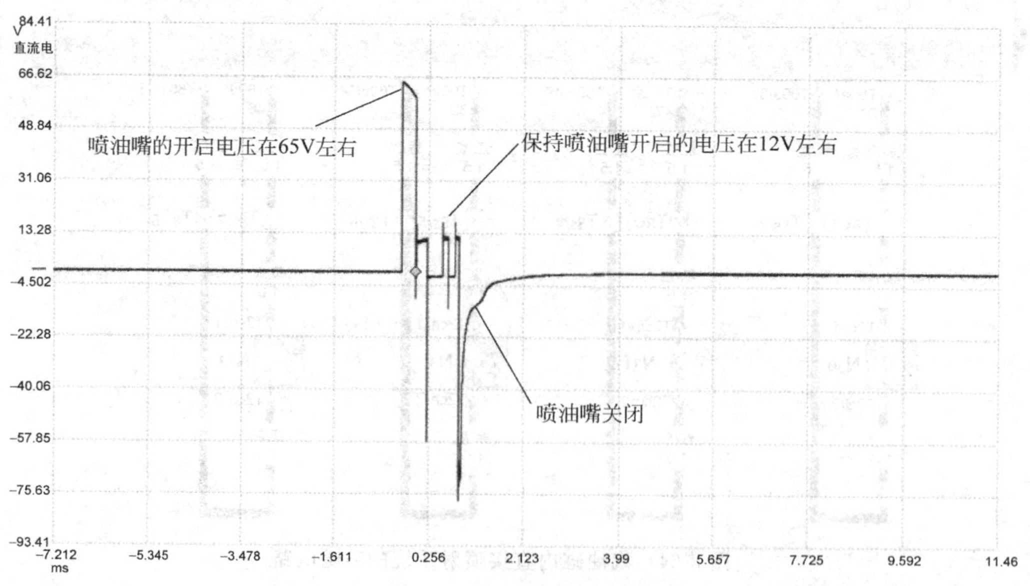

图 3-66 高压喷嘴电压波形

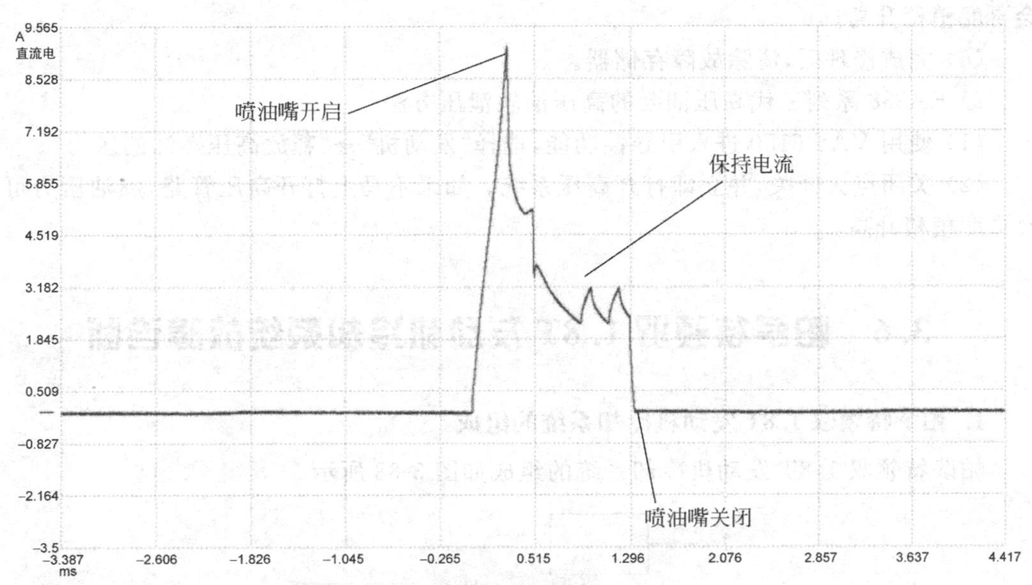

图 3-67　高压喷嘴电流波形

电压波形：从左开始，喷油嘴需要开启时，ECU 给一个相应的高电压使喷油嘴尽快地开启(图 3-65 中 1)；喷油嘴开启后，ECU 给它一个短时间的反向电压以减小通过线圈的电流(图 3-65 中 2)；接下来，喷油嘴线圈持续被一个占空比(方波)信号(图 3-65 中 3)；当喷油嘴需要关闭时，ECU 给它一个相应的高的反向电压，使喷油嘴尽快关闭(图 3-65 中 4)。

电流波形：通过图 3-65 中电流波形可以看出喷嘴开启电流很大；喷嘴开启后线圈一直通过 3A 左右的保持电流，以保持喷油嘴的开启。

3）高压喷油嘴故障的检测诊断

(1) 启动发动机，使用 VAS 6150 读取发动机控制器数据块第 32 组第 2 显示区的数据，标准数值为 21%～15%。超差时需按规定更换或清洗喷嘴，清洗后应再读取相关数据，若清洗无效，则必须更换喷油器。

(2) 喷油嘴波形检测：以 N30 为例，示波器红色探头连接喷油嘴 T2cl/2，示波器黑色探头接 T2cl/1。若波形正常，则检查喷油嘴是否堵塞或卡滞，进行清洗或更换；若波形不正常，则检查喷油嘴电阻是否在 0.5～5Ω 标准范围内，发动机喷油嘴连接导线是否小于 0.5Ω，发动机控制模块输出控制波形是否正常。

5. EA888 系列高压油泵的高压油轨泄压方法

1) EA888 系列二代高压油泵的高压油轨泄压方法

(1) 拆卸燃油压力调节阀 N276 的插头；

(2) 拔下燃油泵控制单元保险丝 SB21；

(3) 启动发动机；

(4) 用 VAS 6150 进入 01-10-140 组，观察到燃油压力下降到 4～7bar；

(5) 关闭点火开关，并立即打开高压系统。如果不马上打开高压管路，燃油压力可能会再度稍稍升高；

(6) 完成修理后，清除故障存储器。

2) EA888系列三代高压油泵的高压油轨泄压方法

(1) 使用VAS 6150进入引导性功能，选择“发动机”→“释放高压燃油的压力”。

(2) 关闭点火开关，并立即打开高压系统。如果不马上打开高压管路，燃油压力可能会再度稍稍升高。

3.6 帕萨特领驭1.8T发动机冷却系统故障诊断

1. 帕萨特领驭1.8T发动机冷却系统的组成

帕萨特领驭1.8T发动机冷却系统的组成如图3-68所示。

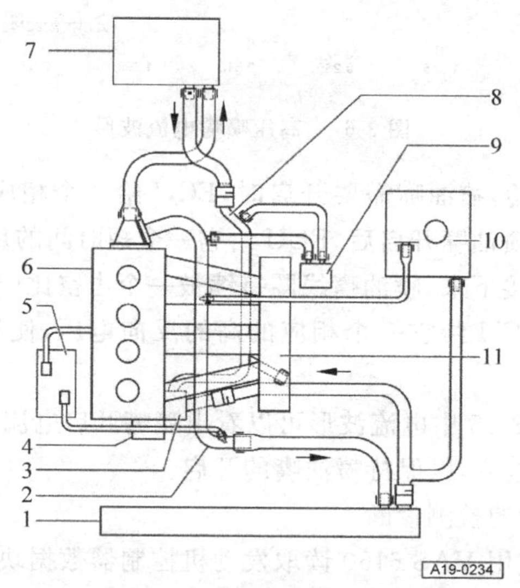

图3-68 帕萨特领驭1.8T发动机冷却系统的组成

1—散热器；2—上部冷却水管；3—节温器；4—水泵；5—涡轮增压器；6—缸盖/缸体；7—暖风热交换器；8—下部冷却液管；9—机油冷却器；10—冷却液膨胀罐；11—进气歧管

2. 帕萨特领驭1.8T发动机冷却系统的电子风扇控制电路

帕萨特领驭1.8T发动机冷却系统的电子风扇控制电路如图3-69所示。

帕萨特领驭1.8T的电子风扇V35采用了高速挡和低速挡两个运行挡位。

高速：电子风扇在高速挡工作时，热敏电阻F18的4和1接通，使J280继电器的线圈搭铁，使280继电器触点30和87接通，电子风扇V35高速运行。

低速：电子风扇在低速挡工作时，热敏电阻F18的2和3接通，使继电器279的电磁线圈搭铁，使J279继电器触点闭合，30和87接通。电流从30(常火线)、保险丝S42、继电器279的触点2和3、电阻N39，至电子风扇V35。电子风扇V35以低速运行。

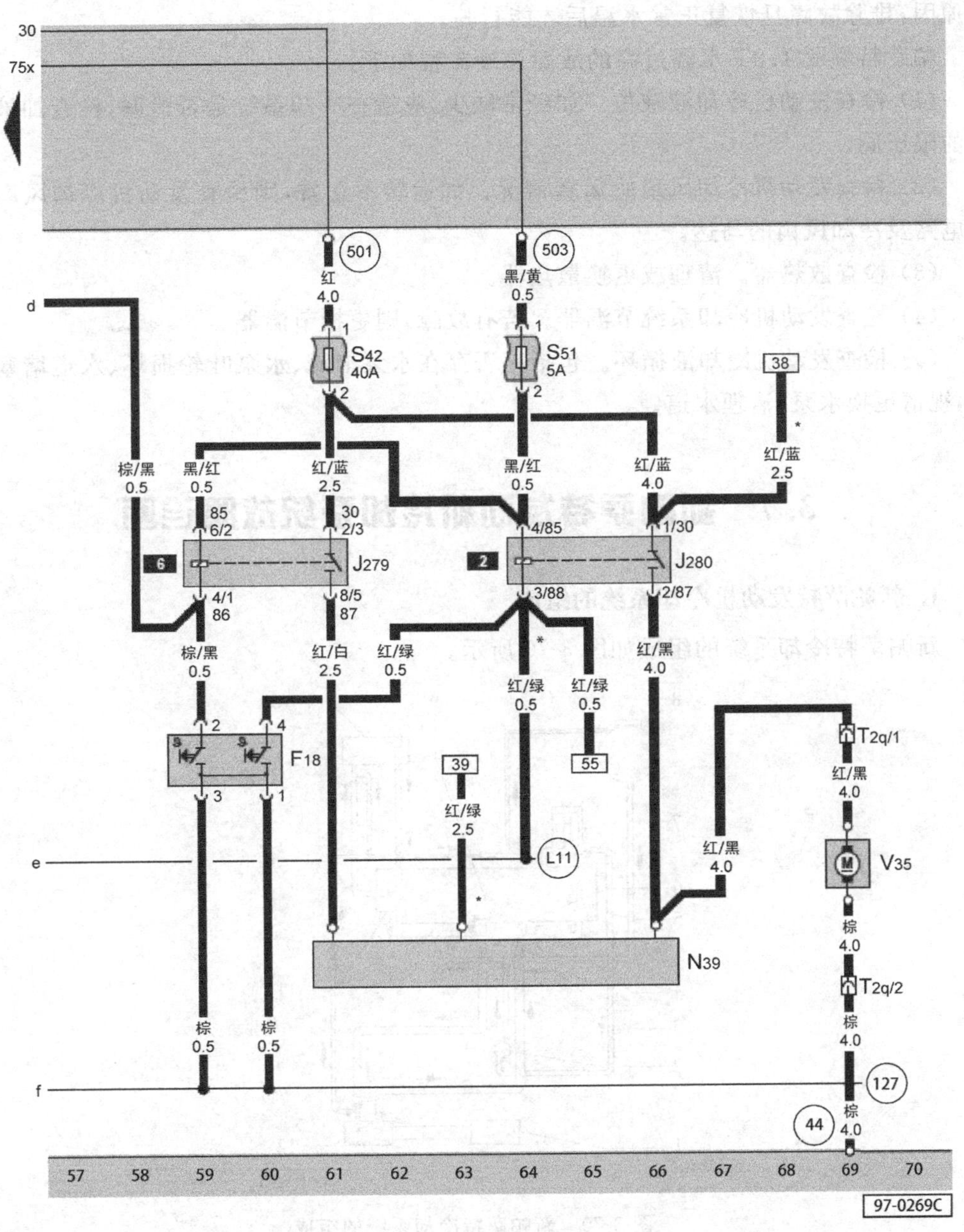

图 3-69 帕萨特领驭 1.8T 冷却系统的电子风扇控制电路

3. 帕萨特领驭 1.8T 发动机冷却系统的检查

如果冷却系统有故障，则检查内容除了冷却系统之外，还要检查电子风扇及控制系统。冷却系统的检查内容包括冷却液液位、质量、冷却系统泄漏、节温器、加液口盖内的限压阀等。

4. 帕萨特领驭 1.8T 发动机水温过高的故障诊断

帕萨特领驭 1.8T 的正常水温是 80～105℃，如果水温一直过高，应立即停车检查故障原因，排除故障且恢复正常水温后才能行驶。

帕萨特领驭 1.8T 水温过高的故障诊断流程如下。

(1) 检查发动机冷却液液位。如经常缺少，应检查冷却系统是否泄漏，检查加液口盖内的限压阀。

(2) 检查发动机冷却风扇的运转情况。如运转不正常，则检查发动机冷却风扇的控制电路及冷却风扇的马达。

(3) 检查散热器。清理或更换散热器。

(4) 检查发动机冷却系统节温器。若有故障，则更换节温器。

(5) 检查发动机冷却液循环。包括是否存在水泵卡滞、水泵叶轮损坏、水道堵塞等故障，视情更换水泵、清理水道。

3.7 新帕萨特发动机冷却系统故障诊断

1. 新帕萨特发动机冷却系统的组成

新帕萨特冷却系统的组成如图 3-70 所示。

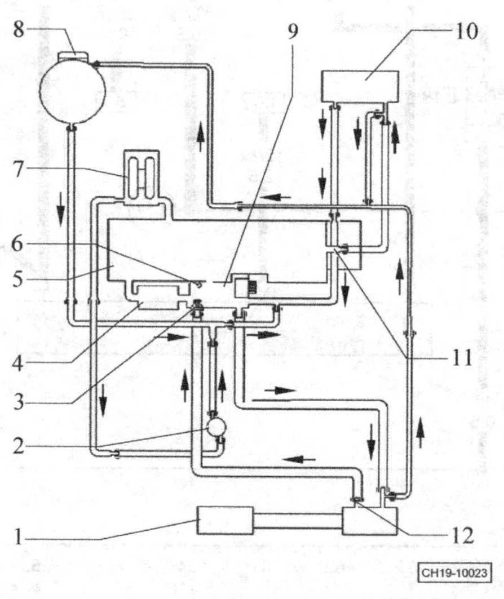

图 3-70 新帕萨特冷却系统的组成

1—散热器；2—冷却液继续循环泵；3—节温器；4—发动机机油冷却器；5—气缸盖/气缸体；6—冷却温度传感器 G62；7—废气涡轮增压器；8—冷却液膨胀壶；9—冷却液泵；10—暖风热交换器；11—冷却液管路接头；12—散热器出口冷却液温度传感器 G83

2. 新帕萨特发动机冷却系统电子风扇控制电路

新帕萨特发动机冷却系统电子风扇控制电路如图 3-71 所示。

新帕萨特发动机冷却系统电子风扇控制系统为 PWM(脉宽调制)控制，其控制信号

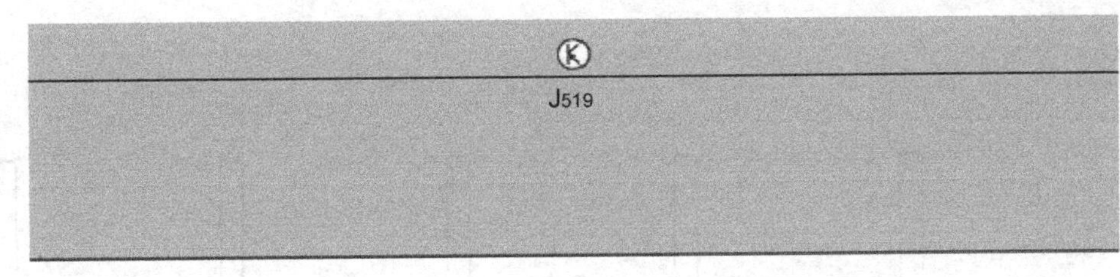

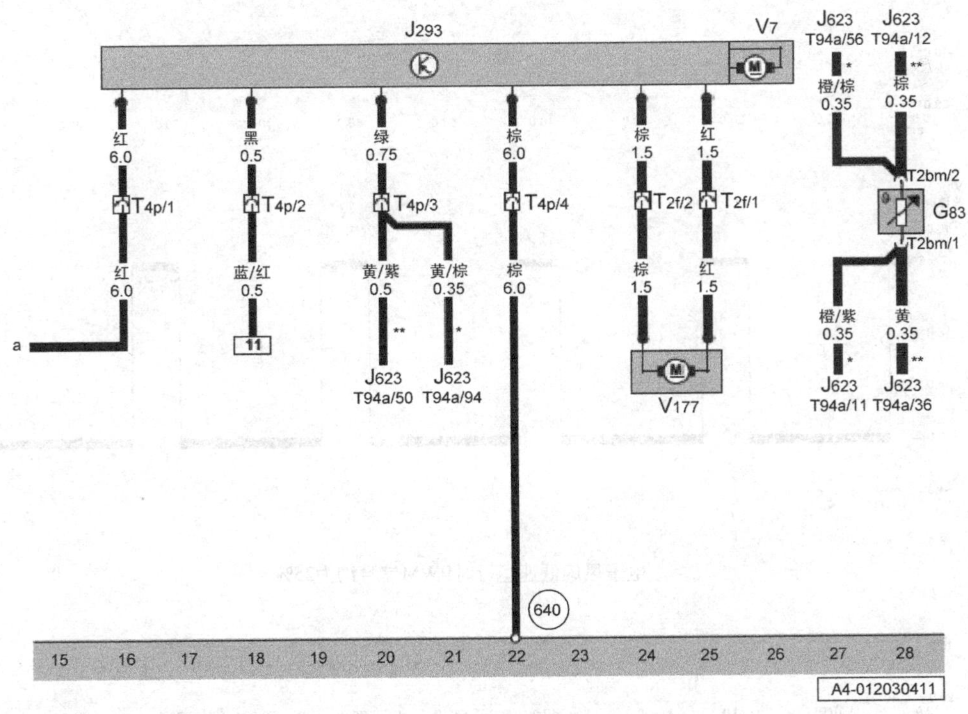

图 3-71 新帕萨特发动机冷却系统电子风扇控制电路

的波形如图 3-72 所示。

与传统高低速风扇控制相比，PWM 控制可以根据整车运行状态提供相应的转速，其转速范围广，优化了传统高低冷却风扇存在冷却效能过剩的情况，从而达到节油目的。冷却风扇控制单元 J293 有两个插头，T4P/1 是 30 号常火线，T4P/2 是来自继电器 J217 的供电，T4P/3 为发动机控制单元 ECU 输出的 PWM（脉宽调制）触发指令控制信号线，T4P/4 为 J293 的接地线，T2F 是副电子风扇 V177 的供电线。

3. 新帕萨特电子风扇的故障诊断流程

1）电子风扇不转导致水温过高的故障诊断流程

（1）用试灯检查 T4P/1 针脚，观察试灯是否点亮。若试灯不亮，则检查保险丝 SB27

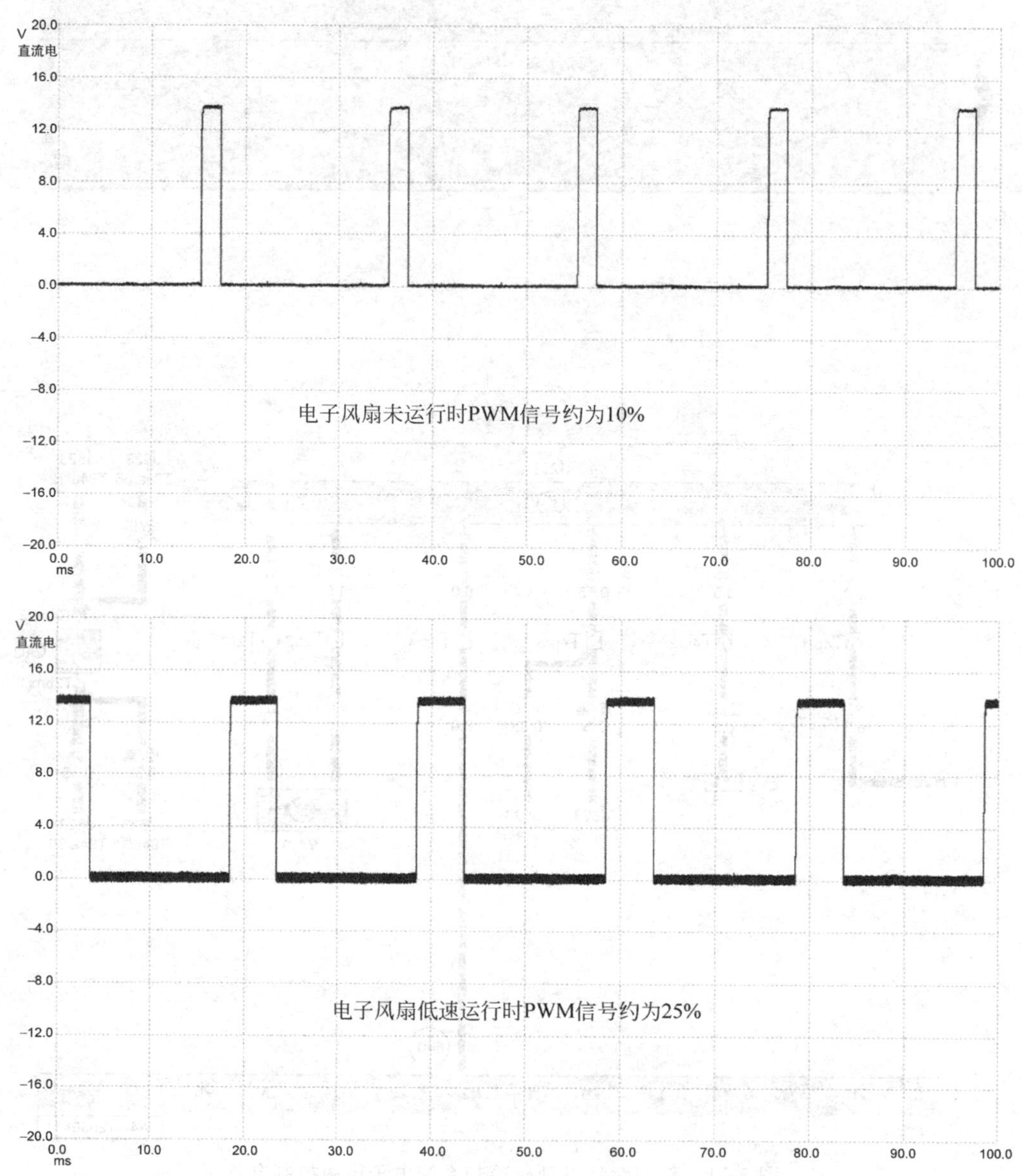

图 3-72 新帕萨特冷却系统的电子风扇控制信号的波形

或相关线路。

(2) 打开点火开关,用试灯检查 T4P/2 针脚,观察试灯是否点亮。若试灯不亮,则检查保险丝 SB3 或相关线路。

(3) 打开点火开关,使用示波器检查 T4P/3 波形(图 3-72)。若 PWM 信号大于 15%,则表示电子风扇损坏;若 PWM 信号小于 10%,则表示电子风扇启动条件未满足。

2) 发动机运行时电子风扇紧急运转的诊断流程

(1) 使用 VAS6150 诊断仪检查发动机 ECU 是否有水温传感器故障。若有,则检查水温传感器或水温传感器相关线路。

(2) 打开点火开关,使用示波器检查 T4P/3 是否有 PWM 波形输出(图 3-72)。若有 PWM 信号,则检查水温信号、空调压力相关信号是否正常;若无 PWM 信号,则检查 T4P/3 至发动机 ECU 相关线路。

3.8　技能实训:汽油发动机电控系统故障诊断(传感器)

1. 实训目的

学会汽油发动机电控系统(传感器)的检测与故障排除方法。

2. 安全要求及注意事项

(1) 进入汽车实训场地,不准赤脚或穿拖鞋、高跟鞋、裙子上课,留长发者要戴工作帽;

(2) 进入汽车实训场地后,未经老师批准,不得触摸动用实训车;

(3) 上课时要集中精神,不准说笑、打闹、玩手机;

(4) 在其他同学操作时,要注意观察,相互学习、纠错,不得离开实训工位,更不得去玩弄其他仪器、设备;

(5) 实习结束,整理、清洁工具和场地。

3. 设备/工具要求

(1) 设备:帕萨特领驭 1.8T 整车,新帕萨特整车,或其他车系整车。

(2) 工具:诊断仪、万用表、冷却液泄漏诊断设备、拆装工具。

4. 实训指导

(1) 了解被检测传感器的结构、电路、信号类型和技术参数。

(2) 查阅维修资料,分析电路图,制订检测方案。

(3) 根据传感器信号类型选择检测仪器,一般选择万用表和诊断仪,对于曲轴位置传感器和凸轮轴位置传感器的信号不匹配等特殊情况,可选用汽车专用示波器进行检测。

(4) 检查传感器的工作电压、静态信号电压和动态信号电压。

(5) 如果某个传感器无信号输出或信号不良,故障原因可能是传感器本身、导线,或相应的机械装置。

(6) 几个传感器都没有信号输出,应重点检查各传感器是否都没有 5V 工作电压。如都没有 5V 工作电压,则检查 ECU 电源保险丝和接地,以及 ECU 本身。

(7) 汽油发动机电控系统(传感器)的故障诊断方法见 3.3 节(汽油发动机传感器故障诊断)。

3.9 技能实训：汽油发动机电控系统故障诊断(执行器)

1. 实训目的

掌握汽油发动机电控系统(执行器)的诊断与排除方法。

2. 安全要求及注意事项

(1) 进入汽车实训场地,不准赤脚或穿拖鞋、高跟鞋、裙子上课,留长发者要戴工作帽;

(2) 进入汽车实训场地后,未经老师批准,不得触摸动用实训车;

(3) 上课时要集中精神,不准说笑、打闹、玩手机;

(4) 在其他同学操作时,要注意观察,相互学习、纠错,不得离开实训工位,更不得去玩弄其他仪器、设备;

(5) 实习结束,整理、清洁工具和场地。

3. 设备/工具要求

(1) 设备：帕萨特领驭 1.8T 整车,新帕萨特整车,或其他车系整车。

(2) 工具：诊断仪、万用表、冷却液泄漏诊断设备、拆装工具。

4. 实训指导

1) 燃油泵继电器及燃油泵的故障诊断

(1) 了解燃油供给系统的组成和控制原理。

(2) 了解燃油系统的油压参数和常见故障及原因。燃油泵不转的故障原因是燃油泵本身或控制电路故障；燃油系统压力过低的原因有燃油泵本身或油压调节器故障；熄火后系统油压下降很快、保不住的原因有燃油泵本身或油压调节器故障；熄火后系统油压缓慢下降的原因有燃油泵本身、油压调节器或喷油器泄漏故障。

2) 燃油压力调节器的故障诊断

燃油压力调节器的真空管脱落或破裂会使燃油压力升高 0.5bar；燃油压力调节器的内部膜片打开或关闭回油阀不良,会使燃油压力升高或降低；熄火后,燃油压力调节器内部膜片不能完全关闭回油阀,会使系统残压保不住。

3) 燃油喷射器的故障诊断

了解喷油器的控制原理和常见故障原因。某个喷油器不喷油的原因有喷油器本身、无 12V 工作电压或控制电路断路；所有喷油器不喷油的故障原因是提供各喷油器 12V 工作电源电路有断路故障、ECU 未收到发动机转速信号、ECU 本身或电源电路或接地有故障；喷油器雾化不良或各缸喷油器喷油量不均衡,会造成发动机运行不良与抖动。

用万用表检测喷油器线圈电阻,可用二极管试灯检测喷油控制信号,用诊断仪可读取喷油系统的相关故障码,用喷油器清洗机可检测、清洗喷油器。

4) 点火系统高压无火故障诊断

各缸点火系统高压无火的原因是无曲轴位置和转速传感器信号、点火控制器损坏、点火电路故障等；某缸高压无火的原因是该缸点火高压线、火花塞或点火控制器（单缸独立点火）有故障。根据已有故障，则查阅维修资料的分析电路图，制订检测方案。

5）活性炭罐电磁阀 ACF 的故障诊断

若活性炭罐电磁阀 ACF 有故障，则会点亮发动机故障灯，常见故障原因是电磁阀开关泄漏、开闭性能差、线圈烧毁、供电或控制电路。

6）了解系统组成和工作原理，查阅维修资料，制订检测方案。检测时，应注意加强安全意识，严格执行安全操作规范。

7）燃油泵继电器及燃油泵的故障诊断、燃油压力调节器的故障诊断、燃油喷射器的故障诊断、点火系统的故障诊断和活性炭罐电磁阀 ACF 的故障诊断的方法见 3.4 节。

3.10 技能实训：汽油发动机电控系统故障诊断（综合故障）

1. 实训目的

学会汽油发动机电控系统（综合故障）的诊断与排除方法。

2. 安全要求及注意事项

(1) 进入汽车实训场地，不准赤脚或穿拖鞋、高跟鞋、裙子上课，留长发者要戴工作帽；

(2) 进入汽车实训场地后，未经老师批准，不得触摸动用实训车；

(3) 上课时要集中精神，不准说笑、打闹、玩手机；

(4) 在其他同学操作时，要注意观察，相互学习、纠错，不得离开实训工位，更不得去玩弄其他仪器、设备；

(5) 实习结束，整理、清洁工具和场地。

3. 设备/工具要求

(1) 设备：帕萨特领驭 1.8T 整车，新帕萨特整车，或其他车系整车。

(2) 工具：诊断仪、万用表、冷却液泄漏诊断设备、拆装工具。

4. 实训指导

(1) 发动机的常见故障有不能启动运行、热车难启动、冷车难启动、无规律难启动；怠速不稳、怠速过高、怠速过低、怠速易熄火；加速不良、动力差、油耗高等。

(2) 根据系统组成和工作原理进行分析，查阅维修资料，制订检测诊断方案。

(3) 造成综合故障的原因可能是控制系统、电路、油路、点火系统，也可能是机械有故障，所以分析故障原因一定要有“全局”观念，要系统化、综合性地考虑问题。

(4) 要学会利用诊断仪、万用表、气缸压力表、废气分析仪等各类检测仪器进行检测，学会分析数据。

(5) 汽油发动机电控系统的故障（综合故障）诊断方法参阅 3.5 节（汽油发动机综合故障诊断）。

3.11 技能实训：发动机冷却系统和风扇电子控制系统故障诊断

1. 实训目的

学会帕萨特发动机冷却系统和风扇电子控制系统的故障诊断方法。

2. 安全要求及注意事项

(1) 进入汽车实训场地，不准赤脚或穿拖鞋、高跟鞋、裙子上课，留长发者要戴工作帽；

(2) 进入汽车实训场地后，未经老师批准，不得触摸动用实训车；

(3) 上课时要集中精神，不准说笑、打闹、玩手机；

(4) 在其他同学操作时，要注意观察，相互学习、纠错，不得离开实训工位，更不得去玩弄其他仪器、设备；

(5) 实习结束，整理、清洁工具和场地。

3. 设备/工具要求

(1) 设备：帕萨特领驭 1.8T 整车，新帕萨特整车，或其他车系整车。

(2) 工具：诊断仪、万用表、冷却液泄漏诊断设备、拆装工具。

4. 实训指导

(1) 不论什么发动机，冷却系统的组成和工作原理都是相同的。

(2) 冷却系统的常见故障有冷却液快速减少、发动机水温过高、发动机水温过低；冷却风扇不转、冷却风扇低速挡工作不正常、冷却风扇高速挡工作不正常；发动机冷却液呈乳白色等。

(3) 发动机冷却系统的冷却液下降过快，可能是冷却系统有泄漏；发动机水温过高，可能是冷却系统堵塞造成循环不良、节温器有故障、散热器散热不良、冷却风扇有故障、水温传感器有故障；发动机冷却液呈乳白色，说明气缸床损坏("冲床")；冷却风扇不转或工作不正常，可能散热风扇有故障、控制电路有故障、传感器有故障等。

(4) 查阅维修资料，制定维修方案。

(5) 冷却系统和风扇电子控制系统的故障诊断参阅 3.6 节(帕萨特领驭 1.8T 发动机冷却系统故障诊断)和 3.7 节(新帕萨特发动机冷却系统故障诊断)。

练习与思考题

1. 判断题(正确的打√，错误的打×)

(　　)(1) 曲轴位置传感器没有信号，发动机加速不良。

(　　)(2) 节气门位置传感器没有信号，发动机不能启动运行。

( )(3) 检测水温传感器信号主要采用示波器测量的方法。

( )(4) 爆震传感器没有信号会产生点火提前的故障现象。

( )(5) 如果节气门位置传感器信号波形有杂波,则说明内部滑片电阻损坏。

( )(6) 燃油泵受燃油泵继电器控制。

( )(7) 喷油器漏油会产生发动机难启动或不能启动的故障。

( )(8) 油压调节器真空管破裂,燃油系统油压上升 0.5bar。

( )(9) 燃油泵止回阀损坏会造成不能启动着车的故障。

( )(10) 氧传感器没有信号会产生油耗大的故障。

( )(11) 按冷却介质不同,发动机的冷却方式有水冷和风冷两种。

( )(12) 若蜡式节温器损坏,则冷却强度变大,使发动机产生过冷现象。

( )(13) 强制式水冷却系统的冷却强度不能随发动机负荷和水流大小变化。

( )(14) 大众帕萨特冷却风扇的开启温度为 90℃。

( )(15) 水泵的作用是在冷却系统建立一定压力后,使冷却水在水套内进行强制循环。

2. 填空题

(1) 发动机控制模块有________、________两种电源。

(2) 磁感应式曲轴位置传感器有________根导线,万用表测量信号时应置于________挡位。

(3) 空气流量计没有信号,将会产生________故障现象。

(4) 进气歧管绝对压力传感器信号的电压一直是 3.5V,将会产生________故障现象。

(5) ________传感器和________传感器是负温度系数的热敏电阻。

(6) 前氧传感器信号的电压一直小于 0.45V,故障原因可能是________,________。

(7) 前氧传感器信号的电压一直大于 0.45V,故障现象是________。

(8) ________、________、________损坏,可能产生发动机冒黑烟的故障。

(9) ________、________、________损坏,可能产生发动机怠速不稳的故障。

(10) 燃油系统油压过低的主要原因是________或________。

(11) 6 缸发动机中的 1 个喷油器漏油,会产生________故障现象,3 个喷油器漏油会产生________故障现象。

(12) 某缸火花塞高压无火的故障原因有________、________、________、________。

(13) 各缸火花塞高压都无火的故障原因有________、________、________、________。

(14) 发动机不能启动着车,应检查(按顺序)________系统、________系统、________系统。

3. 不定项选择题

(1) 检查( )时,一般不需要使用示波器。

A. 水温传感器　　B. 空气流量计

C. 节气门位置传感器　　D. 进气温度传感器

(2) 检测(　　)信号,万用表应置于直流电压挡。

A. 水温传感器　　B. 热膜式空气流量计

C. 节气门位置传感器　　D. 进气温度传感器

(3) (　　)有故障会造成燃油系统残压保不住。

A. 油压调节器　　B. 燃油泵　　C. 喷油器　　D. 燃油管路

(4) 发动机怠速不稳的故障原因是(　　)有故障。

A. 节气门位置传感器　　B. 怠速控制阀

C. 节气门体　　D. 喷油器

(5) (　　)有故障会造成发动机冷车难启动着车。

A. 水温传感器　　B. 喷油器　　C. 启动机　　D. 火花塞

4. 简答题

(1) 如何检测、诊断发动机怠速不稳的故障?

(2) 如何检测、诊断发动机冒黑烟的故障?

(3) 如何检测、诊断发动机冷车难启动的故障?

(4) 如何检测、诊断发动机行驶中熄火的故障?

5. 画故障诊断流程图

(1) 帕萨特领驭 1.8T 的发动机水温过高故障诊断流程图。

(2) 新帕萨特车的发动机水温过高故障诊断流程图。

模块4

汽车底盘故障诊断

1. **知识目标**

(1) 了解底盘系统构成和各系统的组成；

(2) 能叙述底盘各系统常见故障现象和故障原因；

(3) 能描述底盘各系统常见故障诊断方法；

(4) 熟悉描述 ABS 制动系统常见故障诊断方法。

2. **能力目标**

(1) 认识底盘系统各总成部件；

(2) 学会底盘各系统常见故障诊断与排除的能力；

(3) 学会 ABS 制动系统常见故障诊断与排除的能力。

一辆带有 ABS 系统的别克轿车，高速行驶时轻踩制动即会向左甩尾，而紧急制动时该车一切正常，不出现任何甩尾现象。

询问车主故障征兆，反复试车，试验结果与车主所述相同，只有在轻踩制动时会发生甩尾。

检查紧急制动后的刹车痕迹，多次紧急制动后路面没有明显的轮胎拖印，因而判定紧急制动时车轮没有抱死，可以肯定 ABS 系统工作正常，起到了防抱死作用。

根据别克 ABS 系统的制动原理，当汽车在高速行驶中，如果轻踩制动，此时属于常规制动的范畴，ABS 系统不起作用。这时四个制动轮缸的工作油压由制动主缸来控制。如果此时制动主缸分配压力不平衡或有一个活塞轻微泄漏，或有一条制动管路轻微泄漏（注意是轻微),在制动时必然会有一条制动管路的油压低于另一条,两侧车轮制动力矩不同而产生甩尾。而当高速行驶中紧急制动时,ABS 制动系统将起作用,ABS 控制单元通过控制各个轮缸的工作油压来控制四个车轮的制动力矩,所以不会相差太多,因此不会出现甩尾现象。

根据以上分析,应首先检查制动管路的泄漏情况。举升汽车,检查制动管路,没有发现泄漏部位。根据制动系统组成和工作原理,制动主缸损坏的故障可能性较大。更换制动主缸,并反复试车,故障排除。

服务方案

(1) 听取客户报修的故障现象,请客户填写维修工单;

(2) 服务顾问检查并收取行驶证,填写客户有关数据;

(3) 验证客户叙述的故障,与客户沟通,初步确定维修方案;

(4) 拆检后,根据损坏情况和维修成本确定维修方案。若有修理价值,对其进行维修;若没用修理价值,则更换。

拓 扑 图

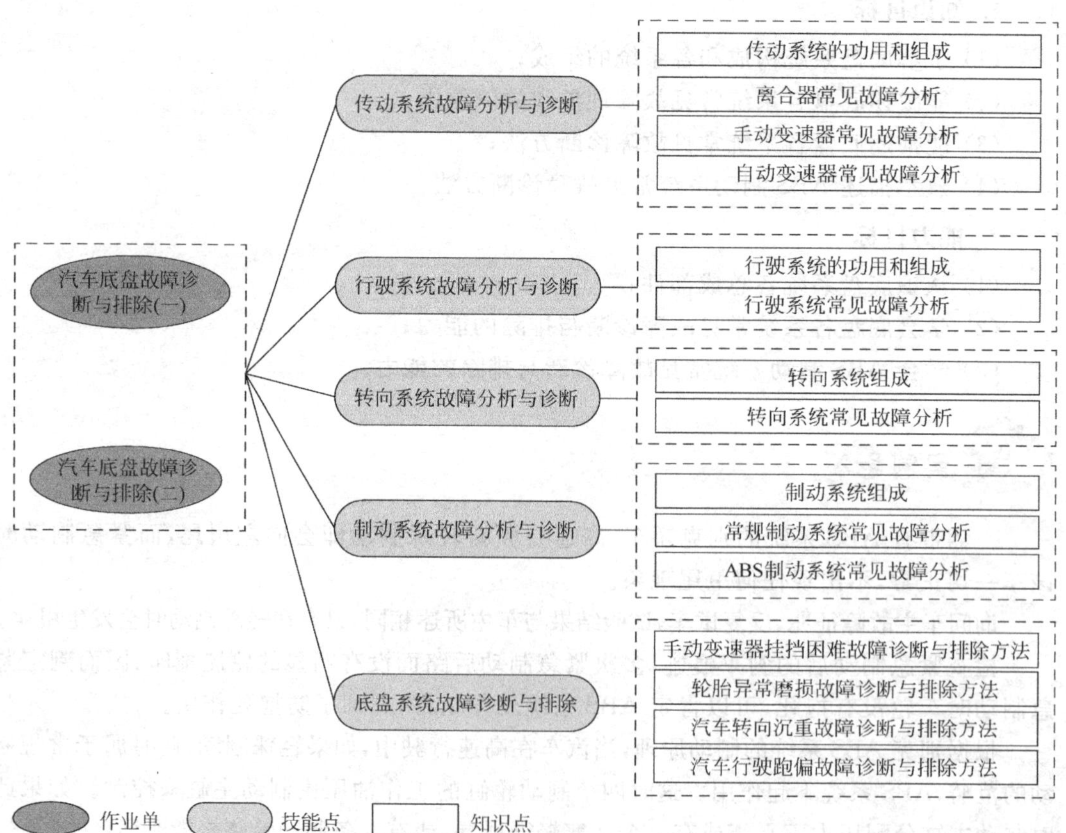

4.1 汽车底盘概述

4.1.1 汽车底盘组成

汽车底盘部分包括传动系统、转向系统、制动系统和行驶系统四大系统，如图4-1所示。

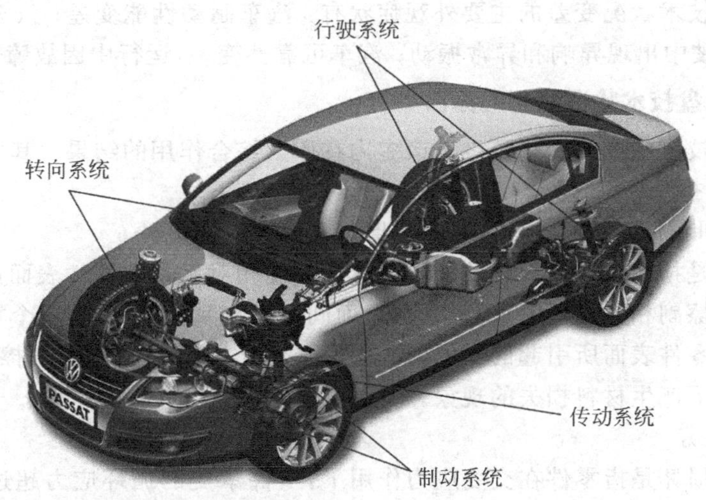

图 4-1 汽车底盘四大系统

1. 传动系统

传动系统的功用是将发动机的动力传递给驱动轮。普通汽车采用的机械式传动系统由离合器、变速器、万向传动装置、驱动桥等组成。

2. 行驶系统

行驶系统的功用是安装部件、支承汽车、缓和冲击、吸收振动、传递和承受发动机与地面传来的各种力和力矩，并保证汽车正常行驶。行驶系统由车架、车桥、悬架、车轮等组成。

3. 转向系统

转向系统的功用是控制汽车的行驶方向。转向系统由转向操纵机构、转向器、转向传动机构等组成。

4. 制动系统

制动系统的功用是使汽车减速、停车或驻车。通常汽车制动系统至少应设行车制动和驻车制动等两套相互独立的制动装置，每一套制动装置由制动器、制动传动装置组成。

4.1.2 汽车底盘系统故障概述

汽车在使用过程中，底盘系统的内部零件之间、零件与工作介质之间、汽车与外部环境之间都存在着相互作用，其结果是在机械负荷、热负荷和化学腐蚀作用下，引起零件磨损、发热、腐蚀等一系列物理和化学的变化，使零件尺寸、零件相互装配位置、配合间隙、表面质量等发生变化。如制动鼓（或制动盘）与制动蹄片配合尺寸及间隙等，在汽车使用中都会发生变化，随着行驶里程的增加，汽车的底盘技术状况将逐渐变坏，使汽车的动力性、燃油经济性、行驶安全性、使用可靠性明显下降。

汽车底盘技术状况变差的主要外观症状有：汽车制动性能变差；汽车操纵稳定性能降低；汽车行驶中出现异响和异常振动；汽车可靠性变差，运行中因故障停驶时间增加。

1. 汽车底盘技术状况变化的原因

汽车底盘技术状况的变化是汽车诸多内在原因综合作用的结果。其主要原因如下。

1）零件磨损

零件磨损形式主要有磨料磨损、黏着磨损和腐蚀磨损三种。

磨料磨损是指在摩擦表面间的硬质固体颗粒使相对运动的零件表面产生的磨损；黏着磨损是指摩擦副相对运动时，由于摩擦表面间接触点黏着作用，使一个零件表面的金属转移到另一个零件表面所引起的磨损；腐蚀磨损是指在摩擦过程中，摩擦表面在酸、碱等腐蚀物质作用下产生材料损失的现象。

2）零件疲劳

零件疲劳损坏是指零件在交变应力作用下，零件承受的循环应力超过了材料的疲劳极限而造成的损坏。汽车零件在长期承受较大交变载荷作用时，易产生疲劳损坏。在交变载荷作用下，零件表面易产生疲劳裂纹，当裂纹不断积累、加深、扩展至一定程度，则零件在循环应力作用下产生疲劳损坏。例如，汽车钢板弹簧断裂是一种典型的疲劳损坏，还有主减速器齿轮齿面的疲劳点蚀等。

3）零件腐蚀

零件腐蚀损坏是指零件表面与腐蚀性物质接触受到腐蚀而产生的损坏。汽车易于产生腐蚀损坏的主要部件有燃料供给系统和冷却系统的管道、车身、车架等。汽车使用环境中的潮湿空气、尘埃，对车身及裸露的金属零件具有一定的腐蚀作用。

4）零件变形

零件变形损坏是指零件在载荷作用下，因零件的内应力超过零件材料的弹性极限而产生的变形失效。零件在制造和加工过程中产生的残余内应力和零件受热不均而产生的热应力足够大时，也会导致零件变形或加剧变形的过程，使零件产生变形损坏。

5）零件老化

零件老化损坏是指零件材料在物理、化学和温度变化的影响下，逐渐变质或性能下降的故障形式。汽车上的橡胶零部件（如轮胎、油封、膜片等）和电器元件（如晶体管、电容器等）长期受环境和温度变化的影响，会逐渐老化而失去原有性能。

2. 影响汽车技术状况变化的使用因素

汽车底盘技术状况的变化不仅取决于汽车的结构设计与制造工艺的合理性和零件材

料的选择,还与各种使用因素有关。影响汽车技术状况变化的使用因素有运行条件、润滑油(脂)的品质、汽车运用的合理性等。

1) 汽车运行条件

(1) 气候条件。

在低温条件下,润滑油黏度增大,其流动性变差,启动时到达润滑表面时间变长,使润滑表面处于干摩擦或半干摩擦状态,导致机件磨损加剧。另外,燃油雾化性差,并以液滴的形式进入气缸,吸附在缸壁上,冲刷缸壁上的油膜,导致气缸磨损加剧。

非金属元件在低温时易出现硬化、开裂、弹性下降或降低零件的结构强度等。

气温过高时,发动机散热性能变差,造成发动机过热,使润滑油黏度降低,机油压力减小,并加速机油氧化变质过程,导致机件磨损严重。高温产生爆燃和早燃,加速发动机磨损。气温高还会使发动机供油系统产生气阻,使车辆启动困难,工作可靠性下降。气温过高还会使轮胎易出现爆破。

(2) 道路状况。

汽车在良好的道路上行驶时,行驶阻力小,承受的冲击和动载荷小,汽车的速度性能得以发挥,燃油经济性好,零件磨损率低,汽车的使用寿命就长。

汽车在坏路面上行驶,行驶阻力大,低挡使用时间长,发动机转速和负荷增大,加剧气缸活塞组零件的磨损;凹凸不平的路面对车辆的冲击振动将严重影响车辆行驶的平顺性和乘坐的舒适性,底盘各总成(如车轮、悬架、车桥等)受到冲击载荷,使零部件损伤,甚至遭到破坏;汽车在不良道路上行驶,由于离合器、变速器、制动器等操作次数增加和使用时间增长,会加剧这些总成零部件的磨损。因此,汽车经常在坏路面上运行,其使用寿命大大缩短。

(3) 交通环境。

在交通状况良好的道路上行驶时,汽车经常采用高挡,在经济工况下运行,操纵次数减少,因而汽车运行平稳,所承受的冲击载荷大大减轻;而在不良交通状况下运行时,如在市区运行,常因车多路窄、交通流量大、交叉路口多而不能以最佳工况运行。据统计,在同样路面条件下,货车在市内的行驶速度较郊区降低50%左右,换挡次数增加2~2.5倍,制动消耗的能量增加7~7.5倍。显然,汽车在交通状况不良的道路上行驶时,汽车技术状况的恶化进程加剧。

2) 润滑油(脂)的品质

润滑油(脂)的品质对汽车技术状况变化的影响很大,品质良好的润滑油(脂)可以保证汽车运动部件的可靠润滑,减小运动部件的摩擦阻力,减轻运动部件的磨损。

如果车辆齿轮油选择不当、品质不良(如黏度不合适、黏温性不良、油性和极压抗磨性不好,以及低温流动性、抗泡沫性、抗腐蚀性差),则汽车变速器、主减速器等齿轮传动部件的磨损会加剧,使用寿命会降低。

正确选用润滑脂,对轮毂轴承、传动轴万向节、各拉杆球节、水泵轴承、发电机轴承等部位的润滑至关重要。若润滑脂稠度不适宜、高温和低温性能不良、抗水性不好、胶体安定性不适当,以及防锈性、防腐性差,则会使润滑部位零件磨损加剧,使用寿命降低。

3）汽车运用的合理性

（1）驾驶技术。

具有良好驾驶技术的驾驶员，在驾驶操作过程中都注意采用预热升温、平稳行驶、及时换挡、合理滑行、温度控制等一系列正确合理的操作方法，并注意根据道路情况合理选择行驶路线和车速，保证车辆经常处于最佳工作状态，从而降低车辆技术状况变差的速度，延长汽车使用寿命。同时，驾驶员还应有一定的技术素质，能根据汽车使用说明书中所规定的各项使用要求合理使用车辆。

（2）装载量。

汽车装载量应按额定装载量进行控制。在超载状态下，汽车各总成承受的负荷增加，发动机工作不稳定，低速挡使用时间比例增大，冷却系统和润滑系统的工作温度升高，从而导致发动机和其他总成的磨损增大。超载还会损坏汽车底盘系统，减少汽车的使用寿命。

（3）行驶速度。

汽车行驶速度过高，汽车底盘（特别是行驶机构）受到的冲击载荷增加，易使前后桥发生变形；高速行驶时，制动使用频繁，汽车制动器磨损加剧。汽车行驶速度过低时，低挡使用时间比例增大，汽车行驶相同里程时发动机平均运转次数增多，同时由于润滑条件变差，其磨损强度较大。

3. 汽车底盘故障表现形式

汽车底盘故障主要表现在以下方面。

1）运行工况异常

汽车行驶中出现的行驶跑偏、方向盘或整车抖动等在行驶中表现出的故障现象直接显示汽车底盘系统有故障。

2）性能异常

在汽车行驶中踩刹车、挂挡时，出现制动跑滑或甩尾、制动效能差、挂挡困难、轮胎异常磨损等现象也直接显示汽车底盘系统有故障。

3）异响

在行驶中汽车底盘系统由于机件的操作和运转，会产生一定的机械响声，如果机械磨损使配合间歇超标或轴承损坏等，会产生异常的响声，而机械响声会传递，所以要判断底盘系统是否有异常响声，异常响声的根源在哪里，是一个技术性很强的能力，必须依靠日常经验的积累才能逐步提高。

4）外观异常

通过眼、手、鼻直接可以在外观上看到油液渗漏、感到温度过高、闻到有焦味等，则明显地反映出了故障现象，应由表及里查出故障原因。

5）仪表警告灯指示异常

如果仪表板上的仪表指示异常，或某个警告灯常亮，则表示该系统有故障。

汽车底盘系统有故障，可能是底盘某个系统本身的故障，也可能是发动机系统故障或电气系统故障，要根据不同情况进行检测、分析和诊断，要不断学习总结，不断提高诊断底盘故障的技能。

4.2 传动系统故障诊断

4.2.1 传动系统的功用和组成

汽车传动系统的功用是将发动机产生的动力按需要传给驱动车轮，产生驱动力，使汽车能以一定速度行驶。

机械式传动系统由离合器、变速器、万向传动装置(由万向节和传动轴组成)、主减速器、差速器、半轴等组成，如图 4-2 所示。

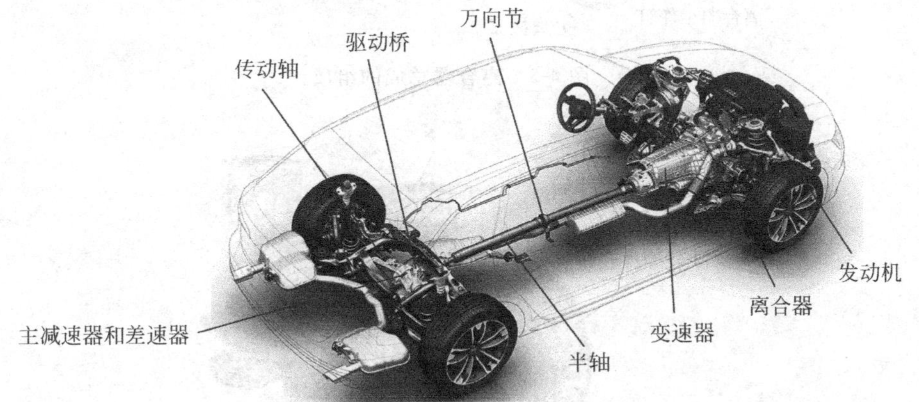

图 4-2 机械式传动系统的组成

机械式传动系统的各总成基本功用如下。

(1) 离合器：按照需要适时地切断或结合发动机与传动系统之间的动力传递。

(2) 变速器：既可以改变发动机输出转速的高低、转矩的大小和旋转方向，也可以切断发动机向驱动轮的动力传递。

(3) 万向传动装置：将变速器输出的动力传递给主减速器，并适应两者之间的距离和轴线夹角的变化。

(4) 差速器：安装在驱动桥内，将主减速器传来的动力分配给左、右两半轴，并允许左、右两半轴以不同角速度旋转，以满足左、右两驱动轮在行驶过程中差速的需要。

(5) 半轴：将差速器传来的动力传给驱动轮，使驱动轮获得旋转的动力。

4.2.2 离合器常见故障诊断

1. 离合器的组成

离合器总成由离合器和离合器操纵机构组成。

目前汽车上普遍使用膜片弹簧离合器，如图 4-3 所示，这种离合器由主动部分、从动部分、压紧装置和操纵机构四个部分组成。离合器的主动部分包括飞轮、离合器总成(压盘和离合器盖)，离合器总成与飞轮连接如图 4-4 所示，飞轮通过螺栓将发动机动力传递给压盘，通过摩擦表面将动力传递给离合器从动盘。

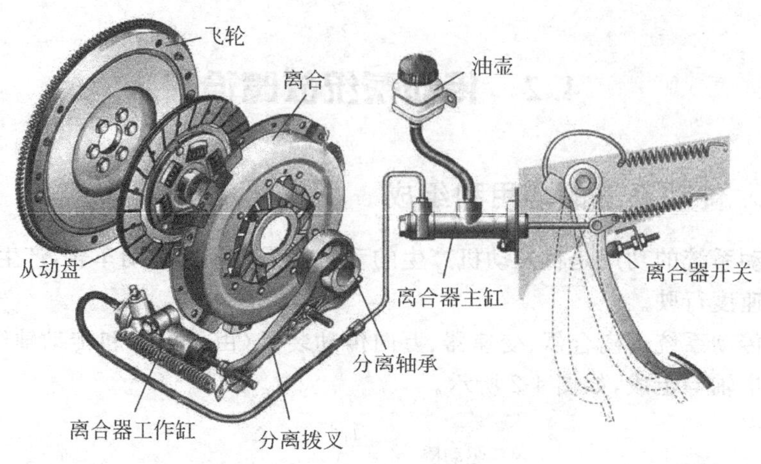

图 4-3 离合器总成的组成

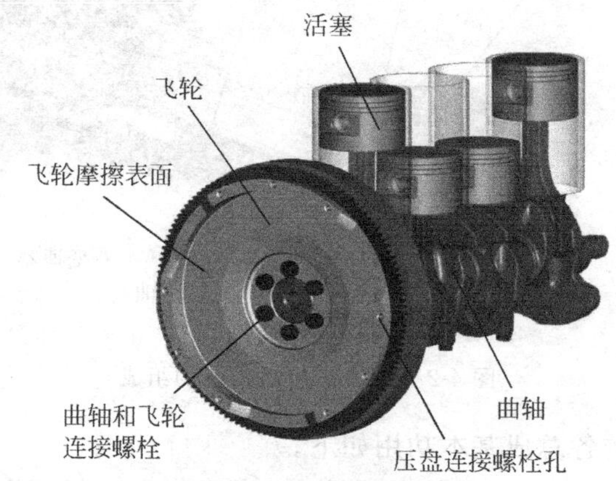

图 4-4 离合器与飞轮连接

离合器主缸如图 4-5(a)所示。离合器分离轴承和膜片弹簧之间的间隙为自由间隙，如图 4-5(b)所示，该间隙反映到脚踏板上即自由行程。离合器的自由行程可以在离合器主缸推杆上调整。离合器主缸也称为离合器总泵，它在离合器踏板的推力下产生油压。

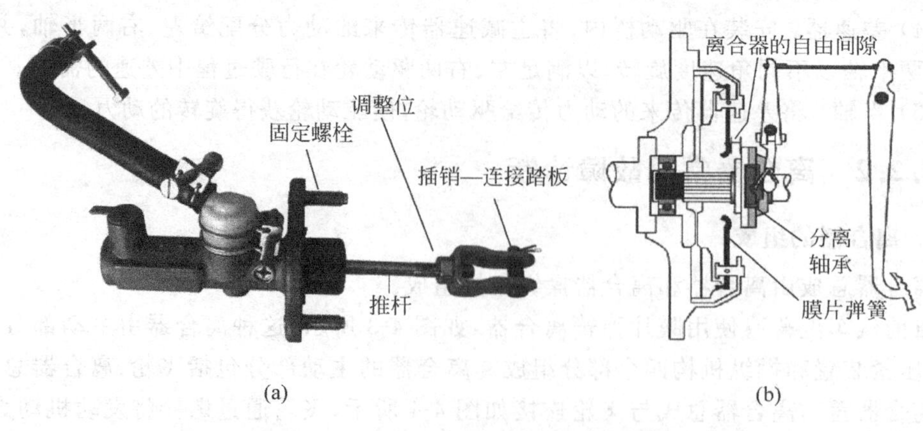

图 4-5 离合器主缸和离合器的自由间隙

离合器工作缸也叫分泵，如图4-6所示。它在主缸产生的油压下推动推杆移动。离合器工作缸上有排气螺塞，用于排放油液中的空气。

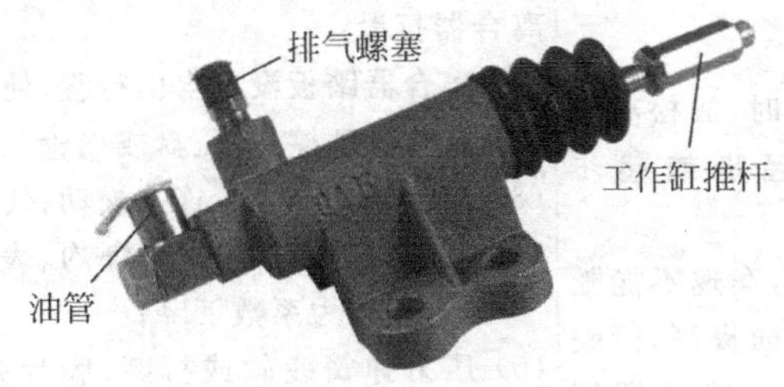

图4-6　离合器工作缸

2. 离合器常见故障分析

离合器常见故障现象及原因见表4-1。

表4-1　离合器常见故障现象及原因

序号	故障现象	故障原因
1	踩踏离合器踏板，踏板没感觉，不能挂挡	离合器不分离： (1) 没有离合器油液； (2) 离合器总泵有故障； (3) 离合器管路漏油； (4) 离合器分泵有故障； (5) 离合器拨叉变形或有故障； (6) 离合器片或压盘故障
2	踩踏离合器，踏板沉重，相对于其他同样车辆的离合器踏板力有明显差异	离合器踏板沉重： (1) 离合器踏板调整不当，踏板过高，且无自由行程； (2) 从动盘(摩擦片)总成磨损量大(磨损至摩擦片铆钉处)； (3) 离合器总泵、分泵、分离拨叉、分离轴承等发卡运动不灵活； (4) 飞轮工作面、压盘工作面磨损过大(磨损超过0.5mm)； (5) 分离指杆过量磨损(指端圆弧已经磨平)、分离轴承过量磨损(推力平面磨出凹弧)
3	(1) 离合器踏板踩到底时，离合器处于半接合状态，其从动盘没有完全与主动盘分离，换挡困难； (2) 挂低速挡时，离合器踏板尚未完全放松，汽车就有起步或发动机熄火的现象	离合器分离不彻底： (1) 离合器踏板行程过小，使离合器分离不彻底； (2) 从动盘翘曲、铆钉松脱，摩擦衬片松动； (3) 压盘受热变形翘曲； (4) 摩擦片弹簧弹力减弱或分离指端磨损过度； (5) 摩擦片弹簧分离指端不平齐； (6) 离合器操纵机构中拉索端头紧固螺栓松动或紧固螺栓失效； (7) 离合器操纵机构拉索发卡，离合器踏板踩不到底

续表

序号	故障现象	故障原因
4	(1) 汽车用低挡起步时，放松离合器踏板，不能起步或起步困难； (2) 汽车加速行驶时，车速不能随发动机转速升高而提高，行驶无力，产生焦煳味或冒烟等现象	离合器打滑： (1) 离合器踏板没有自由行程，使分离轴承压在分离杠杆上； (2) 从动盘摩擦片、压盘或飞轮工作面严重磨损； (3) 离合器盖与飞轮连接松动，使压紧力减弱； (4) 从动盘摩擦片油污、烧灼、表面硬化、铆钉外露，表面不平，摩擦力系数下降； (5) 压力弹簧疲软或折断，膜片弹簧疲劳或开裂，使压紧力下降； (6) 离合器操纵杆卡滞，分离轴承套筒与导管间油污、尘腻严重等，使分离轴承不能回位
5	起步发抖，用低速挡起步，按操作规程逐步放松离合器踏板，并徐徐踩下加速踏板，离合器不能平稳接合而使整车产生抖震现象	(1) 分离杠杆内端高度不处于同一平面； (2) 从动盘或压盘翘曲变形，飞轮工作端面的端面圆跳动严重； (3) 摩擦片厚度不均匀、油污、烧焦、表面不平整、表面硬化等； (4) 摩擦片压紧弹簧弹力不够、疲劳、折断； (5) 从动盘缓冲片破裂或弹簧疲劳、折断； (6) 发动机支架、变速器、飞轮、飞轮壳的固定螺栓松动； (7) 分离轴承套筒与导管油污、尘腻严重，使分离轴承不能回位； (8) 变速器一轴变形超限
6	汽车起步发抖或发闯	离合器接合不平顺： (1) 机械式离合器自由行程太大； (2) 新更换的摩擦片太厚或从动盘正反面装错； (3) 从动盘及压盘钢片翘曲，摩擦片破裂或铆钉松动； (4) 分离杠杆调整不当，使其内端不在同一平面； (5) 分离杠杆弯曲变形，支座松动，支座轴销脱出； (6) 离合器盖的固定螺栓部分松动； (7) 液压离合器的液压系统漏油，造成油量不足或有空气侵入
7	离合器异响，离合器分离或接合时，发出不正常的响声	(1) 分离轴承故障； (2) 分离轴承与分离杠杆内端之间无间隙； (3) 分离轴承套筒与导管之间油污、尘腻严重或分离轴承复位弹簧与踏板复位弹簧疲劳、折断、脱落，使分离轴承回位不佳； (4) 从动盘花键孔与花键轴配合松旷； (5) 从动盘减振弹簧退火、疲劳或折断； (6) 摩擦片铆钉松动或外露； (7) 双离合片传动销与中间压盘或压盘销孔磨损松旷

4.2.3 手动变速器常见故障诊断

1. 手动变速器的组成

手动变速器又称为机械式变速器，其组成如图 4-7 所示，其安装位置如图 4-8 所示。最常见的手动变速器多为 5 个挡位(4 个前进挡，1 个倒挡)，有的汽车采用六挡位变速器。手动变速器的主要功用是变速和变矩、中断动力传递和倒车。

图 4-7 手动变速器总成

图 4-8 手动变速器的安装位置

手动变速器包括齿轮传动机构和操纵机构，齿轮传动机构包括齿轮、轴、同步器等，操纵机构包括换挡杆、拨叉等。

变速器换挡时，驾驶员操纵换挡杆，换挡杆带动拨叉轴上拨叉移动，拨叉带动同步器结合套移动，完成换挡动作。换挡杆如图 4-9 所示，锁止机构如图 4-10 所示，手动变速器同步器如图 4-11 所示。

输出轴上各挡位齿轮通过轴承与输出轴连接，只有挂入相应挡位时，它们才能传递动力。例如，挂入 3 挡时，结合套向左移动，3 挡齿轮与结合套连接在一起，便可传递动力。手动变速器各挡齿轮如图 4-12 所示。

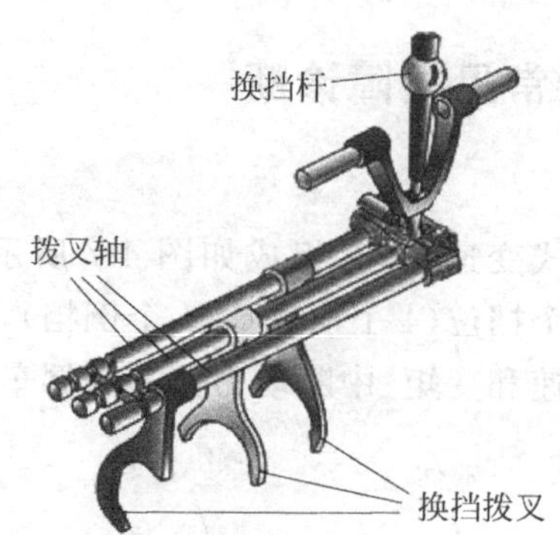

图 4-9 换挡杆

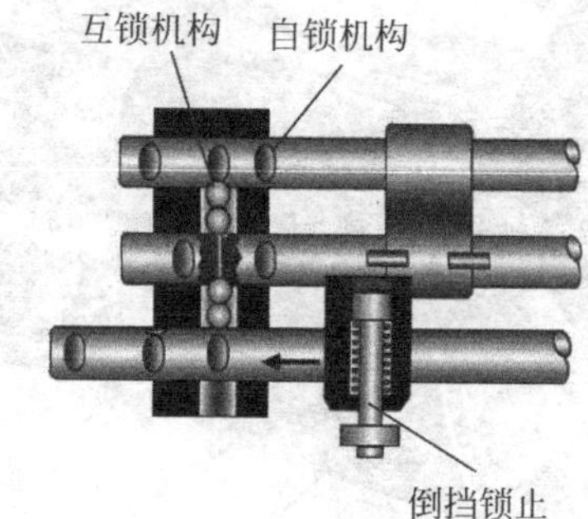

图 4-10 锁止机构

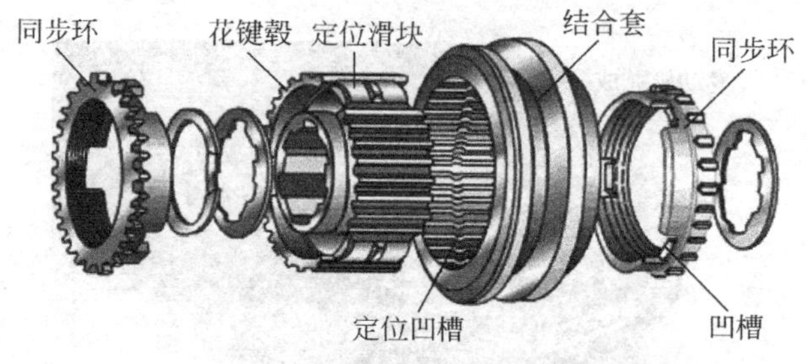

图 4-11 手动变速器同步器

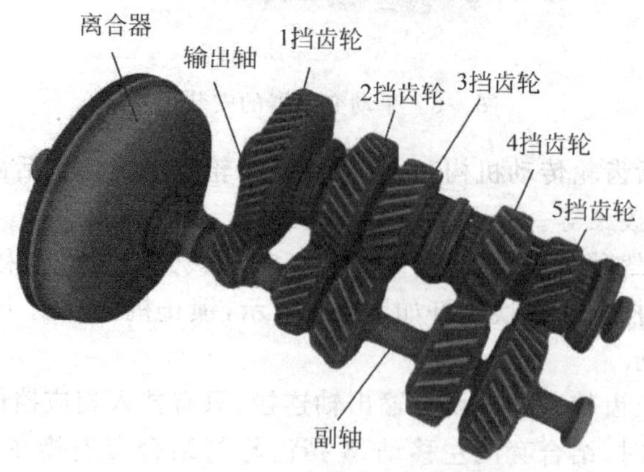

图 4-12 手动变速器各挡齿轮

2. 手动变速器常见故障分析

手动变速器的常见故障现象及原因见表4-2。

表4-2　手动变速器的常见故障现象及原因

序号	故 障 现 象	故 障 原 因
1	变速器周围出现齿轮润滑油,变速器齿轮箱的油量减少	变速器漏油: (1) 油封老化、磨损、变形; (2) 结合面变形或加工粗糙; (3) 壳体铸造缺陷或有裂纹; (4) 通气孔堵塞,造成变速器内压力过大; (5) 齿轮油加注过多; (6) 放油螺栓松动或密封性差
2	有异响,变速器工作时发出不正常的响声	(1) 齿轮磨损过多导致变薄,间隙过大,运转中有冲击; (2) 齿面啮合不良。例如,修理时没有成对更换齿轮; (3) 新、旧齿轮不搭配,齿轮不能正确啮合; (4) 齿面有金属疲劳剥落或个别齿损坏折断; (5) 齿轮与轴上的花键配合松旷,或齿轮的轴向间隙过大; (6) 轴弯曲或轴承松旷,引起齿轮啮合间隙改变; (7) 轴承磨损严重; (8) 轴承内(外)座圈与轴颈(孔)配合松动; (9) 轴承滚珠碎裂或有烧蚀麻点; (10) 变速器内缺油,润滑油过稀、过稠或变质; (11) 变速器内掉入异物; (12) 某些紧固螺栓松动; (13) 里程表的软轴或里程表的齿轮异响
3	跳挡:汽车在行驶中,尤其是在加速或爬坡时,变速杆自动跳回到空挡位置。跳挡一般发生在发动机中高速、负荷突然变化或车辆剧烈震动之时	(1) 变速杆的操纵机构变形或松旷; (2) 拨叉弯曲或磨损; (3) 同步器接合齿圈磨损; (4) 齿轮轴向间隙磨损过大; (5) 接合器与换挡器连接调整不当; (6) 自锁装置失效
4	乱挡: (1) 实际所挂挡位与所需挡位不符; (2) 一次能挂入两个挡位; (3) 原挡未退出,仍能挂入另一挡位	(1) 变速杆的操纵机构变形或连接松旷; (2) 变速杆的下端面磨损过大,造成长度不够; (3) 变速杆的手柄支撑球头座松旷; (4) 换挡互锁装置失效
5	卡挡:变速器的变速杆卡在某个挡位,无法回到空挡位置	(1) 拨叉开口销脱落; (2) 接合器变形; (3) 同步器滑块堵塞; (4) 某轴后端卡簧脱落

4.2.4　自动变速器常见故障诊断

1. 自动变速器的组成

装配自动变速器(见图4-13)的车辆没有离合器,换挡自动进行,不需要踩离合器,操作便捷,但自动变速器传动效率比手动变速器低。

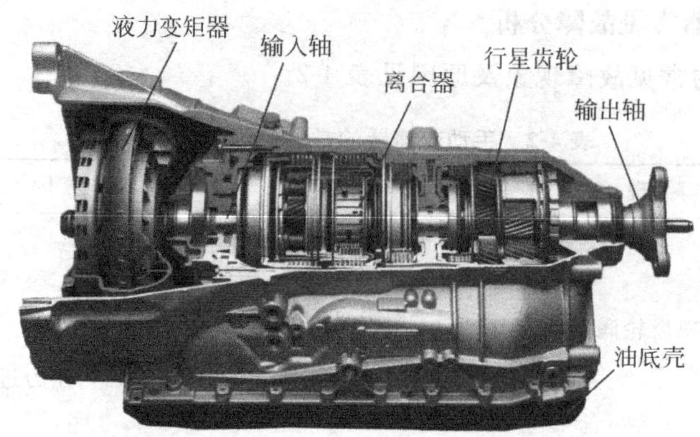

图 4-13 自动变速器

自动变速器采用了液力变矩器(见图 4-14),它除了具有离合器的作用,还可以利用液体流速传递转矩,实现无级变速。

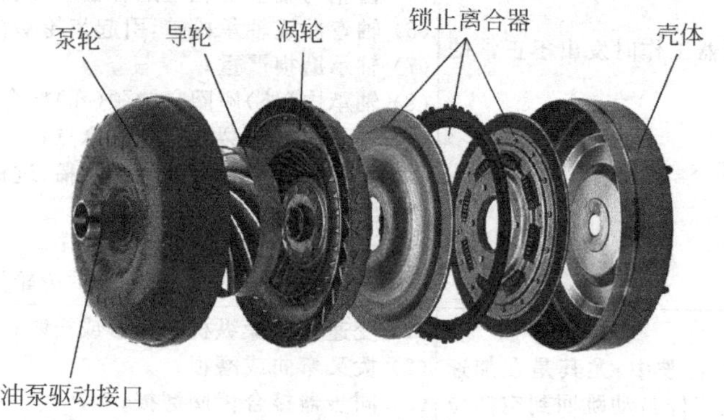

图 4-14 液力变矩器

2. 自动变速器的常见故障分析

自动变速器的常见故障现象及原因见表 4-3。

表 4-3 自动变速器的常见故障现象及原因

序号	故障现象	故障原因
1	自动变速器油温过高	ATF 油温过高: (1) 油底壳中液面位置过低; (2) 长期在大扭矩、大负载情况下工作; (3) 车辆长期处于等待状态时,制动踏板没有释放; (4) 主回路油压偏低,多片离合器、制动箍带或变矩器的锁止离合器处于打滑状态; (5) 油冷却器管路或单向阀污垢堵塞

续表

序号	故 障 现 象	故 障 原 因
2	换挡过程有明显冲击	换挡冲击： (1) 多片离合器或制动箍带因磨损而产生比较大的间隙，“飞车”或“丢速”引起换挡冲击； (2) 摩擦副的表面状态已变化； (3) 储能器活塞卡滞，峰值油压无法衰减； (4) 调压阀阀体卡滞
3	液控自动变速器的换挡点不准确	低挡换高挡时车速提前的原因： (1) 节气门开度阀联动的钢绳索调整过松，使开度阀弹簧预紧力偏小； (2) 真空压力调制器滑阀发卡； (3) 调速阀滑阀发卡
		抵挡换高挡时车速延迟的原因： (1) 主回路油压偏高； (2) 节气门开度阀联动的钢绳索调整过紧，使开度阀弹簧预紧力偏大； (3) 调速阀的单向阀座泄漏； (4) 真空压力调制器的真空管破裂或滑阀发卡； (5) 换挡阀滑阀发卡
	电控自动变速器的换挡点不准确	(1) 换挡规律开关选择不正确或损坏； (2) ECU 控制程序有故障； (3) 节气门位置传感器和车速传感器有故障或连接导线松脱； (4) 换挡电磁阀线圈故障或滑阀发卡
4	低速时动力明显不足(失速试验时，发动机转速偏高)	(1) 变矩器中导轮单项离合器已无法锁止，两个旋转方向均可自由转动； (2) 主回路油压偏低，多片离合器或制动箍带打滑
5	高速时动力不足	变矩器中导轮单项离合器的两个旋转方向均锁止
6	主回路油压偏低	(1) 液面高度偏低或滤油器堵塞； (2) 油泵磨损泄漏； (3) 液压回路中的密封环、单向阀座、活塞以及滑阀磨损、发卡引起泄漏； (4) 上下阀板的连接螺栓松动； (5) 节气门开度阀的联动钢绳索调节过松； (6) 真空压力调制器滑阀发卡； (7) 调压阀滑阀发卡； (8) 预紧弹簧断裂或升压阀发卡； (9) 压力控制电磁阀故障

续表

序号	故障现象	故障原因
7	换挡错位或输出轴不转	(1) 手动阀位置调整不准确或滑阀磨损泄漏； (2) 换挡电磁阀线圈故障或换挡阀发卡； (3) ECU 电源处于失电状态； (4) 主回路油压偏低； (5) 多片离合器或制动箍带打滑； (6) 单向或超越式离合器损坏； (7) 多片离合器活塞、伺服油缸活塞以及换挡阀发卡，使它们无法作用或释放
8	冷车时工作正常，热车时工作失常	油底壳垃圾过多，工作时间长引起进油滤清器堵塞；停车时沉积物下落又恢复正常
9	发动机起步颤抖或熄火	(1) 变矩器的锁止离合器活塞烧结，已无法分离； (2) 变矩器锁止阀发卡
10	变矩器的锁止离合器工作时有明显冲击	(1) 锁止离合器的扭振弹簧已损坏； (2) 占空比电磁阀不起作用

4.3 行驶系统故障诊断

4.3.1 行驶系统的功用和组成

1. 汽车行驶系统的功用

(1) 接受发动机经传动系统传来的力矩，利用驱动车轮与路面之间的附着作用产生驱动力来保证汽车行驶。

(2) 支撑全车并承受和传递各种力、力矩。

(3) 缓和冲击、衰减振动，保证汽车行驶的平顺性。

(4) 保证车轮相对车架的运动轨迹，实现汽车行驶方向的正确控制，保证汽车操纵稳定性。

2. 汽车行驶系统的组成

轮式汽车行驶系统由车架(或承载式车身)、车桥、车轮和悬架组成，如图 4-15 所示。

车架是全车的装配基础，它将发动机、变速器等相关总成连成一个整体。车架要有足够的强度和适当的刚度，以便承受各种力矩，如图 4-16 所示。

承载式车身也称为无梁式车架，如图 4-17 所示。这种车身代替车架，发动机、变速器等总成都安装在车身上。车身需要代替车架承受各种力矩，所以在车身上有很多加强梁。

普通汽车有前桥和后桥，车桥通过悬架与车架相连，两端安装车轮。按作用的不同，车桥可分为转向桥、驱动桥、转向驱动桥(见图 4-18)和支持桥。普通前驱轿车的前桥为转向驱动桥，后桥为支持桥。后驱轿车，前桥为转向桥，后驱为驱动桥。

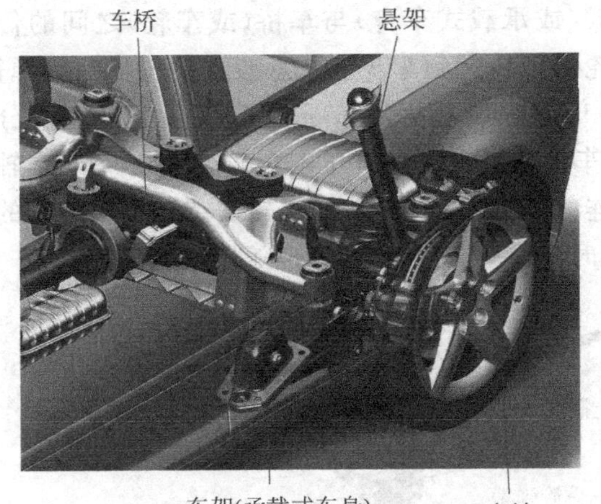

图 4-15　轮式汽车行驶系统

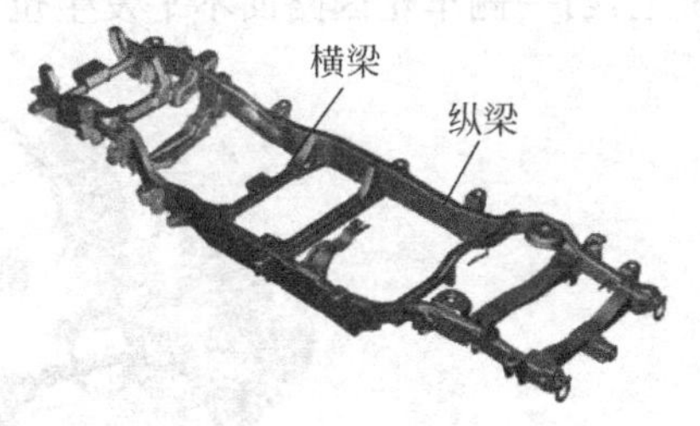

图 4-16　车架

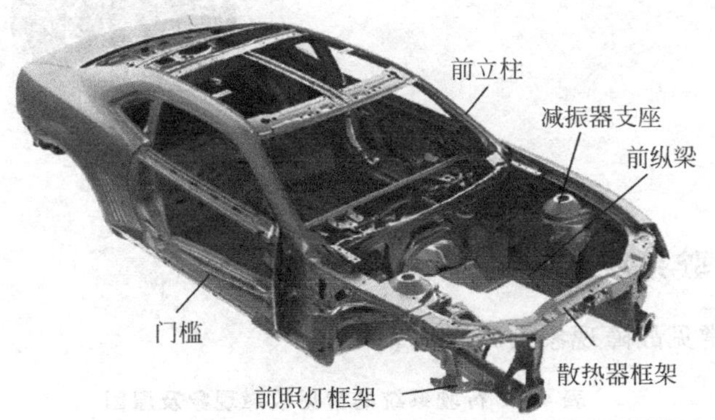

图 4-17　承载式车身

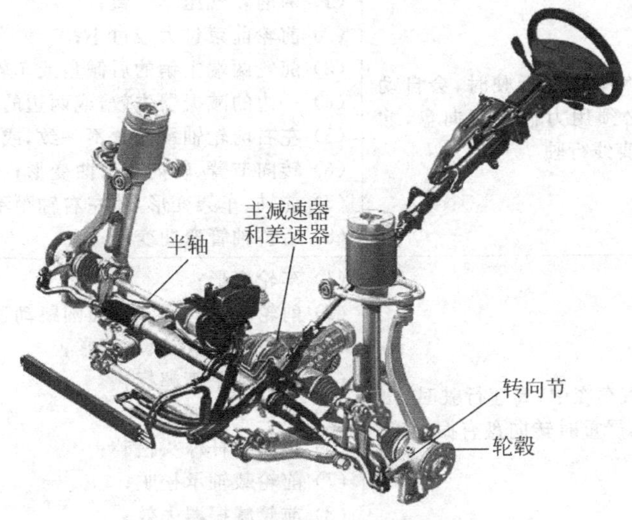

图 4-18　转向驱动桥

悬架就是“悬起来的架子”，它是在车架(或承载式车身)与车桥(或车轮)之间的传力装置。悬架能抑制振动，把路面作用于车轮的力传递到车身上。悬架主要包括螺旋弹簧、减振器、横向稳定杆和摆臂等组成，如图 4-19 所示。根据汽车导向机构不同，悬架可分为独立悬架和非独立悬架。独立悬架两侧的车轮分别安装在断开式的车轴两端，每段车轴和车轮单独通过弹性元件与车架(或车身)相连；非独立悬架两侧的车轮安装在一根整体的车桥上，当一侧车轮因路面不平发生位置变化时，另一侧车轮的位置也随之发生变化。

图 4-19 悬架

4.3.2 行驶系统常见故障诊断

行驶系统的常见故障现象及原因见表 4-4。

表 4-4 行驶系统的常见故障现象及原因

序号	故障现象	故障原因
1	行驶跑偏：汽车直线行驶时，会自动偏向一边，必须用力握住转向盘，才能保持车辆直线行驶	(1) 两前轮气压不一致； (2) 前轮前束过大或过小； (3) 前轮两端主销的后倾角或车轮的外倾角不相等； (4) 一边的减振器失效，或两边的减振弹力不一致； (5) 左右前轮轴承松紧不一致，或一边制动拖滞； (6) 转向节臂、转向节弯曲变形； (7) 前轴、车架变形，使左右轴距不相等； (8) 后桥轴管弯曲变形
2	前轮摆振：汽车在中、高速行驶时，出现行驶不稳，严重时转向盘有振动感	(1) 车轮变形； (2) 前轮的径向圆和端面圆跳动过大； (3) 前轮倾角、前束不正常； (4) 前轮动平衡超标； (5) 前梁车架变形； (6) 转向拉杆球头松旷； (7) 前轮毂轴承松旷； (8) 前轮减振器失效； (9) 传动轴不平衡

续表

序号	故障现象	故障原因
3	车辆行驶在不平路面时,乘员感觉颠簸,振动较大,底盘响声较大,乘坐不舒适	(1) 轮胎气压过高; (2) 四轮磨损过度; (3) 四轮动平衡失常; (4) 传动轴不平衡; (5) 悬架连接橡胶件老化; (6) 减振弹簧刚度不足; (7) 减振器漏油、失效

4.4　转向系统故障诊断

4.4.1　转向系统的功用和组成

汽车转向系统的功用是改变和保持汽车的行驶方向。

汽车转向系统包括转向操纵机构、转向器和转向传动机构三个基本组成部分,如图 4-20 所示。

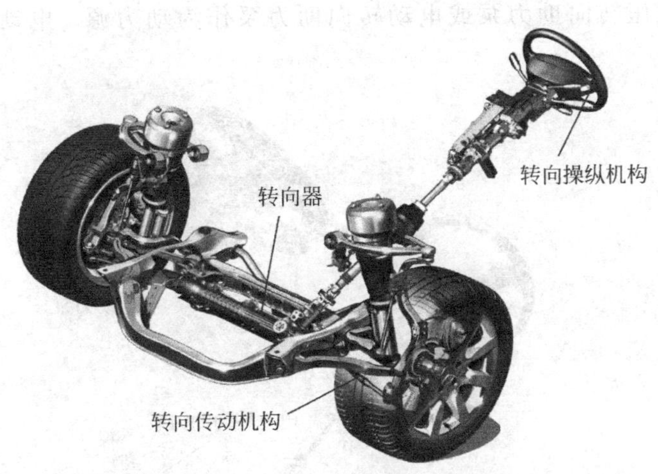

图 4-20　汽车转向系统

转向器能增大驾驶员施加到转向盘上的力,并改变转向力的传递方向。齿轮齿条式转向器具有结构简单、轻巧、杆件少、操作灵敏等优点。目前轿车普遍采用齿轮齿条式转向器,如图 4-21 所示。

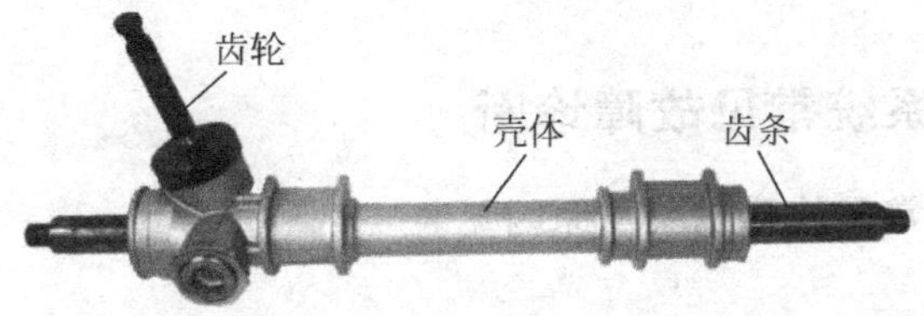

图 4-21　齿轮齿条式转向器

轿车转向节臂与转向节做成一体，转向节臂连接横拉杆，带动转向轮偏转，实现转向功能，如图 4-22 所示。为了衰减道路传给转向盘的冲击和振动，稳定汽车行驶方向，许多轿车安装了转向减振器。

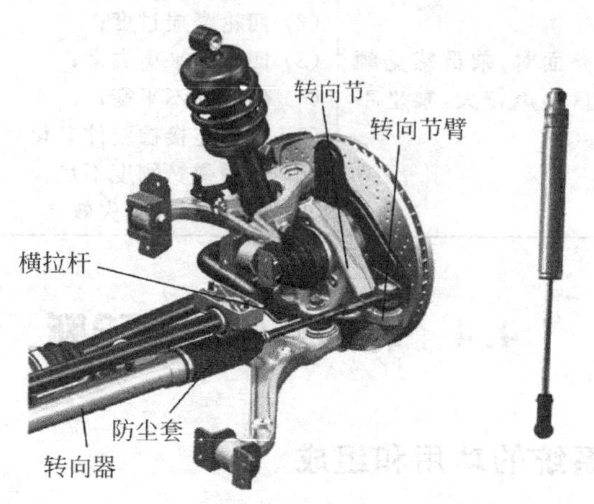

图 4-22　转向节臂

转向助力协助驾驶员调整汽车行驶方向，减轻驾驶员用力的强度。助力转向系统采用曲轴带动的液压转向助力泵或电动转向助力泵作为动力源。电动助力转向系统如图 4-23 所示。

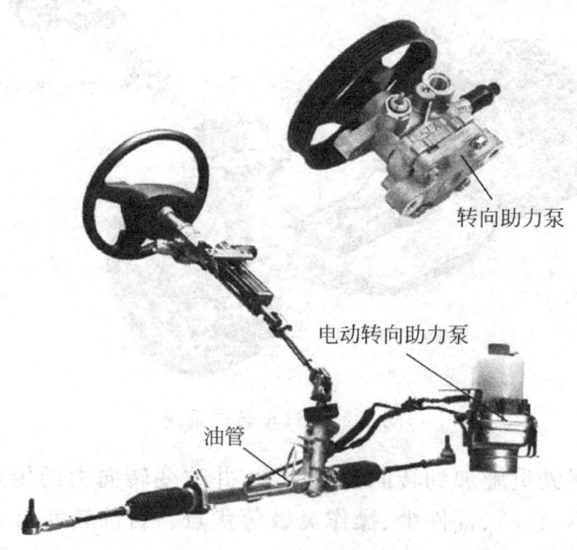

图 4-23　电动助力转向系统

4.4.2　转向系统常见故障诊断

机械转向系统的常见故障现象及原因见表 4-5。

表 4-5　机械转向系统的常见故障现象及原因

序号	故 障 现 象	故 障 原 因
1	转向失灵：行驶中转动转向盘，车辆没有转向，或转向缓慢；转向不明显；转向不符合驾驶意图	(1) 转向柱万向节脱落或松旷； (2) 转向机总成损坏，脱齿松旷； (3) 转向拉杆球头脱落，松旷； (4) 轮毂轴承间隙过大
2	转向沉重： (1) 汽车行驶中驾驶人向左、右转动转向盘时，感到沉重费力，无回正感； (2) 当汽车以低速转弯行驶或掉头时，转动转向盘非常吃力，甚至打不动	(1) 前轮轮胎气压不足； (2) 转向节与主销配合过紧或缺油； (3) 纵、横拉杆球头连接调整过紧或缺油； (4) 转向器主动部分轴承预紧力太大或从动部分与衬套配合太紧； (5) 转向器主、从动部分的啮合调整得太紧； (6) 转向器无油或缺油； (7) 转向节止推轴承缺油或损坏； (8) 转向器转向轴弯曲或其套管凹瘪造成刮碰； (9) 主销后倾过大、主销内倾过大或前轮负外倾； (10) 前梁、车架变形造成前轮定位失准
3	转向盘自由行程过大：汽车保持直线行驶位置静止不动时，轻轻来回晃动转向盘，感到游动角度很大	(1) 转向器内主、从动啮合部位松旷或主、从动部分的轴承松旷； (2) 转向器垂臂轴与垂臂连接部位松旷； (3) 纵、横拉杆球头连接部位松旷； (4) 纵、横拉杆臂与转向节的连接部位松旷； (5) 转向节与主销松旷； (6) 轮毂轴承松旷
4	行驶跑偏：汽车行驶中自动跑向一边，必须用力把住转向盘才能保持直线行驶	(1) 两前轮轮胎气压不等、直径不一或车箱装载不均； (2) 左右两架前钢板弹簧挠度不等或弹力不一； (3) 前梁、后轿轴管或车架发生水平平面内的弯曲； (4) 车架两边的轴距不等； (5) 两前轮轮毂轴承或轮毂油封的松紧度不一； (6) 前、后桥两端的车轮有单边制动或单边拖滞现象； (7) 两前轮外倾角、主销后倾角或主销内倾角不等； (8) 前轮前束太大或负前束
5	前轮摆振：汽车在某低速范围内或某高速范围内行驶时，有时出现两前轮各自围绕主销进行角振动的现象，通常称为前轮摆头。尤其是高速摆头时，两前轮左右摆振严重，握转向盘的手有麻木感，甚至在驾驶室内可看到整个车头晃动	(1) 前轮旋转质量(包括轮胎、轮辋、制动鼓或盘、轮毂等)不平衡； (2) 前轮径向圆或端面圆跳动太大； (3) 前轮使用翻新胎； (4) 前轮外倾角太小、前束太大、主销负后倾或主销后倾角太大； (5) 两前轮的主销后倾角或主销内倾角不一致； (6) 前梁或车架弯、扭变形； (7) 转向系统与前悬挂的运动互相干涉； (8) 转向系统(如横拉杆、横拉杆臂、垂臂等)刚度太低； (9) 转向机的主、从动部分晴合间隙或轴承间隙太大；

续表

序号	故障现象	故障原因
5	前轮摆振：汽车在某低速范围内或某高速范围内行驶时，有时出现两前轮各自围绕主销进行角振动的现象，通常称为前轮摆头。尤其是高速摆头时，两前轮左右摆振严重，握转向盘的手有麻木感，甚至在驾驶室内可看到整个车头晃动	(10) 转向机的垂臂与其轴配合松旷； (11) 纵、横拉杆球头连接松旷； (12) 转向节与主销配合松旷或转向节与前梁拳形部沿主销轴线方向配合松旷； (13) 前轮轮毂轴承松旷； (14) 转向机在车架上的连接松动； (15) 前悬挂减振器失效或左、右两边减振器效能不一； (16) 左、右两架前悬挂高度或刚度(钢板弹簧表现在厚度、长度、片数、弧高或新旧程度等方面)不一； (17) 前钢板弹簧的 U 形螺栓松动或钢板销与衬套配合松旷； (18) 道路不平度太大，路面对车轮的冲击频率与前梁角振动的固有频率一致时，在陀螺仪效应的影响下，引起前轮摆头
6	单边转向不足：汽车左右转向时，出现某一边转向角过小；左右转弯量明显不均，一边转弯半径大，一边转弯半径小	(1) 转向传动机件变形； (2) 转向角限位螺栓调整不当； (3) 转向垂臂不在中间位置； (4) 横直拉杆变形或长度调整不当； (5) 转向齿轮在齿条上的位置不居中
7	转向无回正功能：转弯后，松开转向盘，转向不能自动回位到中间位置	(1) 轮胎气压过低； (2) 拉杆球头过紧，或润滑不良； (3) 转向螺杆轴承过紧； (4) 前轮定位失准； (5) 齿条啮合间隙过大； (6) 转向器不在中间位置； (7) 转向柱与柱管摩擦； (8) 前桥悬挂轴承过紧

4.5 制动系统常见故障诊断

4.5.1 常规制动系统故障诊断

1. 常规制动系统的功用和组成

汽车制动系统的功用是：使行驶中的汽车按照驾驶员的要求进行强制减速或停车；使已经停驶的汽车在各种道路条件下稳定驻车；使下坡行驶的汽车速度保持相对稳定。汽车制动系统包括行车制动系统(脚刹)和驻车制动系统(手刹)。

汽车制动系统一般由制动操纵机构和制动器两个主要部分组成。行车制动系统组成如图 4-24 所示。

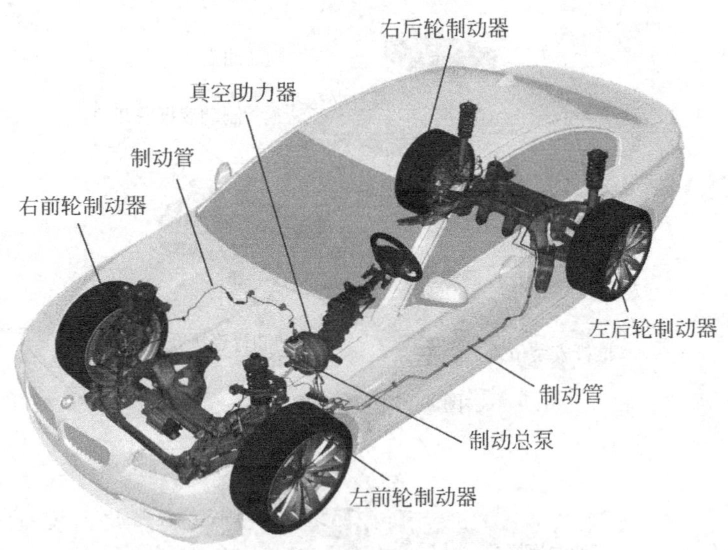

图 4-24　行车制动系统组成

盘式制动器如图 4-25 所示，鼓式制动器如图 4-26 所示，制动器主缸如图 4-27 所示，制动器轮缸如图 4-28 所示。

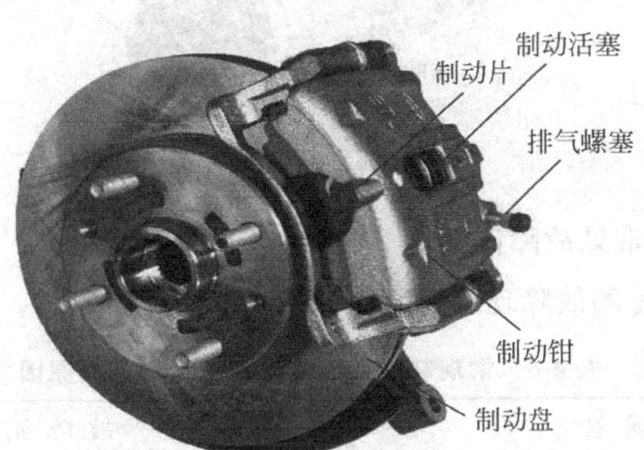

图 4-25　盘式制动器

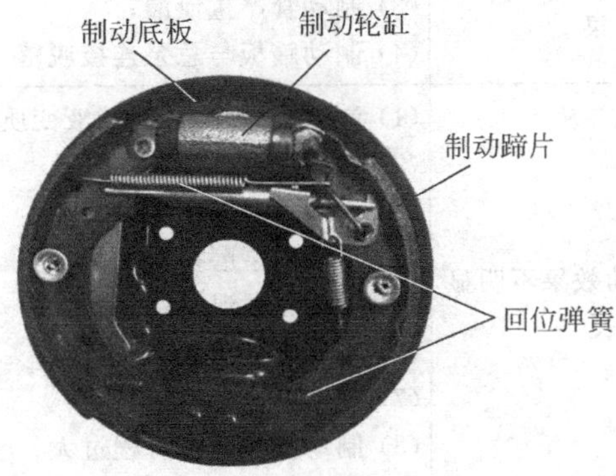

图 4-26　鼓式制动器

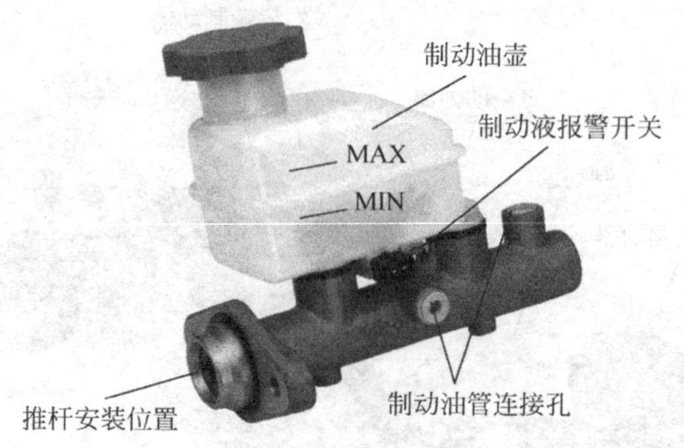

图 4-27 制动器主缸

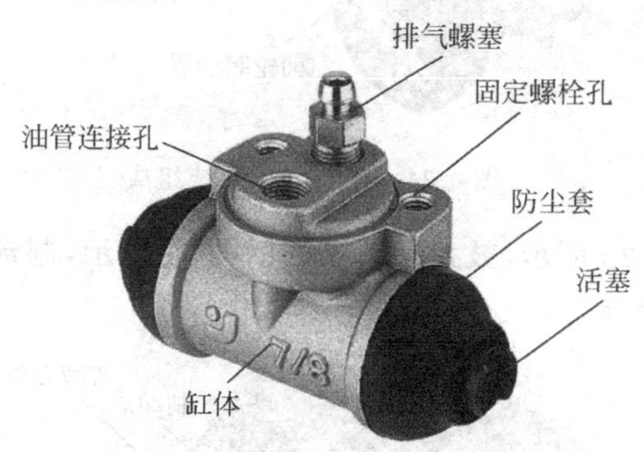

图 4-28 制动器轮缸

2. 常规制动系统常见故障诊断

常规制动系统常见的故障现象及原因见表 4-6。

表 4-6 常规制动系统常见的故障现象及原因

序号	故障现象	故障原因
1	制动失效：汽车行驶过程中，将制动踏板踩下，汽车不能减速，连续踩踏也完全无制动效果	(1) 制动液不足或严重缺少； (2) 制动总泵有故障、泄漏或损坏； (3) 制动管严重泄漏； (4) 制动踏板与总泵连接脱落
2	制动不灵： (1) 汽车制动时，制动效果不明显 (2) 紧急制动距离过长	(1) 制动液缺乏，或制动液变质； (2) 制动管路系统有空气； (3) 制动液泄漏； (4) 制动总泵磨损； (5) 制动分泵泄漏； (6) 制动摩擦片磨损、脏污； (7) 制动摩擦片间隙过大； (8) 制动踏板自由行程过大

续表

序号	故 障 现 象	故 障 原 因
3	制动拖滞： (1) 行驶过程中，制动后抬起制动踏板，个别或全部车轮不能完全解除制动状态； (2) 行驶一段时间后，制动鼓有发热现象	(1) 制动踏板无自由行程； (2) 制动踏板回位弹簧不良； (3) 制动总泵主缸回位不良； (4) 制动片制动间隙调整过小； (5) 制动片回位弹簧不良或脱落； (6) 制动油管变形，脏堵，回油困难； (7) 制动鼓、制动片变形，回位困难
4	制动跑偏：制动时，左右轮制动效能不一样，致使车辆向一边偏行	(1) 一侧制动轮分泵漏油，或有故障； (2) 一侧制动摩擦片磨损、脏污、变形； (3) 一侧制动油管泄漏； (4) 两侧轮胎气压不一致，轮胎磨损程度不一致； (5) 制动力分配不良； (6) 四轮定位不良； (7) 左右悬架不一致
5	制动踏板异常： (1) 制动踏板硬； (2) 制动踏板软； (3) 制动踏板下沉； (4) 制动踏板不回位； (5) 制动踏板异响	(1) 真空助力器故障，或无真空，踩制动踏板时很硬； (2) 总泵主缸密封皮碗泄漏，油路有泄漏，踏板会下蹭； (3) 总泵主缸活塞磨损、拉缸，会引起踏板不回位； (4) 制动系统进空气，制动液变质，有气体，会出现制动踏板发软； (5) 制动踏板机构连接处干涩、发卡，会产生制动踏板异响
6	制动车身发抖：制动时，感到车身抖动，制动异响	(1) 制动片磨损、脏污； (2) 制动片不规则变形； (3) 制动盘变形、磨损不平、起槽、异常； (4) 制动器变形
7	制动器噪声：制动时，制动片发出尖锐刺耳的噪声	(1) 制动片质量问题； (2) 制动片不平； (3) 制动盘或制动鼓磨损不平； (4) 制动器元件装配不良、脱落、松旷

4.5.2 ABS 制动系统故障诊断

1. ABS 制动系统的功用和组成

如果车轮在行驶中抱死，制动距离将变长，车轮将失去转向能力。为了防止车轮在制动时抱死，目前汽车都将制动防抱死系统(ABS)作为汽车的标配。

ABS 制动系统主要由轮速传感器、电子控制单元和制动压力调节器组成。

轮速传感器不断将检查到的轮速信号转换为电子信号传给 ABS 的电子控制单元。电子控制单元经运算后发出控制指令给制动压力调节器，调节各车轮的制动压力。在汽车制动时，ABS 系统自动控制制动器的制动力大小，使车轮不被抱死，处于边滚边滑(滑移率在 20%左右)的状态，以保证车轮与地面的附着力在最大值。ABS 的制动压力调节器如图 4-29 所示。

图 4-29 ABS 的制动压力调节器

2. ABS 制动系统的常见故障诊断

ABS 制动系统的常见故障现象及原因见表 4-7。

表 4-7 ABS 制动系统的常见故障现象及原因

序号	故障现象	故障原因
1	汽车行驶中,ABS 警告灯一直点亮	(1) ABS 控制单元型号不对或未匹配; (2) 轮速传感器信号不良; (3) ABS 电路有故障; (4) 刹车片磨损超过极限
2	汽车行驶中,ABS 警告灯偶尔点亮	(1) 轮速传感器信号不良; (2) ABS 电路有接触不良故障

4.6 汽车底盘故障诊断与排除

4.6.1 手动变速器挂挡困难故障诊断与排除

1. 故障现象

变速器不能顺利挂入任何挡位。

2. 故障诊断

手动变速器挂挡困难的故障诊断与排除方法见图 4-30。

4.6.2 轮胎异常磨损故障诊断与排除

1. 故障现象

轮胎异常磨损。

2. 故障诊断

轮胎异常磨损故障的诊断与排除方法见图 4-31。

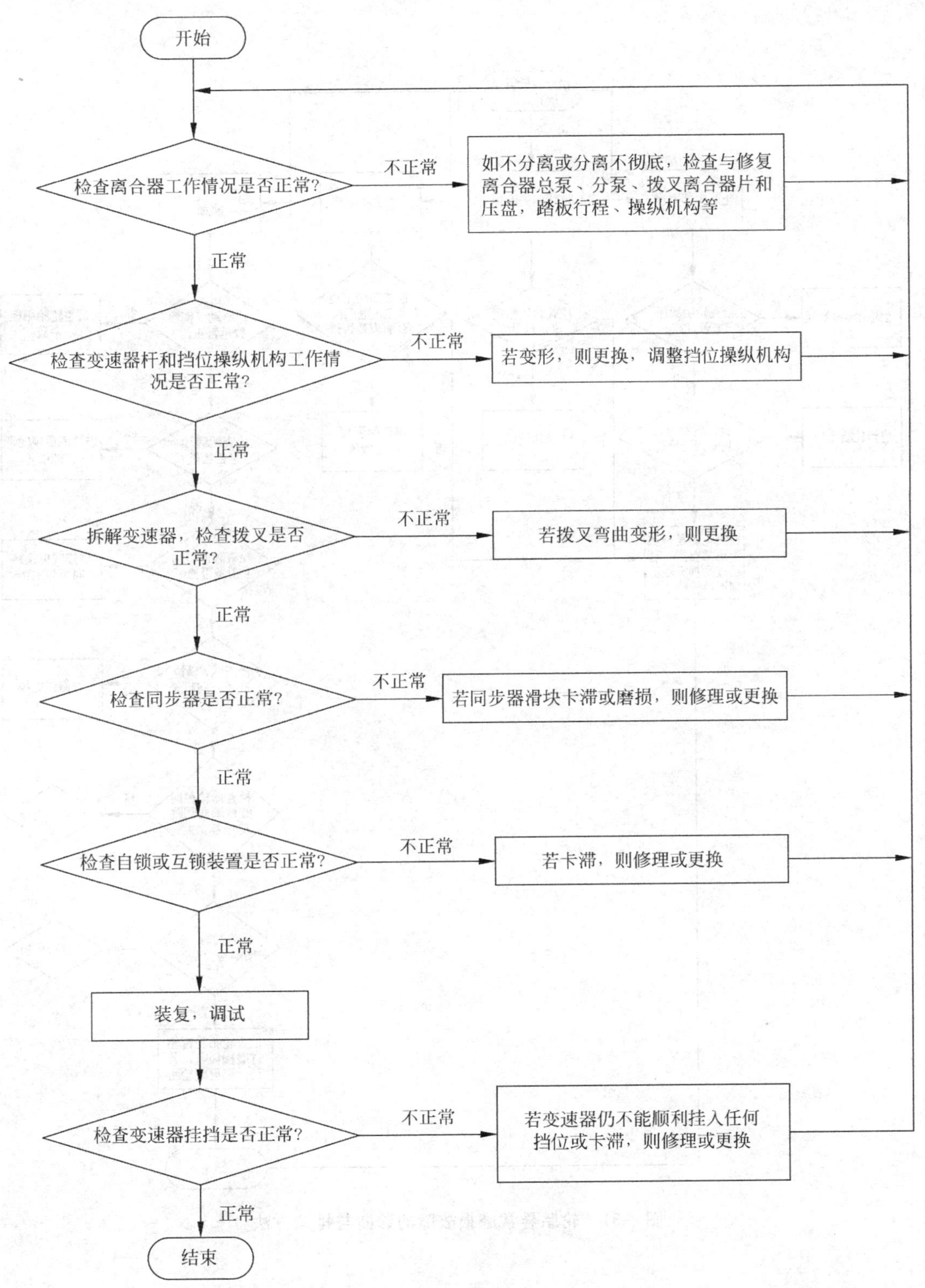

图 4-30　手动变速器挂挡困难的故障诊断与排除方法

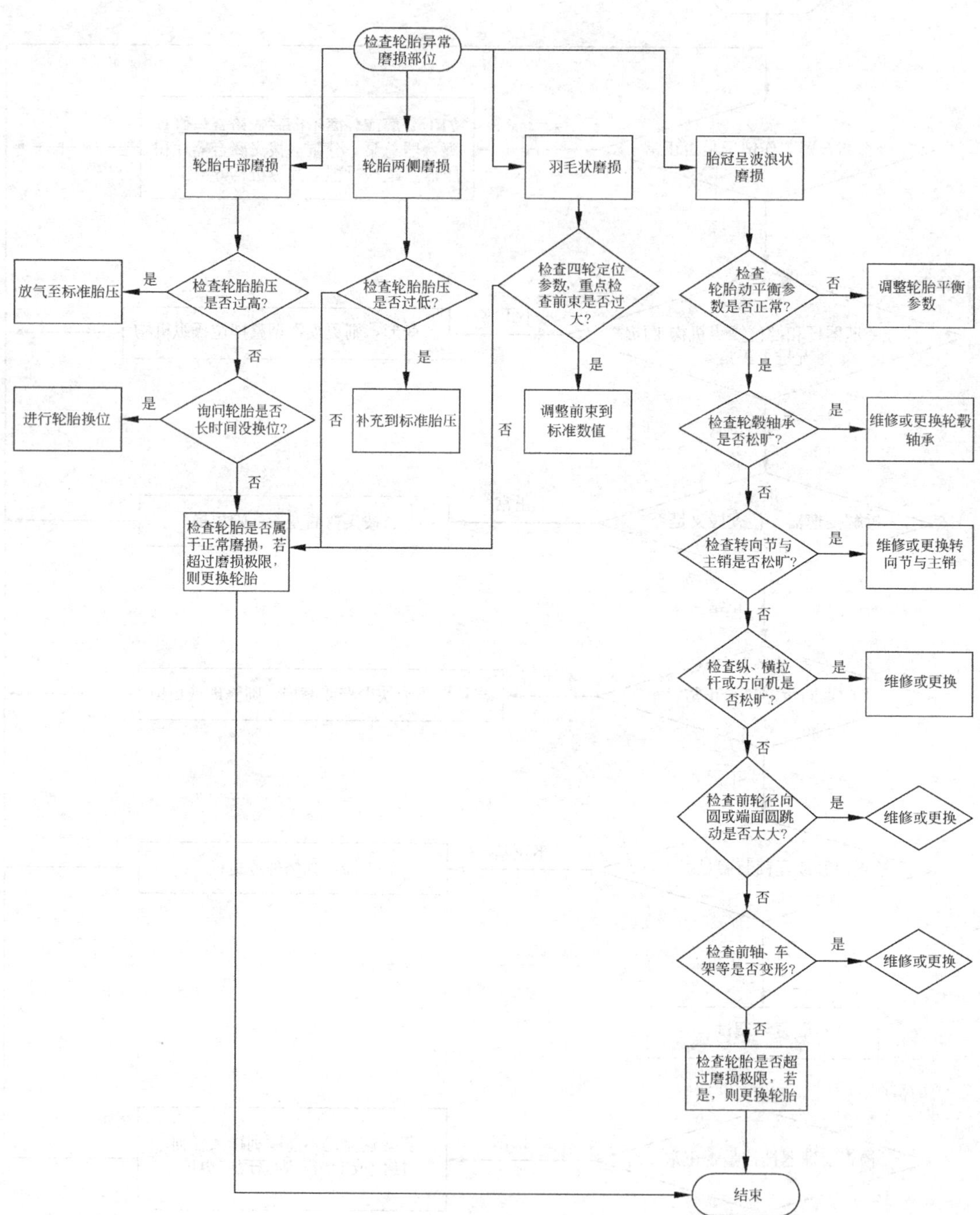

图 4-31　轮胎异常磨损故障的诊断与排除方法

4.6.3 汽车转向沉重故障诊断与排除

1. 故障现象

采用液压助力转向系统的某汽车，在行驶中打方向盘，感到转向沉重，甚至打不动，无回正感。

2. 故障诊断

液压助力转向系统汽车转向沉重故障的诊断与排除方法见图 4-32。

4.6.4 汽车行驶跑偏故障诊断与排除

1. 故障现象

当汽车在行驶中有向一侧或另一侧“跑偏”采趋势时，驾驶员需要持续地向相反的方向转动方向盘，以维持汽车直线行驶。缓慢跑偏是指在汽车行驶中，驾驶员松开方向盘后，方向盘轻微地偏向右方或左方，方向的改变很轻微。

2. 故障诊断

1）汽车行驶跑偏原因分析

(1) 两前轮轮胎气压不等、磨损程度不同，导致车轮滚动半径不等，汽车行驶时将自动向车轮滚动半径小的一侧跑偏。

(2) 两前轮轮胎规格、牌号不一致，造成车轮半径不等、滚动阻力不等，汽车向轮半径小、滚动阻力大的一侧跑偏。

(3) 两前轮轮毂轴承预紧度不等。若一侧车轮轮毂轴承调整过紧，该车轮行驶阻力较大，汽车向轮毂轴承过紧的一侧跑偏。

(4) 汽车存在单边制动拖滞现象。制动解除后，存在制动拖滞的车轮行驶阻力很大，汽车会向这一侧跑偏。

(5) 前悬架两侧减振弹簧弹力不等。汽车重心向减振弹簧较软的一侧偏移，车身倾斜，行驶过程中汽车将向该侧跑偏。

(6) 悬架减振器的工作性能存在较大差异，汽车将向减振器漏油或失效的一侧跑偏。

(7) 两前轮定位参数不一致。

(8) 车辆两侧前后轮轮距不相等，汽车行驶时有转弯的趋势，向轮距较小的一侧跑偏。

(9) 车架、下控制臂变形，连接松动，橡胶衬套损坏等，破坏了零部件之间正确的装配关系。

2）汽车行驶跑偏故障诊断与排除

汽车行驶跑偏故障诊断与排除方法如图 4-33 所示。

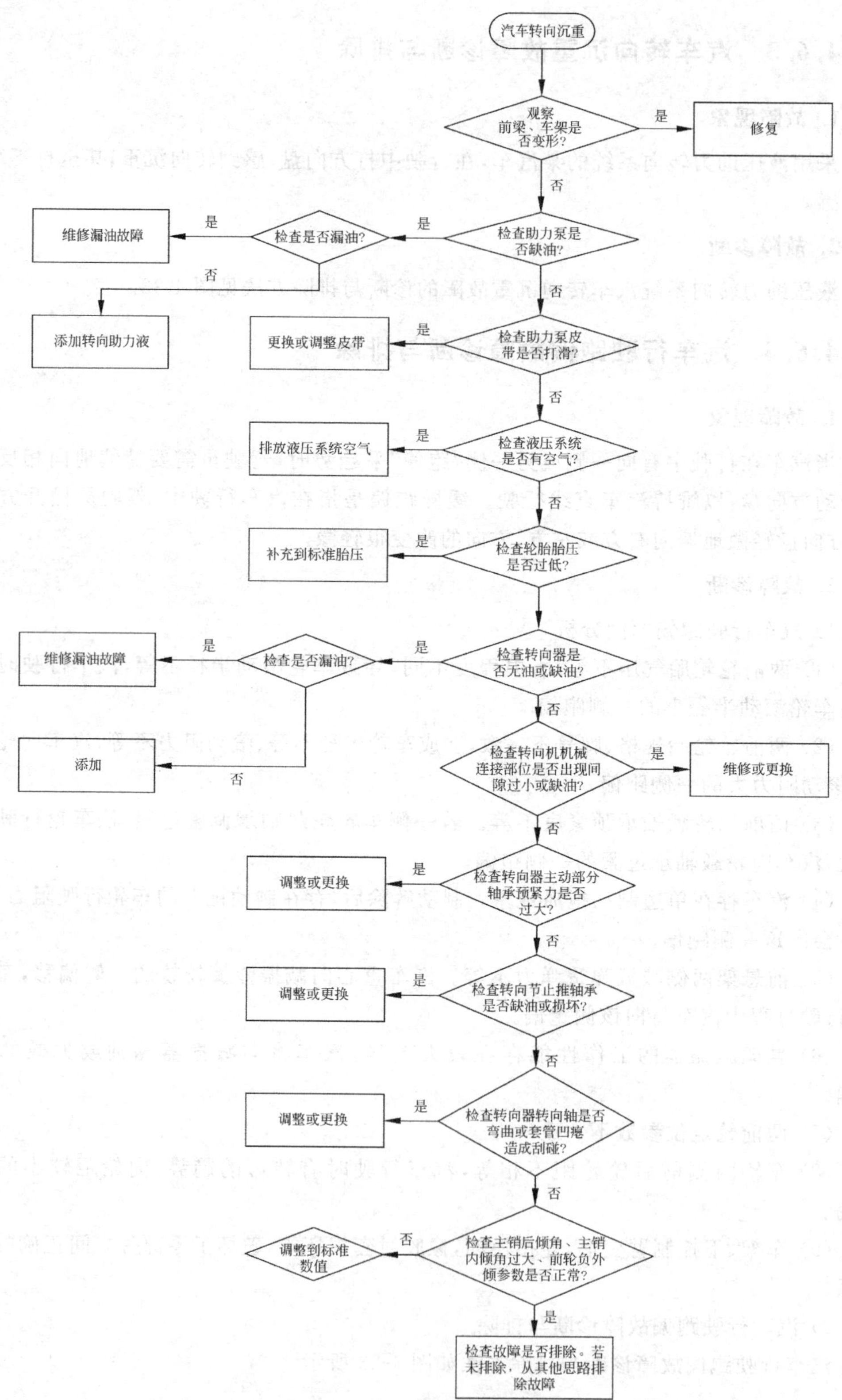

图 4-32 液压助力转向系统汽车转向沉重故障的诊断与排除方法

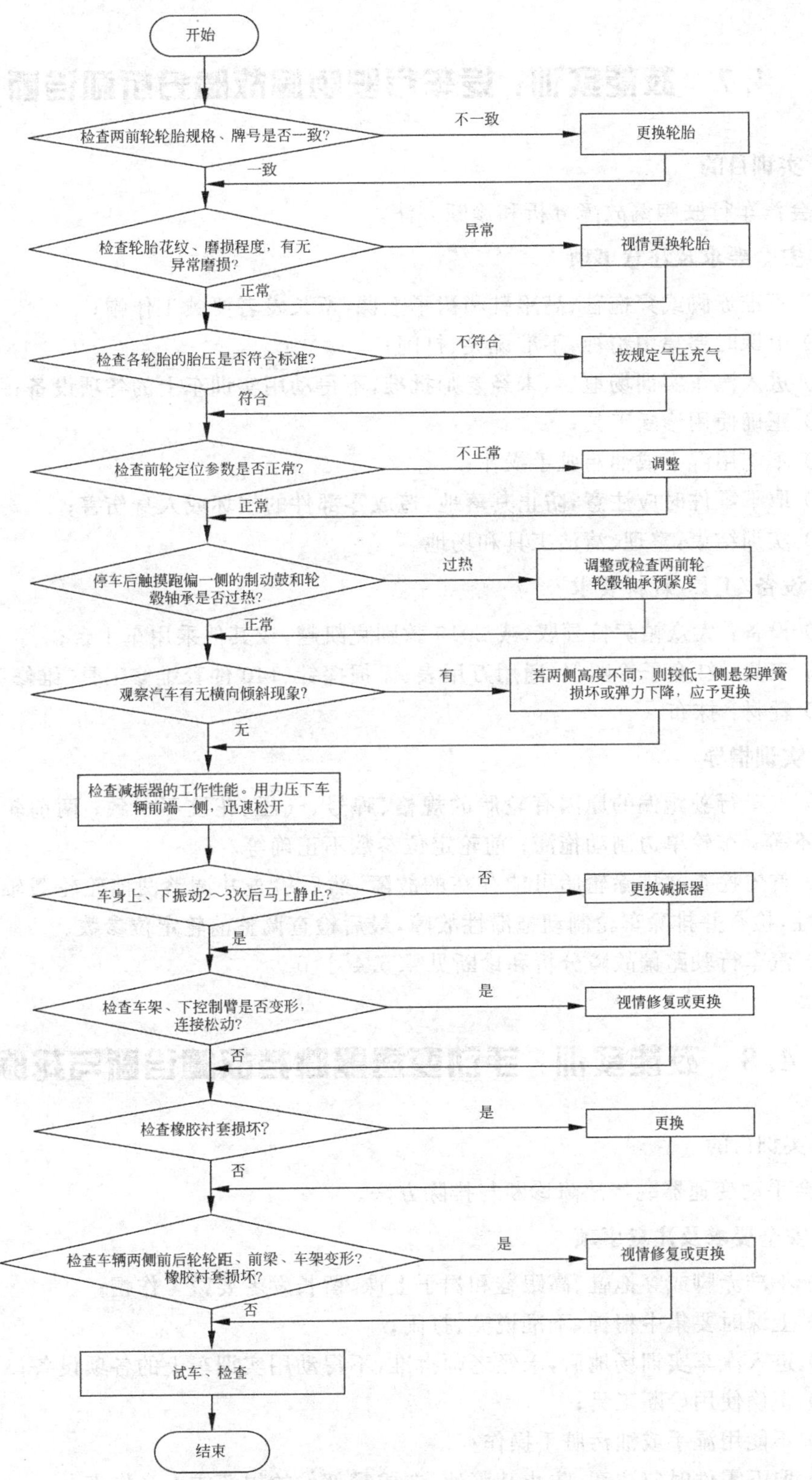

图 4-33　汽车行驶跑偏故障诊断与排除方法

4.7 技能实训：汽车行驶跑偏故障分析和诊断

1. 实训目的

学会汽车行驶跑偏故障分析和诊断方法。

2. 安全要求及注意事项

(1) 不准赤脚或穿拖鞋、高跟鞋和裙子上课，留长发者要戴工作帽；

(2) 上课时要集中精神，不准说笑、打闹；

(3) 进入汽车实训场地后，未经老师批准，不得动用实训车上的各项设备；

(4) 正确使用诊断工具；

(5) 不能用湿手或油污脏手操作；

(6) 取下零件时应注意，防止其落地，造成零部件的损坏或人身伤害；

(7) 实训结束，整理、清洁工具和场地。

3. 设备/工具/耗材要求

(1) 设备：大众帕萨特领驭，或2010款别克凯越，或其他乘用车1台；

(2) 工具：红盒子诊断仪、通用万用表、无损探针、140件套维修工具、维修手册；

(3) 耗材：抹布。

4. 实训指导

(1) 汽车行驶跑偏的原因有轮胎的规格、牌号、气压、花纹不一致；两前轮轮毂轴承预紧度不等；车轮单边制动拖滞；前轮定位参数不正确等。

(2) 首先检查并排除轮胎可能存在的故障，然后检查并调整两前轮轮毂轴承预紧度的一致性，检查并排除车轮制动拖滞性故障，最后检查调整前轮定位参数。

(3) 汽车行驶跑偏故障分析和诊断见4.6.4小节。

4.8 技能实训：手动变速器跳挡故障诊断与排除

1. 实训目的

学会手动变速器跳挡故障诊断与排除方法。

2. 安全要求及注意事项

(1) 不准赤脚或穿拖鞋、高跟鞋和裙子上课，留长发者要戴工作帽；

(2) 上课时要集中精神，不准说笑、打闹；

(3) 进入汽车实训场地后，未经老师批准，不得动用实训车上的各项设备；

(4) 正确使用诊断工具；

(5) 不能用湿手或油污脏手操作；

(6) 取下零件时应注意，防止其落地，造成零部件的损坏或人身伤害；

(7) 实训结束，整理、清洁工具和场地。

3. 设备/工具/耗材要求

(1) 设备：大众帕萨特领驭，或2010款别克凯越，或其他乘用车1台；

(2) 工具：红盒子诊断仪、通用万用表、无损探针、140件套维修工具、维修手册；

(3) 耗材：抹布。

4. 实训指导

1) 原因分析

造成手动变速器跳挡故障的原因如下。

(1) 变速杆没有调整好或变速杆弯曲。

(2) 拨叉轴向自由行程过大或凹槽位置不正确，拨叉轴凹槽磨损或拨叉磨损、变形。

(3) 自锁钢球磨损或破裂，自锁弹簧力不足或折断。

(4) 变速器轴、轴承磨损松旷或轴向间隙过大，造成轴转动时齿轮啮合不足而发生跳动和轴向窜动。

(5) 齿轮或接合套严重磨损，沿齿长方向磨成锥形。

(6) 同步器磨损或损坏。

(7) 变速器壳松动或与离合器壳没对准。

2) 检测诊断

(1) 使车辆行驶，反复加速、减速，检查变速杆在各挡位上是否容易脱出。

(2) 发现某挡位跳挡时，仍将操纵杆挂入该挡，使发动机熄火。

(3) 先检查操纵机构是否完好；然后再拆开变速器盖，检查齿轮的啮合情况和同步器的啮合情况。如果啮合情况不好，应检查轴承是否松旷，拨叉是否变形，拨叉与接合套上的叉槽间隙是否过大，否则应更换或校正拨叉；如果啮合情况良好，应检查操纵机构锁止情况，若锁止不良，须拆下拨叉轴检查自锁钢球、弹簧是否过弱或折断、拨叉轴凹槽是否磨损，并进行更换或修复。

(4) 若齿轮啮合和操纵机构均良好，应检查齿轮是否磨成锥形，以及轴是否前后移动。若齿轮磨成锥形，应更换。轴的前后移动应调整。

(5) 对于变速器壳松动或与离合器壳没对准而引起的跳动，须按标准拧紧固定螺栓。

练习与思考题

1. 判断题(正确的打√，错误的打×)

(　　)(1) 离合器摩擦片烧毁会造成离合器打滑。

(　　)(2) 离合器分离不彻底会损坏手动变速器。

(　　)(3) 手动变速器乱挡的主要原因是变速操纵机构失灵。

(　　)(4) 前束值过小会造成轮胎偏磨的故障。

(　　)(5) 轮胎胎压过高会造成汽车行驶跑偏的故障。

(　　)(6) 轮毂轴承损坏造成的异响会随着车速的升高而提高。

(　　)(7) 若ABS系统有故障，则仪表板上的ABS警告灯会点亮。

(　　)(8) 液压助力转向泵漏油将造成转向失效的故障。

2. 填空题

(1) 离合器打滑的原因有________、________、________、________。

(2) 如果轮胎________、________、________，可能产生汽车行驶跑偏的故障。

(3) 变速器________、________、________、________、________，可能产生变速器换挡困难的故障。

(4) 变速器的________、________、________，可能产生发动机异响。

(5) 避振器损坏会产生________、________、________等故障现象。

(6) 手动变速器过热的原因有________、________、________。

3. 简答题

(1) 离合器片烧毁的原因有哪些？

(2) 汽车行驶跑偏的故障原因有哪些？

(3) 分析汽车轮胎外侧磨损的故障。

(4) 汽车行驶时方向盘抖动，如何诊断和排除故障？

(5) 紧急制动时汽车甩尾，如何诊断和排除故障？

车身电器故障诊断

1. 知识目标

(1) 了解车身电器系统构成和各系统的组成;

(2) 能够叙述车身电器各系统常见故障现象和故障原因;

(3) 能熟练掌握车身电器系统各系统常见故障诊断方法;

(4) 能熟练掌握灯光、信号系统常见故障诊断方法。

2. 能力目标

(1) 认识车身电器系统各总成部件;

(2) 能够对车身电器各系统常见故障进行诊断与排除;

(3) 能够对灯光、信号系统常见故障进行诊断与排除。

一辆上海大众帕萨特新领驭轿车的车主说她的车最近前照灯都不亮了,夜间无法行车;汽车喇叭时响时不响;转向灯两侧闪烁频率不一样,要求给予修理。经检查确认:前照灯远近光都不亮,汽车喇叭已经彻底不响了,右后转向灯不亮。经检查还发现,雨刷器只有高速挡;左后电动车窗不工作。

经过与车主沟通,决定对车身电器系统进行全面检修。

服务方案

(1) 根据客户所叙述的报修故障现象,填写保修单;

(2) 服务顾问填写客户的相关数据,检查收取行驶证、保修单;

(3) 验证客户叙述的故障现象,与客户沟通并初步制订维修方案,拆检后确认维修方案;

(4) 检查灯光、信号、刮水及电动车窗系统,确定故障部位以及需要更换的零部件。

(5) 若要实施以上维修方案,则必须掌握车身电器系统的构成、各系统常见故障现象和故障原因、各系统常见故障诊断方法,以及系统各零部件之间的装配关系等。

拓 扑 图

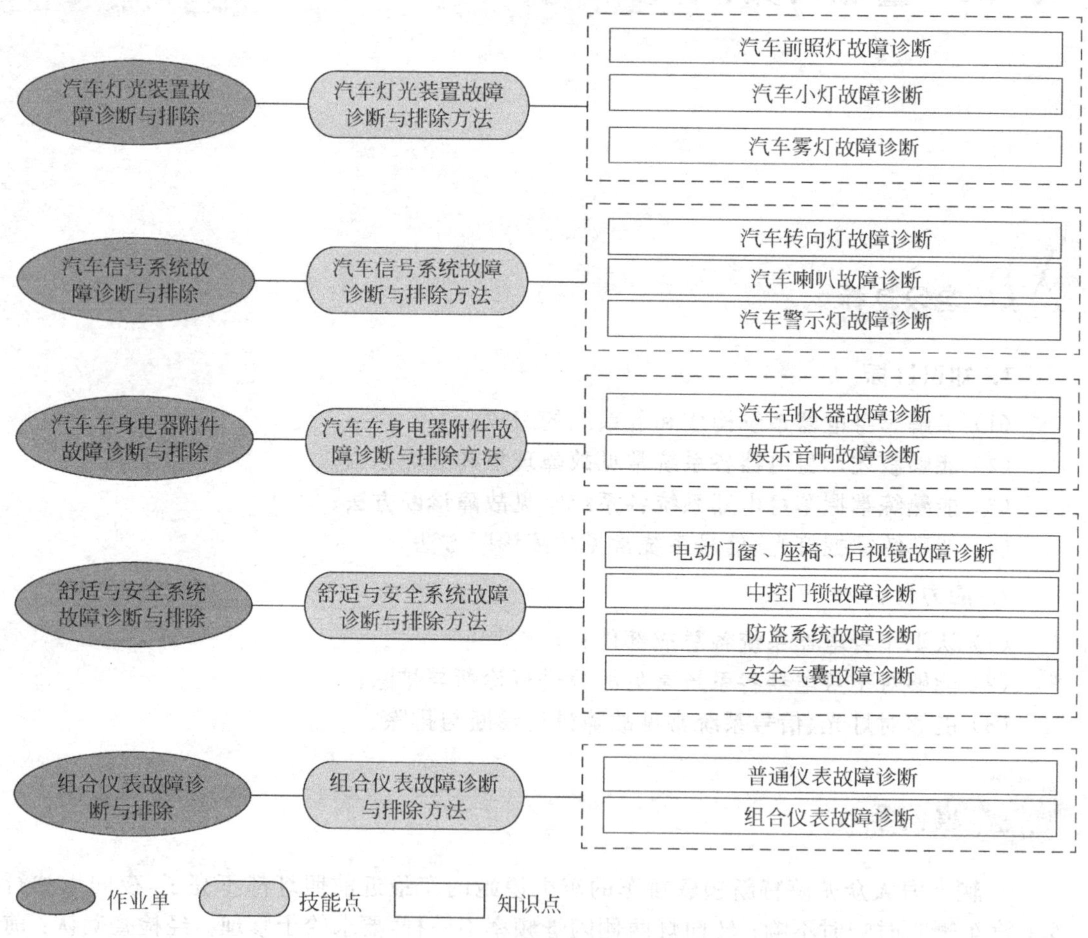

5.1 汽车灯光系统故障诊断

5.1.1 汽车前照灯故障诊断

1. 汽车前照灯故障诊断一览表

汽车灯光系统包括照明和信号两部分。照明部分包括车外照明(前照灯、雾灯、牌照灯等)和车内照明(顶灯、仪表照明灯、开关按钮照明灯等)两类。汽车前照灯故障诊断一览表见表5-1。

表5-1 汽车前照灯故障诊断一览表

序号	故障现象	故障原因	故障分析
1	汽车前照灯不能点亮	(1) 蓄电池没电; (2) 点火开关有故障; (3) 灯光开关有故障; (4) 变光开关有故障; (5) 相关保险丝熔断; (6) 前照灯灯泡烧毁; (7) 前照灯系统有搭铁不良或线路断路、接触不良等故障	前照灯不亮,说明没有电流通过前照灯灯泡,或前照灯烧毁。要使灯泡点亮,必须具备两个条件:一个是灯泡所在的电路必须是一个闭合回路;另一个就是电源(蓄电池)提供的额定电压加在灯泡的两端。这两个条件缺一不可。只要把线路修通,并把12V电压加在灯泡的两端,故障即可排除
2	汽车前照灯亮度不足	(1) 灯泡本身有故障或功率不符; (2) 反光罩有故障; (3) 电源电压低、线路有故障、搭铁不良; (4) 接插件接触不良	前照灯总成本身故障或加载在灯泡上的功率达不到灯泡的额定功率,都会使灯光变暗
3	汽车前照灯照射方向偏移	(1) 汽车前照灯安装位置不正确; (2) 汽车前照灯调整不当	汽车前照灯拆卸后重新安装时未安装到位,或调整不当都会使光轴发生偏移;汽车前照灯调整不当
4	汽车某一前照灯的保险丝经常烧毁	(1) 该前照灯的保险丝规格不符合要求; (2) 更换的前照灯功率过大; (3) 灯泡质量有问题; (4) 线路有故障	电流过大是烧毁保险丝和线束的主要原因
5	汽车某一前照灯不亮	(1) 该前照灯烧毁; (2) 该前照灯保险丝烧毁; (3) 该前照灯线路或开关有故障	该前照灯损坏或无工作电源

2. 前照灯不亮故障诊断

车型:上海大众帕萨特新领驭。

故障现象:打开大灯开关和变光开关,左右两侧的近光灯和远光灯都不亮。

大众新领驭的灯光电路图如图5-1所示。故障诊断流程如图5-2所示,系统的故障可以参照此诊断方法来进行排除。

在实际检修中可以利用一些小技巧,例如可以利用超车灯开关。如果超车灯能够点亮,那么基本可以判断故障出在变光开关至电源之间的部分,可以得到事半功倍的效果。

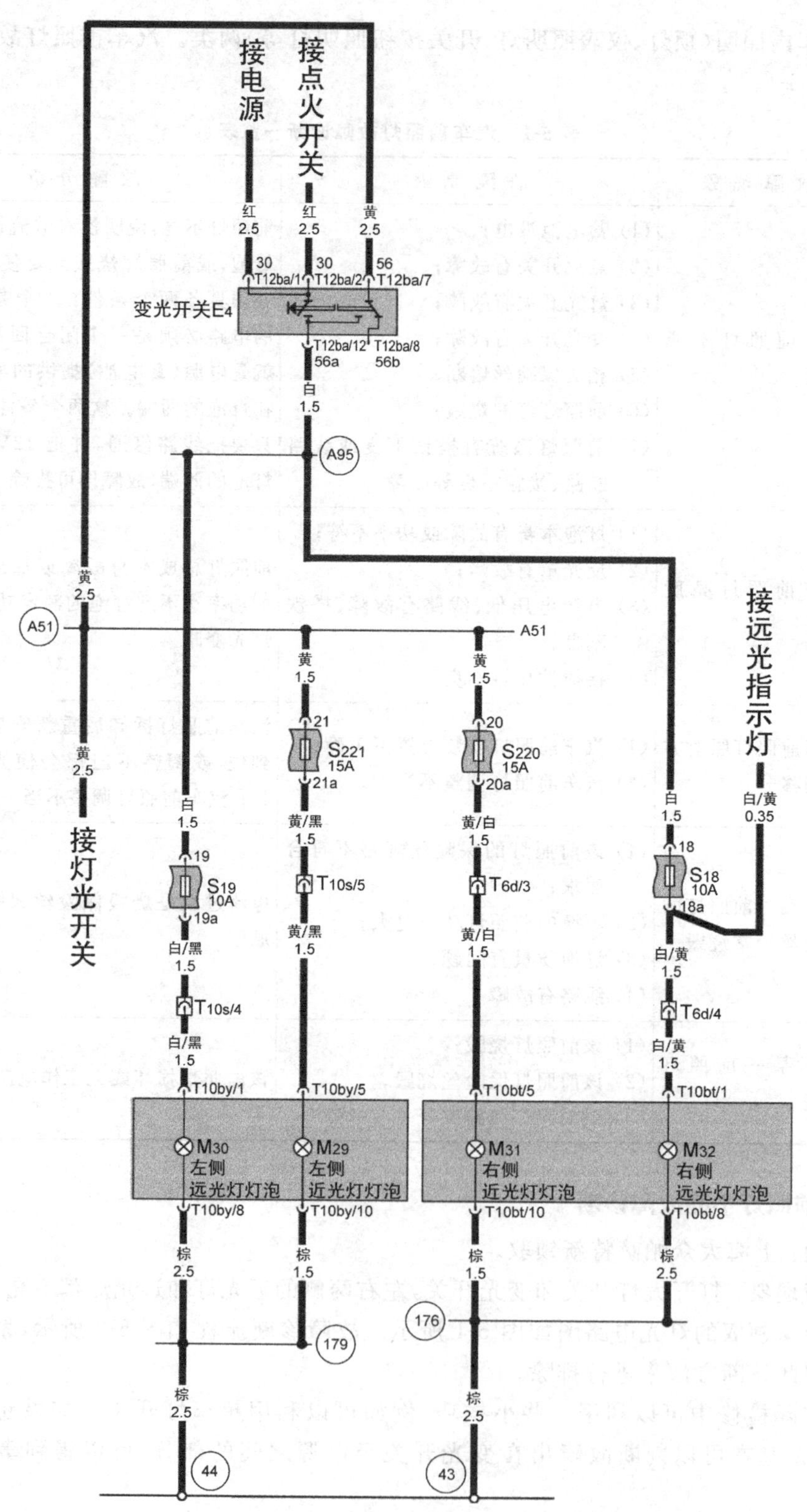

图 5-1 大众新领驭的灯光电路图

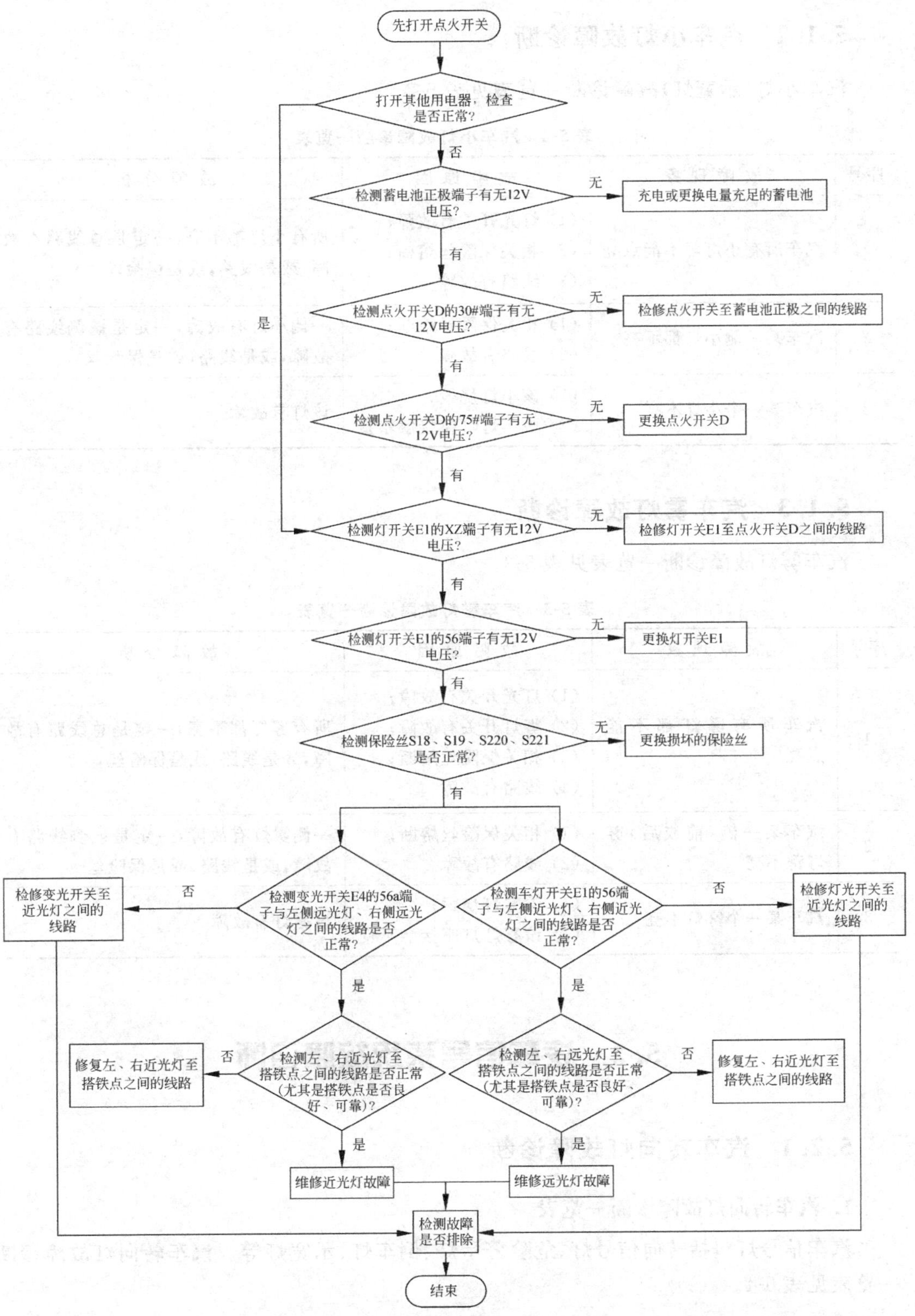

图 5-2　上海大众帕萨特新领驭轿车前照灯不亮故障诊断流程

5.1.2 汽车小灯故障诊断

汽车小灯(示宽灯)故障诊断一览表见表 5-2。

表 5-2 汽车小灯故障诊断一览表

序号	故障现象	故障原因	故障分析
1	汽车所有小灯都不能点亮	(1) 灯光开关有故障; (2) 相关保险丝熔断; (3) 线路有故障	所有小灯都不亮,一定是总线路有故障,或是线路,或是保险丝
2	汽车某一侧小灯都不亮	(1) 相关保险丝熔断; (2) 线路有故障	一侧小灯有故障,一定是该侧线路有故障,或是线路,或是保险丝
3	汽车某一个小灯不亮	(1) 该小灯烧毁; (2) 该小灯灯座接触不良	该灯有故障

5.1.3 汽车雾灯故障诊断

汽车雾灯故障诊断一览表见表 5-3。

表 5-3 汽车雾灯故障诊断一览表

序号	故障现象	故障原因	故障分析
1	汽车所有雾灯都不能点亮	(1) 灯光开关有故障; (2) 雾灯开关有故障; (3) 相关保险丝熔断; (4) 线路有故障	所有雾灯都不亮,一定是总线路有故障,或是线路,或是保险丝
2	汽车某一侧(前或后)雾灯都不亮	(1) 相关保险丝熔断; (2) 线路有故障	一侧雾灯有故障,一定是该侧线路有故障,或是线路,或是保险丝
3	汽车某一个雾灯不亮	(1) 该雾灯烧毁; (2) 该雾灯灯座接触不良	该雾灯有故障

5.2 汽车信号系统故障诊断

5.2.1 汽车转向灯故障诊断

1. 汽车转向灯故障诊断一览表

汽车信号灯包括转向信号灯、危险警示灯、倒车灯、示宽灯等。汽车转向灯故障诊断一览表见表 5-4。

表 5-4 汽车转向灯故障诊断一览表

序号	故障现象	故障原因	故障分析
1	汽车转向灯不能点亮	(1) 蓄电池没电； (2) 点火开关有故障； (3) 闪光器有故障； (4) 转向灯开关有故障； (5) 相关保险丝熔断； (6) 转向灯灯泡烧毁； (7) 转向灯系统搭铁不良，或线路有断路、接触不良等故障	转向灯不亮，说明没有电流通过转向灯灯泡，或转向灯烧毁。要使灯泡点亮，必须具备两个条件：一个是灯泡所在的电路必须是一个闭合回路；另一个是电源(蓄电池)提供的额定电压加在灯泡的两端。这两个条件缺一不可。只要把线路修通，并把 12V 电压加在灯泡的两端，故障即可排除
2	汽车转向灯亮度不足	(1) 灯泡本身有故障或功率不符； (2) 灯罩有故障； (3) 电源电压低、线路故障、搭铁不良； (4) 接插件接触不良	转向灯总成本身故障或加载在灯泡上的功率达不到灯泡的额定功率，都会使灯光变暗
3	汽车某一侧转向灯不亮	(1) 该侧线路有故障； (2) 该侧灯泡有故障	如果是一侧正常，而另一侧都不亮，一般是线路故障，或者是转向开关故障，一侧灯泡同时损坏的可能性不是很大
4	汽车某一个转向灯的保险丝经常烧毁	(1) 该灯的保险丝规格不符合要求； (2) 更换的灯泡功率过大； (3) 灯泡质量有问题； (4) 线路有故障	电流过大是烧毁保险丝和线束的主要原因
5	汽车某一个转向灯不亮	(1) 该灯烧毁； (2) 该灯保险丝烧毁； (3) 该灯的线路或开关故障	该灯损坏或无工作电源

2. 汽车转向灯不亮故障诊断

车型：上海大众帕萨特新领驭轿车。

故障现象：打开点火开关和转向灯开关，发现左侧或右侧转向灯都不亮。

大众新领驭转向灯信号系统电路图如图 5-3 所示。故障诊断流程如图 5-4 所示。

5.2.2 汽车喇叭故障诊断

汽车喇叭是警示设备，是确保行驶安全的必备条件，是汽车安全检测的一个重要内容。汽车喇叭故障诊断一览表见表 5-5。

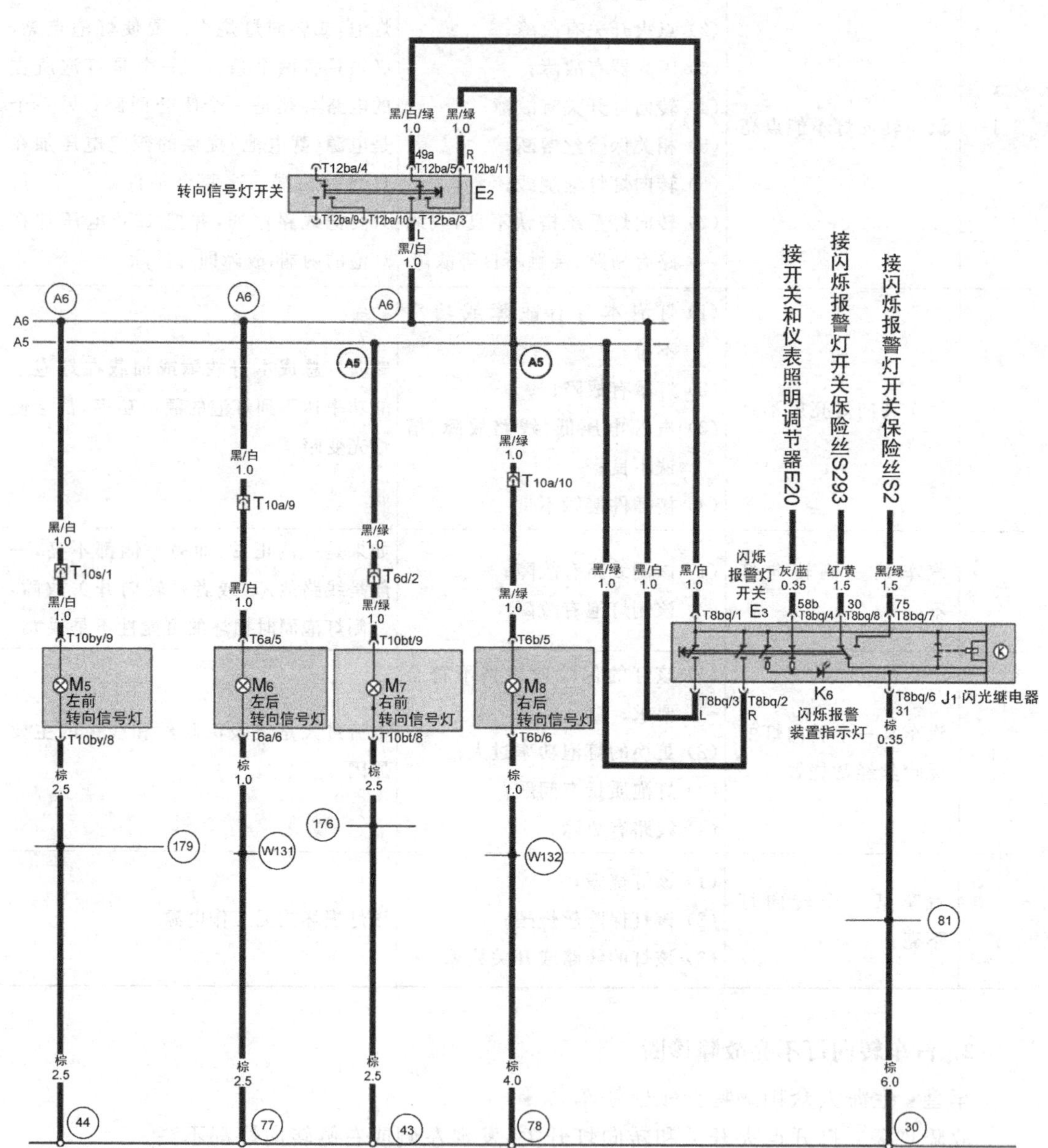

图 5-3　大众领驭转向灯信号系统电路图

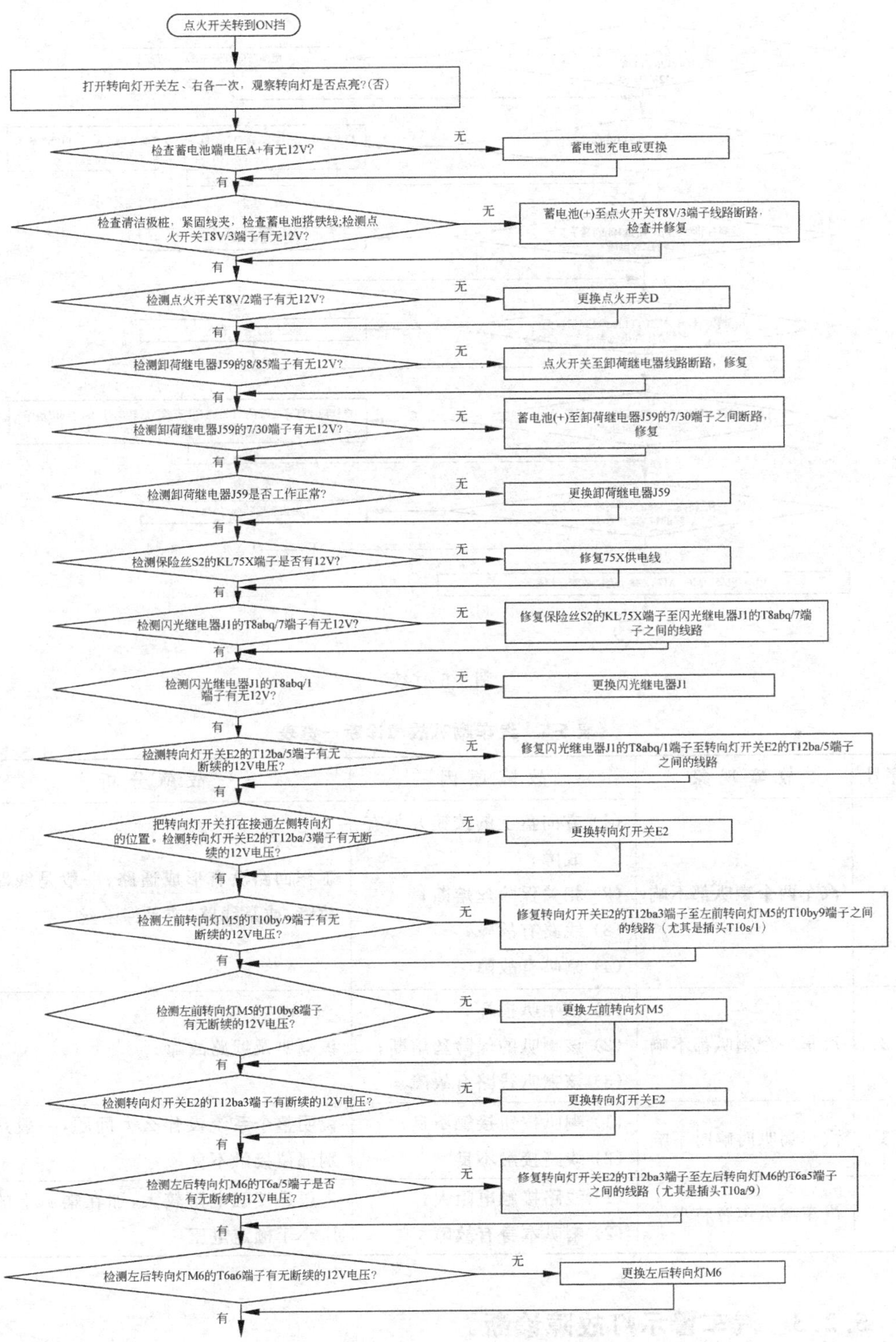

图 5-4　上海大众帕萨特新领驭轿车转向灯不亮的故障诊断流程

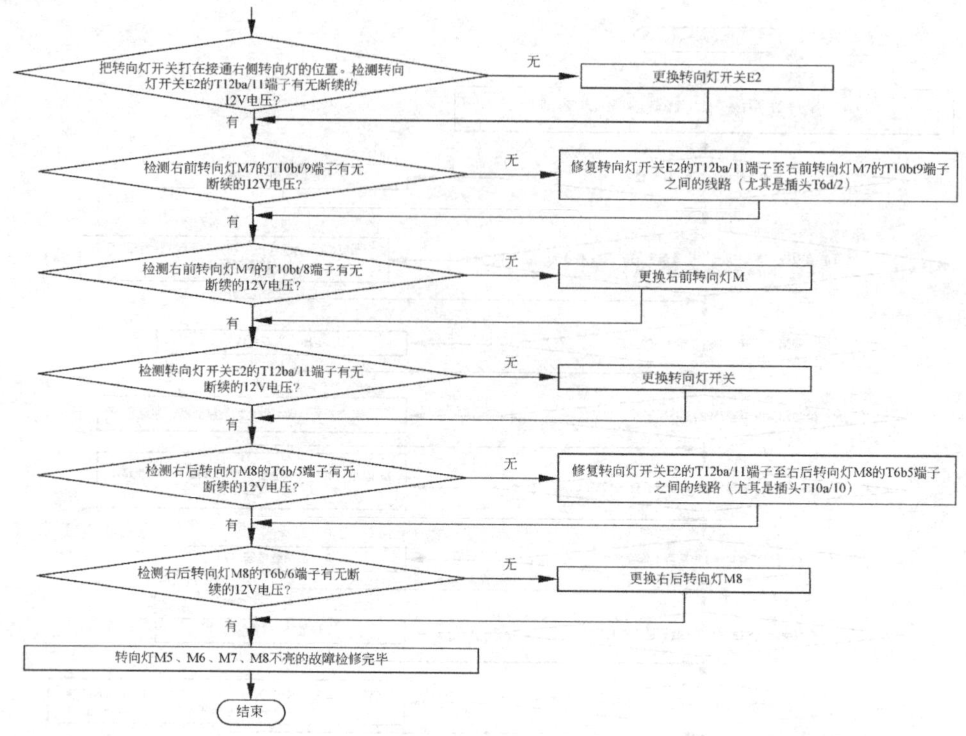

图 5-4(续)

表 5-5 汽车喇叭故障诊断一览表

序号	故障现象	故障原因	故障分析
1	汽车两个喇叭都不响	(1) 方向盘上的按钮开关有故障； (2) 相关保险丝熔断； (3) 线路有故障； (4) 喇叭有故障	工作回路没有形成通路，一般是线路有故障，或是线路，或是保险丝
2	汽车一个喇叭都不响	(1) 该喇叭损坏； (2) 该喇叭的保险丝熔断； (3) 该喇叭线路有故障	该喇叭及线路故障
3	汽车喇叭时响时不响	(1) 喇叭按钮接触不良； (2) 线路接触不良	说明整个系统没什么大问题，一般是个别部位接触不良
4	汽车喇叭声音特小	(1) 线路接触电阻大； (2) 喇叭本身有故障	一般是接触电阻较大，加在喇叭上的电压小于额定电压

5.2.3 汽车警示灯故障诊断

汽车警示灯故障诊断一览表见表 5-6。

表 5-6 汽车警示灯故障诊断一览表

序号	故障现象	故障原因	故障分析
1	汽车的所有警示灯都不能点亮	(1) 警示灯开关有故障； (2) 相关保险丝熔断； (3) 闪光器有故障； (4) 线路有故障	所有警示灯都不亮，一定是总线路有故障，或是线路，或是保险丝
2	汽车某一侧警示灯不亮	(1) 相关保险丝熔断； (2) 线路有故障	一侧警示灯有故障，一定是该侧线路有故障，或是线路，或是保险丝
3	汽车某一个警示灯不亮	(1) 该小灯烧毁； (2) 该小灯灯座接触不良	该灯有故障

5.3 汽车车身电器附件故障诊断

5.3.1 汽车刮水器故障诊断

1. 汽车刮水器故障诊断一览表

汽车刮水器系统故障诊断一览表见表 5-7。

表 5-7 汽车刮水器系统故障诊断一览表

序号	故障现象	故障原因	故障分析
1	汽车刮水器系统不工作	(1) 蓄电池没电； (2) 点火开关有故障； (3) 刮水器开关有故障； (4) 刮水继电器有故障； (5) 相关保险丝熔断； (6) 刮水电动机、喷水电动机烧毁； (7) 刮水系统搭铁不良或线路有断路、接触不良等故障	刮水系统不工作的原因是刮水电动机烧毁或线路故障。若电动机良好，则是电路有故障，没有电流通过电动机。要使系统工作，必须具备两个条件：一个是电动机所在的电路必须是一个闭合回路；另一个是电源（蓄电池）提供的额定电压加在电机的两端。这两个条件缺一不可。只要把线路修通，并把12V 电压加在电动机的两端，故障即可排除
2	汽车刮水器喷水电动机不工作	(1) 线路有故障； (2) 电动机有故障； (3) 喷水开关有故障	喷水电动机本身有故障或相关线路及开关有故障
3	刮水器只有高速挡	(1) 刮水继电器有故障； (2) 刮水器开关有故障	刮水器只有高速挡直接由开关控制；其他挡位除了受开关控制以外，一般还受刮水继电器控制

2. 汽车雨刮器和喷水器都不工作的故障诊断

车型：上海大众帕萨特新领驭轿车。

故障现象：点火开关转到 ON 挡，打开刮水器开关到各个挡位，雨刮器和喷水器都不工作。

大众帕萨特新领驭车身电器附件电路如图 5-5 所示。雨刮器和喷水器都不工作的故障诊断流程如图 5-6 所示。

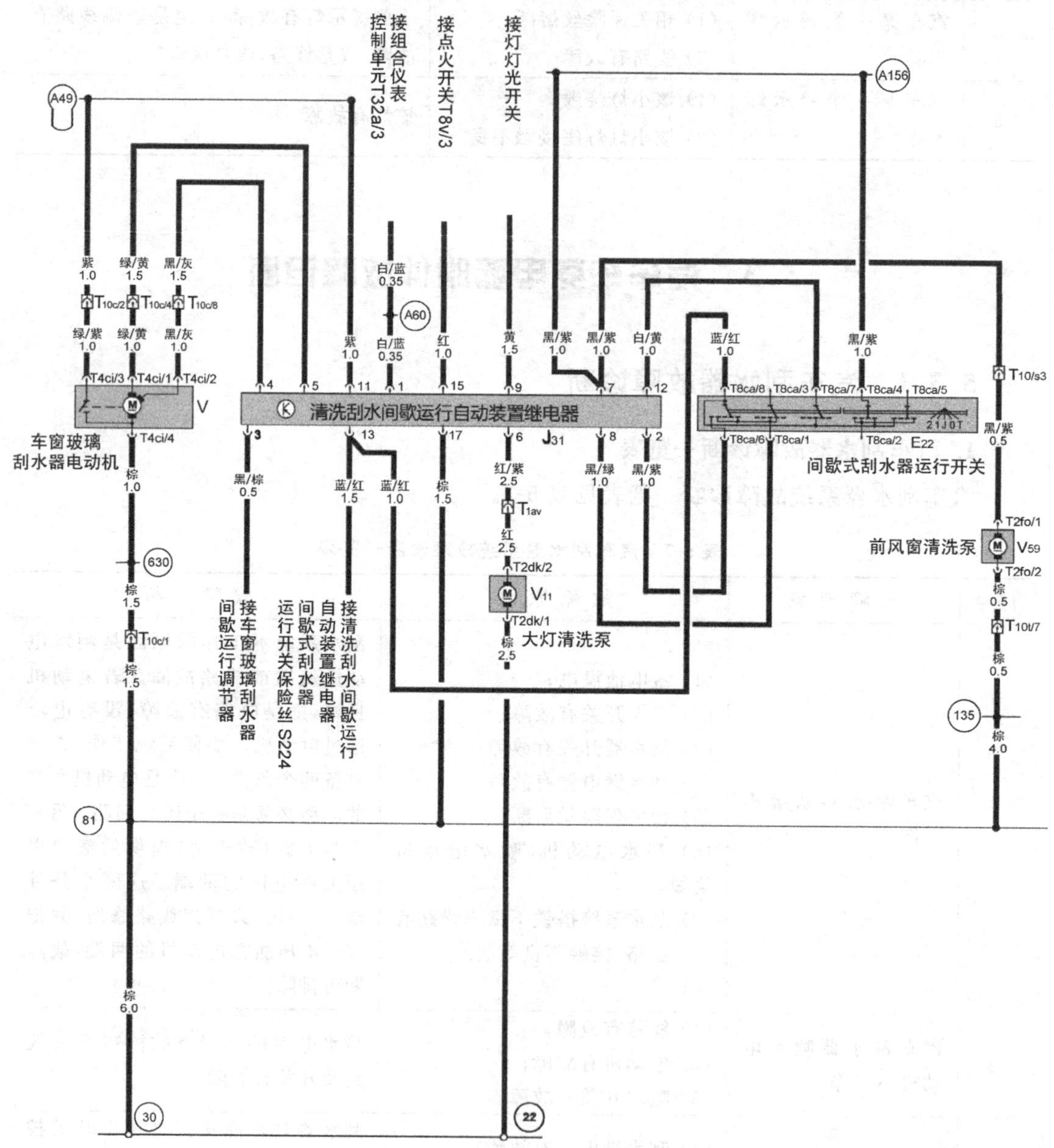

图 5-5　大众领驭车身电器附件电路图

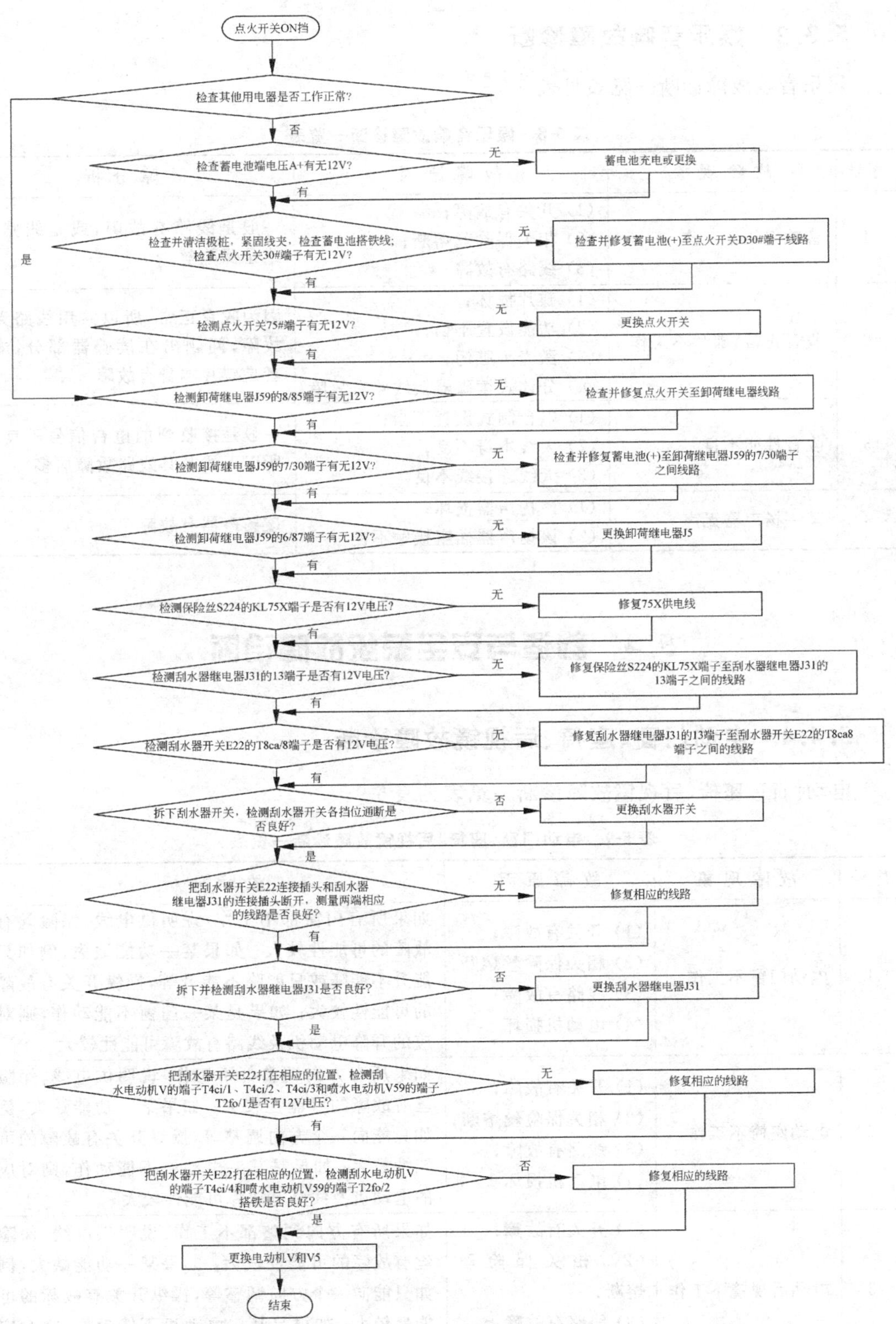

图 5-6　上海大众帕萨特新领驭轿车的刮水系统不工作的故障诊断流程

5.3.2 娱乐音响故障诊断

娱乐音响故障诊断一览表见表5-8。

表5-8 娱乐音响故障诊断一览表

序号	故障现象	故障原因	故障分析
1	音响整机不工作	(1) 开关有故障； (2) 相关保险丝熔断； (3) 线路有故障	一般是线路有故障，或是线路，或是保险丝
2	收音正常，碟片不工作	(1) 碟片损坏； (2) 功能设置不当； (3) 激光头脏污； (4) 分体式读碟器及线路有故障	因为收音正常，所以共用线路无故障，问题出在读碟器部分，或者是碟片本身有故障
3	收音性能不良	(1) 电台制式设置不当； (2) 天线本身不良； (3) 天线连接线不良	一般是接收到的电台信号不良，所以天线及其线路故障居多
4	某一扬声器无声	(1) 该扬声器损坏； (2) 该扬声器插座接触不良	该扬声器有故障

5.4 舒适与安全系统故障诊断

5.4.1 电动门窗、座椅、后视镜故障诊断

电动门窗、座椅、后视镜故障诊断一览表见表5-9。

表5-9 电动门窗、座椅、后视镜故障诊断一览表

序号	故障现象	故障原因	故障分析
1	电动门窗不工作	(1) 开关有故障； (2) 相关保险丝熔断； (3) 线路有故障； (4) 电动机损坏	如果所有门窗都不工作，说明供电线、保险丝有故障的可能性较大；如果某一功能缺失，例如只能升不能降或只能降不能升等，操纵开关有故障的可能性较大；如果是某一门窗不能动作，则对应的升降电动机及线路有故障可能性较大
2	电动座椅不工作	(1) 开关有故障； (2) 相关保险丝熔断； (3) 线路有故障； (4) 电动机损坏	如果所有方向调整都不工作，说明供电线、保险丝有故障的可能性较大；如果某一功能缺失，例如只能向一个方向调整等，操纵开关有故障的可能性较大；如果是某一电动机不能动作，则对应的电动机及线路有故障可能性较大
3	电动后视镜不工作	(1) 开关有故障； (2) 相关保险丝熔断； (3) 线路有故障； (4) 电动机损坏	如果所有方向调整都不工作，说明供电线、保险丝有故障的可能性较大；如果某一功能缺失，例如只能向一个方向调整等，操纵开关有故障的可能性较大；如果是某一电动机不能动作，则对应的电动机及线路有故障可能性较大

5.4.2　中控门锁故障诊断

汽车中控门锁故障诊断一览表见表 5-10。

表 5-10　汽车中控门锁故障诊断一览表

序号	故 障 现 象	故 障 原 因	故 障 分 析
1	汽车中控门锁无动作	(1) 蓄电池没电； (2) 点火开关有故障； (3) 天线有故障； (4) 中央控制单元 J393 有故障； (5) 相关保险丝熔断； (6) 门锁电动机有故障； (7) 线路搭铁不良或线路有断路、接触不良等故障； (8) 遥控器有故障	门锁无动作，说明没有电流通过门锁电动机，或门锁电动机烧毁。要使门锁电动机动作，必须具备两个条件：一个是门锁电动机所在的电路必须是一个闭合回路；另一个是电源（蓄电池）提供的额定电压加在门锁电动机的两端。这两个条件缺一不可。只要把线路修复，并把 12V 电压加在门锁电动机的两端，故障即可排除
2	只能开锁不能闭锁	(1) 遥控器相应按键有故障； (2) 开关有故障	某一功能缺失，说明整体电路无故障，相应的故障范围大大缩小
3	某一车门锁无动作	(1) 电动机损坏； (2) 相应电路有故障	个别电动机无动作，更换电动机或修复相应电路即可

5.4.3　防盗系统故障诊断

汽车防盗系统故障诊断一览表见表 5-11。

表 5-11　汽车防盗系统故障诊断一览表

序号	故 障 现 象	故 障 原 因	故 障 分 析
1	防盗系统不工作	(1) 相关保险丝熔断； (2) 防盗器芯片损坏； (3) 线路有故障	防盗系统不工作，一般情况下都是相关保险丝缺失或是线路有故障
2	防盗指示灯不亮	(1) 系统无法进入工作状态； (2) 线路有故障	一般是指示灯本身及其线路有故障可能性较大
3	防盗系统经常被误触发	(1) 遥控器有故障； (2) 灵敏度调整不当	用诊断仪查询故障，或匹配新的遥控器

5.4.4　安全气囊故障诊断

汽车安全气囊故障诊断一览表见表 5-12。

表 5-12　汽车安全气囊故障诊断一览表

序号	故障现象	故障原因	故障分析
1	故障指示灯报警	(1) 传感器有故障； (2) 线路有故障	安全气囊系统的传感器及其线路有任何故障，指示灯都会报警
2	发生交通事故，而气囊没有起爆	(1) 没有达到起爆条件； (2) 线路有故障	主要是碰撞传感器检测到的信号(强度和角度)是否达到设定值；减速度是否达到设定值；以及惯性安全开关是否被触发
3	气囊意外起爆	(1) 外界干扰； (2) 操作不当	电焊施工时没有断开蓄电池负极；没有按照相关规定用有源仪器设备测试相关部件等

5.5　组合仪表故障诊断

5.5.1　普通组合仪表故障诊断

汽车普通组合仪表故障诊断一览表见表 5-13。

表 5-13　汽车普通组合仪表故障诊断一览表

序号	故障现象	故障原因	故障分析
1	整个仪表不工作	(1) 蓄电池没电； (2) 点火开关有故障； (3) 相关保险丝有故障； (4) 仪表接线端子有故障； (5) 线路有故障(供电、搭铁)	组合仪表整合了多个仪表及指示装置，整个仪表不工作，说明共用部分发生故障可能性较大
2	发动机转速表不工作	(1) 转速传感器有故障； (2) 转速表损坏； (3) 相关线路损坏	主要检修转速表系统
3	车速(里程)表不工作	(1) 车速传感器有故障； (2) 车速里程表损坏； (3) 相关线路损坏	主要检修车速里程表系统
4	燃油量表不工作	(1) 燃油量传感器有故障； (2) 燃油量表损坏； (3) 相关线路损坏	主要检修燃油量指示系统
5	水温表不工作	(1) 水温传感器有故障； (2) 水温表损坏； (3) 相关线路损坏	主要检修水温报警表系统
6	充电指示灯报警	(1) 电压调节器有故障； (2) 发电机损坏； (3) 相关线路损坏	只检修充电系统即可
7	机油压力警告灯报警	(1) 车速传感器有故障； (2) 车速里程表损坏； (3) 相关线路损坏	主要检修机油压力报警系统

5.5.2 组合仪表故障诊断

汽车仪表有两种，一种是机械式组合仪表；另一种是电子组合仪表。汽车机械式组合仪表故障诊断一览表见表5-14。

表5-14 汽车机械式组合仪表故障诊断一览表

序号	故障现象	故障原因	故障分析
1	整个仪表不工作	(1) 蓄电池没电； (2) 点火开关有故障； (3) 相关保险丝、线路有故障； (4) 电子组合仪表有故障	仪表系统没有工作电源，检查仪表系统工作电源系统
2	机械式发动机转速表指针不动作	(1) 转速传感器有故障； (2) 电子组合仪表损坏； (3) 相关线路损坏	造成机械式发动机转速表指针不动的原因可能是传感器、线路、接插件损坏，或发动机转速表损坏。如果确诊为仪表有故障，只能整体更换组合仪表，不能单独维修或更换
3	机械式车速不动作	(1) 车速传感器有故障； (2) 电子组合仪表损坏； (3) 相关线路损坏	造成机械式车速表指针不动的原因可能是传感器、线路、接插件损坏，或车速表损坏。如果确诊为组合仪表有故障，只能整体更换，不能单独维修或更换
4	机械式燃油表指针不动作	(1) 燃油量传感器有故障； (2) 电子组合仪表损坏； (3) 相关线路损坏	造成机械式燃油表指针不动的原因可能是传感器、线路、接插件损坏，或燃油表损坏。如果确诊为组合仪表有故障，只能整体更换，不能单独维修或更换
5	机械式水温表指针不动作	(1) 水温传感器有故障； (2) 电子组合仪表损坏； (3) 相关线路损坏	造成机械水温表指针不动的原因可能是传感器、线路、接插件损坏，或水温表损坏。如果确诊为组合仪表有故障，只能整体更换，不能单独维修或更换
6	充电指示灯不亮	(1) 电子组合仪表有故障； (2) 发电机损坏； (3) 相关线路损坏	充电指示灯一直不亮，主要原因是发电机不发电，或充电线路短路，或充电指示灯损坏，首先应检查发电机是否发电

随着电子技术在现代汽车上的大量使用，电子仪表或虚拟仪表代替了传统的机械式仪表。当现代电子仪表有故障，首先用诊断仪读取故障码，根据故障码检查诊断故障原因，若电子仪表无显示，或显示出错，则故障部位主要在三个方面：供电电源、线路或组合仪表。排查故障时，先要排除电源和线路故障。如果并非电源或线路故障，而是仪表有故障，那么只能更换仪表总成。

5.6 技能实训：汽车灯光装置故障诊断与排除

1. 实训目的

(1) 学会汽车前照灯的故障诊断与排除方法；

(2) 学会汽车小灯的故障诊断与排除方法；

(3) 学会汽车雾灯的故障诊断与排除方法。

2. 安全要求及注意事项

(1) 注意人身和车辆设备安全。

(2) 未经许可，严禁随意扳动车辆电器按钮开关。

(3) 注意防火，认真接受实训前的安全知识教育。

(4) 拆卸车辆电器前，应先断开蓄电池负极。

(5) 启动车辆时，应把变速器挡位放在空挡，并在车轮前后放置挡块。

(6) 启动车辆时，要远离旋转的部件，防止卷入设备内。

(7) 举升车辆需要有专人负责。

(8) 使用万用表时，注意挡位的选择，以防烧毁万用表。

3. 设备/工具/耗材要求

(1) 设备：实训车辆、实训车型的维修手册(带电路图)、举升机、诊断仪、万用表、防护垫、三件套等。

(2) 工具：螺钉旋具、扳手、剥线钳、电烙铁、偏口钳等。

(3) 耗材：相关型号的灯泡、开关、导线、保险丝、绝缘胶带、焊锡丝、松香等。

4. 实训指导

(1) 汽车灯光系统的常见故障有前照灯、小灯、雾灯等某一类灯光都不亮，或某一个灯不亮，或灯光暗。

(2) 某一类灯都不亮的故障原因是总控制电路有故障，可能是导线、保险丝、控制开关有故障。

(3) 某一个灯不亮的故障原因是灯泡或保险丝烧毁，或电路故障，或接插件故障。

(4) 查阅维修资料，分析电路图，制订检测方案。

(5) 汽车灯光装置的故障诊断与排除方法参阅 5.1 节。

5.7 技能实训：汽车信号系统故障诊断与排除

1. 实训目的

(1) 学会汽车转向灯的故障诊断与排除方法；

(2) 学会汽车喇叭的故障诊断与排除方法；

(3) 学会汽车警示灯的故障诊断与排除方法。

2. 安全要求及注意事项

1）安全要求

(1) 注意人身和车辆设备安全；

(2) 未经许可，严禁随意扳动车辆电器按钮开关；

(3) 注意防火，认真接受实训前的安全知识教育。

2）注意事项

(1) 拆卸车辆电器前，应先断开蓄电池负极；

(2) 启动车辆时，应把变速器挡位放在空挡，并在车轮前后放置挡块；

(3) 启动车辆时，要远离旋转的部件，防止卷入设备内；

(4) 举升车辆时，需要有专人负责；

(5) 使用万用表时，注意挡位的选择，以防烧毁万用表。

3. 设备/工具/耗材要求

(1) 设备：实训车辆、实训车型的维修手册（带电路图）、举升机、诊断仪、万用表、防护垫、三件套等。

(2) 工具：螺钉旋具、扳手、剥线钳、电烙铁、偏口钳等。

(3) 耗材：相关型号的开关、配件、导线、保险丝、绝缘胶带、焊锡丝、松香等。

4. 实训指导

(1) 汽车信号系统包括转向灯、警示灯和喇叭。

(2) 转向灯常见的故障和原因有：全部转向灯不亮、不闪烁，原因是保险丝烧毁、闪光器损坏、总线路有故障；某一侧转向灯不亮，原因是转向开关或该侧电路有故障；某一侧转向灯闪光频率加快，原因是该侧转向灯泡有一个烧毁，或灯泡功率不符合标准。

(3) 若按下警示灯开关，两边转向灯都不闪烁，或都不亮，则故障原因是警示灯开关有故障。

(4) 喇叭不响的故障原因是喇叭损坏，或喇叭继电器、喇叭按钮、喇叭保险丝、导线、搭铁有故障。喇叭常响的故障原因通常是喇叭继电器或喇叭按钮有故障。

(5) 查阅维修资料，分析电路图，制订检测方案。

(6) 汽车信号系统的故障诊断与排除方法参阅5.2节。

5.8　技能实训：汽车车身电器附件故障诊断与排除

1. 实训目的

(1) 学会汽车刮水器的故障诊断与排除方法；

(2) 学会汽车娱乐音响的故障诊断与排除方法。

2. 安全要求及注意事项

1）安全要求

(1) 注意人身和车辆设备安全；

(2) 未经许可,严禁随意扳动车辆电器按钮开关;

(3) 注意防火,认真接受实训前的安全知识教育。

2) 注意事项

(1) 拆卸车辆电器前,应先断开蓄电池负极;

(2) 启动车辆时,应把变速器挡位放在空挡,并在车轮前后放置挡块;

(3) 启动车辆时,要远离旋转的部件,防止卷入设备内;

(4) 举升车辆时,需要有专人负责;

(5) 使用万用表时,注意挡位的选择,以防烧毁万用表。

3. 设备/工具/耗材要求

(1) 设备:实训车辆、实训车型的维修手册(带电路图)、举升机、诊断仪、万用表、防护垫、三件套等。

(2) 工具:螺钉旋具、扳手、剥线钳、电烙铁、偏口钳等。

(3) 耗材:相关型号的开关、配件、导线、保险丝、绝缘胶带、焊锡丝、松香等。

4. 实训指导

(1) 汽车刮水器的常见故障和原因有:刮水器始终不动,原因可能是刮水电动机损坏、刮水开关损坏、保险丝烧毁、蓄电池没电、刮水继电器有故障、刮水系统搭铁不良或线路断路、接触不良等故障;某一个挡位不工作,原因是刮水开关损坏;关闭刮水开关,刮水片不能停至底部位置,原因是雨刮片位置调整不当。

(2) 汽车娱乐音响工作不良,故障原因是音响装置或保险丝有故障,或保险丝烧毁;若某一个音响喇叭不响,则是线路或喇叭有故障。

(3) 查阅维修资料,制订检测方案。

(4) 汽车车身电器附件的故障诊断与排除方法参阅5.3节。

(5) 汽车灯光装置的故障诊断与排除方法参阅5.4节。

5.9 技能实训:舒适与安全系统故障诊断与排除

1. 实训目的

(1) 学会汽车电动门窗、座椅、后视镜的故障诊断与排除方法;

(2) 学会汽车中控门锁的故障诊断与排除方法;

(3) 学会汽车防盗系统的故障诊断与排除方法;

(4) 学会汽车安全气囊的故障诊断与排除方法。

2. 安全要求及注意事项

1) 安全要求

(1) 注意人身和车辆设备安全;

(2) 未经许可,严禁随意扳动车辆电器按钮开关;

(3) 未经许可,严禁随意触碰汽车上黄色安全气囊部件、线束和插头;

(4) 注意防火,认真接受实训前的安全知识教育。

2) 注意事项

(1) 拆卸车辆电器前,应先断开蓄电池负极;

(2) 启动车辆时,应把变速器挡位放在空挡,并在车轮前后放置挡块;

(3) 启动车辆时,要远离旋转的部件,防止卷入设备内;

(4) 举升车辆时,需要有专人负责;

(5) 使用万用表时,注意挡位的选择,以防烧毁万用表。

3. 设备/工具/耗材要求

(1) 设备:实训车辆、实训车型的维修手册(带电路图)、举升机、诊断仪、万用表、防护垫、三件套等。

(2) 工具:螺钉旋具、扳手、剥线钳、电烙铁、偏口钳等。

(3) 耗材:相关型号的开关、配件、导线、保险丝、绝缘胶带、焊锡丝、松香等。

4. 实训指导

(1) 汽车电动门窗、座椅、后视镜都由电机控制,一旦电动机损坏、相关保险丝烧毁、开关损坏、导线损坏,就会造成全部不工作或者某一方向不工作。

(2) 汽车中控门锁全部不工作,故障原因是中央控制单元有故障、相关保险丝熔断、门锁电动机有故障、线路搭铁不良或线路断路、接触不良、遥控器电池没电或损坏等;中控门锁只能开不能关,故障原因是遥控器有故障、电动机有故障或机械有故障等;某一门锁不工作,故障原因是电动机有故障、电路有故障或机械有故障。

(3) 汽车防盗系统不工作,故障原因是相关保险丝熔断、防盗器芯片损坏或线路有故障。

(4) 查阅维修资料,制订检测方案。

(5) 舒适与安全系统及汽车安全气囊的故障诊断与排除方法参阅5.4节。

5.10 技能实训:组合仪表故障诊断与排除

1. 实训目的

(1) 学会汽车普通仪表的故障诊断与排除方法;

(2) 学会汽车电子组合仪表的故障诊断与排除方法。

2. 安全要求及注意事项

1) 安全要求

(1) 注意人身和车辆设备安全;

(2) 未经许可,严禁随意扳动车辆电器按钮开关;

(3) 注意防火,认真接受实训前的安全知识教育。

2) 注意事项

(1) 拆卸车辆电器前,应先断开蓄电池负极;

(2) 启动车辆时，应把变速器挡位放在空挡，并在车轮前后放置挡块；

(3) 启动车辆时，要远离旋转的部件，防止卷入设备内；

(4) 举升车辆时，需要有专人负责；

(5) 使用万用表时，注意挡位的选择，以防烧毁万用表。

3. 设备/工具/耗材要求

(1) 设备：实训车辆、实训车型的维修手册(带电路图)、举升机、诊断仪、万用表、防护垫、三件套等。

(2) 工具：螺钉旋具、扳手、剥线钳、电烙铁、偏口钳等。

(3) 耗材：相关型号的开关、配件、导线、保险丝、绝缘胶带、焊锡丝、松香等。

4. 实训指导

(1) 汽车仪表板上的所有仪表不动，故障原因是蓄电池没电、点火开关有故障，或相关保险丝、仪表接线端子、线路(供电、搭铁)等有故障。

(2) 某一个仪表不动，故障原因是仪表本身、传感器或仪表接线端子等有故障。

(3) 汽车电子组合仪表由控制器控制，可读取故障码并进行分析。

(4) 查阅维修资料，制订检测方案。

(5) 组合仪表的故障诊断与排除方法参阅5.5节。

练习与思考题

1. 判断题(正确的打√，错误的打×)

(　　)(1) 汽车上的电器开关可以随意搬动。

(　　)(2) 更换汽车灯泡时，一定要用手握牢灯泡的玻璃体部分。

(　　)(3) 若电动刮水器不工作，则一定是电动机烧毁了。

(　　)(4) 汽车紧急制动时，安全气囊没有弹出，这并不是因为安全气囊系统有故障。

(　　)(5) 汽车音响不工作，肯定是主机坏了。

(　　)(6) 安全气囊被触发，肯定是碰撞传感器损坏了。

(　　)(7) 刮水器只有高速挡，其他挡位都没有反应，可以肯定的是开关坏了。

(　　)(8) 电子集成式组合仪表中的车速表无显示，肯定是组合仪表坏了，需要整体更换。

(　　)(9) 汽车闪光器损坏会造成前照灯不能点亮的故障。

(　　)(10) 汽车远光灯不亮的故障原因可能是汽车变光开关损坏。

(　　)(11) 汽车右侧所有小灯都不亮，可能是右侧电流过大，烧毁了该侧的所有小灯灯泡。

(　　)(12) 汽车雾灯常亮的故障原因是电路短路。

(　　)(13) 汽车左侧转向灯闪光频率加快，故障原因可能是左侧某转向灯灯泡功率不对。

(　　)(14) 汽车的两个喇叭都不响,故障原因可能是喇叭继电器损坏。

(　　)(15) 汽车车速表不动的故障原因肯定是该仪表损坏。

(　　)(16) 汽车所有仪表都不动的故障原因可能是所有仪表都损坏。

(　　)(17) 如果所有门窗都不工作,说明供电线、保险丝有故障的可能性较大。

(　　)(18) 遥控器损坏会造成汽车中控门锁无动作。

2. 填空题

(1) 汽车前照灯亮度不足,故障原因可能是________、________、________。

(2) 刮水器只有高速挡的故障原因是________或________。

(3) 大众帕萨车的小灯保险丝经常熔断,故障原因可能是________、________、________等。

(4) 某电动门窗不工作的原因有________、________、________、________。

(5) 喇叭常响的故障原因有________或________。

(6) 一踩制动,刹车灯保险丝立即熔断,故障原因是________。

(7) 汽车某一前照灯不亮,故障原因可能是________、________、________。

(8) 雨刮器不能自动复位的主要原因是________。

(9) 汽车普通组合仪表都不工作,故障原因可能是________、________、________、________、________。

(10) 防盗系统不工作的原因是________、________、________。

(11) ________、________、________、________有故障,会造成电动座椅不工作。

(12) 只能开锁、不能闭锁的故障原因是________或________。

3. 不定项选择题

(1) 转向灯经常烧毁的故障原因有(　　)。

A. 该灯保险丝的规格不符合要求　　B. 更换的灯泡功率过小

C. 线路有故障　　D. 闪光器有故障

(2) 造成汽车喇叭时响时不响的故障原因有(　　)。

A. 喇叭触点烧蚀　　B. 喇叭继电器的线圈短路

C. 喇叭线路接触不良　　D. 喇叭按钮触点烧蚀

(3) (　　)会造成刮水电动机不工作。

A. 点火开关有故障　　B. 刮水继电器有故障

C. 刮水电动机烧毁　　D. 刮水系统搭铁不良

(4) 总控开关可控制左后门动作。若左后门不能控制动作,故障原因是(　　)。

A. 电动机损坏　　B. 相应电路有故障

C. 分动开关有故障　　D. 总控开关有故障

(5) 水温表不显示的故障原因是(　　)。

A. 水温传感器有故障　　B. 电子组合仪表损坏

C. 相关线路损坏　　D. 控制单元损坏

4. 简答题

(1) 汽车灯光系统的故障原因有哪些?

(2) 汽车信号与报警系统的故障原因有哪些?

(3) 汽车电动刮水器不工作,如何诊断和排除该故障?

(4) 汽车行驶时安全气囊故障灯报警,如何诊断和排除该故障?

(5) 汽车组合仪表无显示,如何诊断和排除该故障?

(6) 上海大众帕萨特新领驭轿车的左前照灯亮度不够,试画出故障诊断与排除方法的树状框图。

(7) 汽车喇叭常响,试画出故障诊断与排除方法的树状框图。

(8) 试画出上海大众帕萨特新领驭轿车电动车窗不工作的故障诊断与排除方法的树状框图。

模块6 汽车空调故障诊断

学习目标

1. 知识目标

(1) 能叙述汽车手动空调系统的组成和工作原理；

(2) 能叙述空调制冷系统各控制开关的作用和技术参数；

(3) 能叙述别克凯越手动空调电路控制原理；

(4) 能叙述自动空调控制系统的组成和作用。

2. 能力目标

(1) 会检测和分析手动空调电路；

(2) 会诊断和排除手动空调系统的常见故障。

案例导入

一辆配置手动空调的捷达汽车，空调制冷时有时无，正常时制冷效果良好，不正常时开空调不制冷。经检查，发现电子风扇低速旋转，压缩机不工作。读取数据流，显示J220接收到AC请求信号，但压缩机不工作。检测到系统压力正常，J293处各插脚电源、信号、接地等未发现问题。打开点火开关，检查压缩机温度切断传感器和高压传感器信号电压。启动发动机，开启空调用一正极电源在J293发动机控制单元控制线搭一下，然后撤离，压缩机工作正常，只要不熄火，开或关空调都正常；一旦熄火，故障依旧。分析故障原因，应是控制器内部出现问题，更换J220后故障排除。

(1) 听取客户报修的故障现象,请客户填写维修工单;

(2) 服务顾问检查、收取行驶证,填写客户有关数据;

(3) 验证客户叙述的故障,与客户沟通并初步确定维修方案;

(4) 拆检后,根据损坏情况和维修成本,确定维修方案。若有修理价值,则对其进行维修;若没有修理价值,则更换。

拓 扑 图

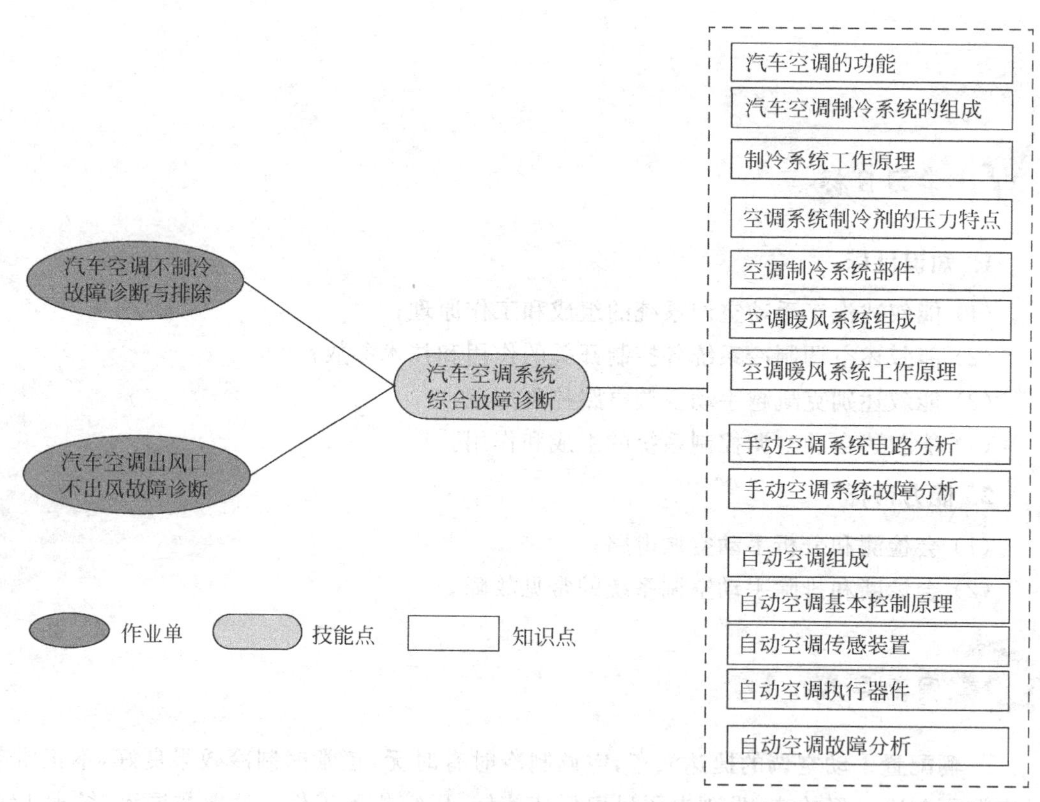

6.1 汽车空调系统的组成与工作原理

6.1.1 汽车空调的功能

汽车空调是对汽车车内空气进行调节的装置,它可以将车内的空气温度调节到使人感到舒适的程度,还可以对空气进行净化和去湿。它能保持车内空气的温度、湿度、流速、洁净度等在热舒适性的标准范围内，提高乘车的舒适性。

6.1.2 汽车空调系统的基本组成

汽车空调系统主要由制冷装置、暖风装置、通风装置、加湿装置、空气净化装置五部分。其中，制冷装置对车内空气或由外部进入车内的新鲜空气进行冷却或除湿，使车内空气变得凉爽舒适；暖风装置主要用于取暖，对车内空气或由外部进入车内的新鲜空气进行加热，达到取暖、除湿的目的；通风装置将外部新鲜空气吸进车内，起通风和换气作用，同时对防止风窗玻璃起雾也起着良好作用；加湿装置在空气湿度较低时对车内空气加湿，以提高车内空气的相对湿度；空气净化装置除去车内空气的尘埃、臭味、烟气及有毒气体，使车内空气变得清洁。

汽车空调系统是将上述各部分全部或部分有机地组合在一起安装在汽车上。通常，在轿车、客车、货车上只有制冷装置、暖风装置和通风装置，在较高级的轿车和大客车上，才有加湿装置和空气净化装置。

1. 制冷装置

1）空调制冷装置的组成

汽车空调制冷装置由压缩机、冷凝器、储液干燥器（或集液干燥器）、膨胀阀、蒸发器等组成，如图 6-1 所示。

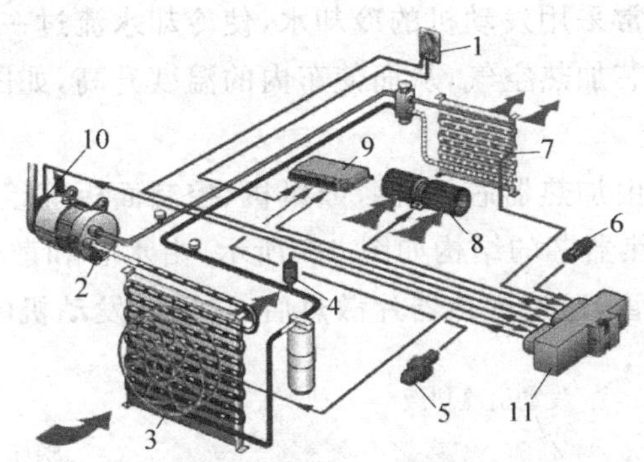

图 6-1 手动空调制冷系统组成

1—手动空调控制面板；2—压缩机位置的泄压阀；3—散热风扇；4—空调压力开关；5—冷却液温度传感器；6—热敏开关；7—蒸发器温度传感器；8—鼓风机；9—发动机控制单元；10—电磁离合器；11—空调控制单元

2）制冷系统工作原理

(1) 常温低压的气态制冷剂从压缩机进气口被吸入，经压缩机压缩后，温度和压力均上升，变成高温高压蒸汽，经压缩机出气口排出，经管路进入冷凝器。

(2) 制冷剂经过冷凝器散热，热量被排到车厢外的大气中，从而使制冷剂温度下降，冷却到液化点变成中温高压液体，然后经过管路进入膨胀阀。

(3) 中温高压制冷剂经过膨胀阀之后，压力下降，变为低压液体。

(4) 在蒸发器内，低压液体吸收热量而蒸发为低压蒸汽，车厢内热湿空气通过蒸发器时碰到冰冷的金属管芯和传热片，空气中的水蒸气被凝结附在金属壁，经排水管流出车外；温度骤然下降，冷而干的空气经鼓风机出入车厢内，降低了车厢内的温度。

3）空调系统制冷剂的压力特点

汽车空调回路中，压缩机经冷凝器至膨胀阀之间的制冷剂压力高的一侧叫作高压侧，膨胀阀经蒸发器至压缩机之间的制冷剂压力低的一侧叫作低压侧，在汽车空调维修中，检测管路内的高低侧压力，是故障诊断的关键。高低压力侧的压力见表6-1。

表6-1 空调制冷系统高低侧的制冷剂压力

压力侧	部　件	标准压力值	高低压侧分界点
高压侧	空调压缩机输出侧、高压管路、冷凝器、储液干燥器、液体管路	1103～1517kPa	(1) 压缩机 (2) 减压元件(膨胀阀或孔管)
低压侧	蒸发器、积累器、回气管路、压缩机输入侧	138～207kPa	

2. 暖风装置

汽车的暖风装置可以将车内的空气或从车外吸入车内的空气加热，提高车内的温度。汽车的暖风装置有许多类型，按热源的不同可分为热水取暖装置、燃气取暖装置、废气取暖装置等。

1）暖风装置的工作原理

暖风装置的热源通常采用发动机的冷却水，使冷却水流过一个加热器芯，再使用鼓风机将冷空气吹过加热器芯加热空气，从而使车内的温度升高，如图6-2所示。

2）暖风装置的组成

热水取暖装置主要由加热器芯、水阀、鼓风机、控制面板等组成。

(1) 加热器芯。加热器芯的结构如图6-3所示，由水管和散热器片组成，发动机的冷却水进入加热器芯的水管，通过散热器片散热后，再返回发动机的冷却系统。

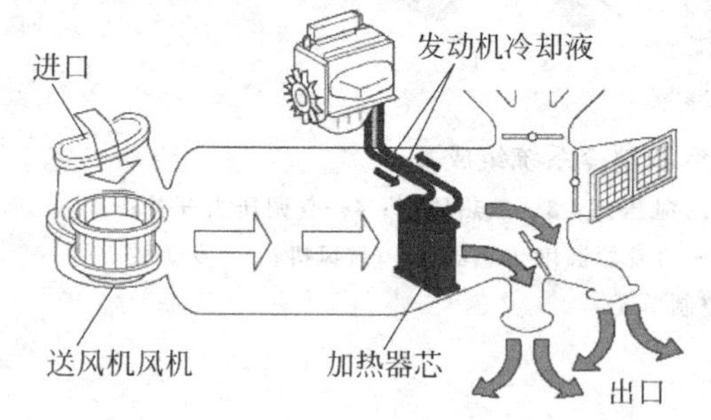

图6-2 暖风装置的工作原理

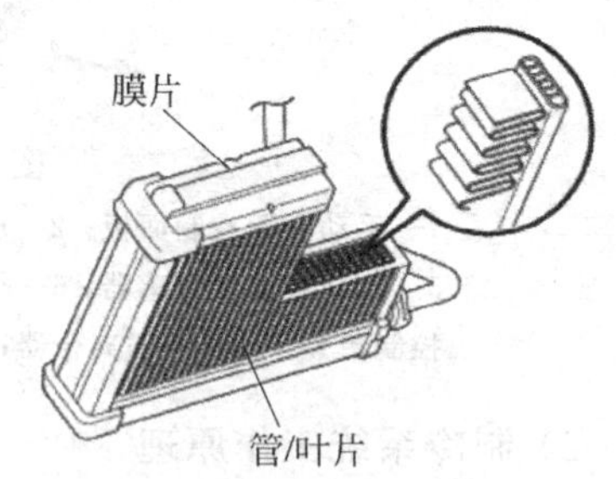

图6-3 加热器芯

(2) 水阀。水阀用于控制进入加热器芯的水量，进而调节暖风系统的加热量。调节时，可通过控制面板上的调节杆或旋钮进行控制，其结构如图6-4所示。

(3) 鼓风机。鼓风机由可调节速度的直流电动机和笼形风扇组成，其作用是将空气吹过加热器芯加热后送入车内。调节电动机的速度，可以调节向车厢内的送风量。鼓风机的结构如图6-5所示。

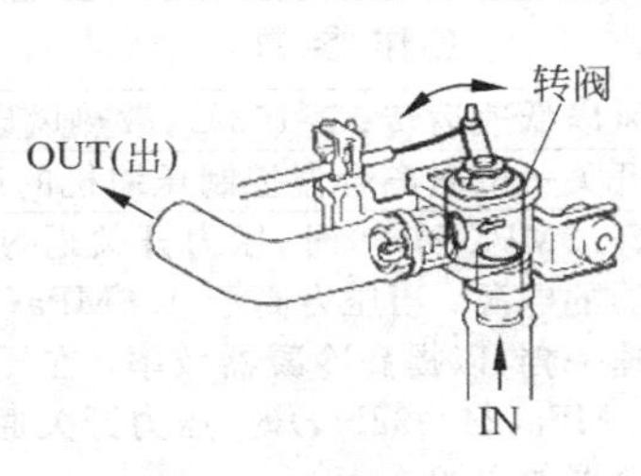

图 6-4 水阀

图 6-5 汽车空调鼓风机

6.2 手动空调系统电路分析

1. 手动空调系统的电路

不同车型的手动空调系统不尽相同。大众系列车型手动空调系统的基础电路如图 6-6 所示。各开关工作参数见表 6-2。

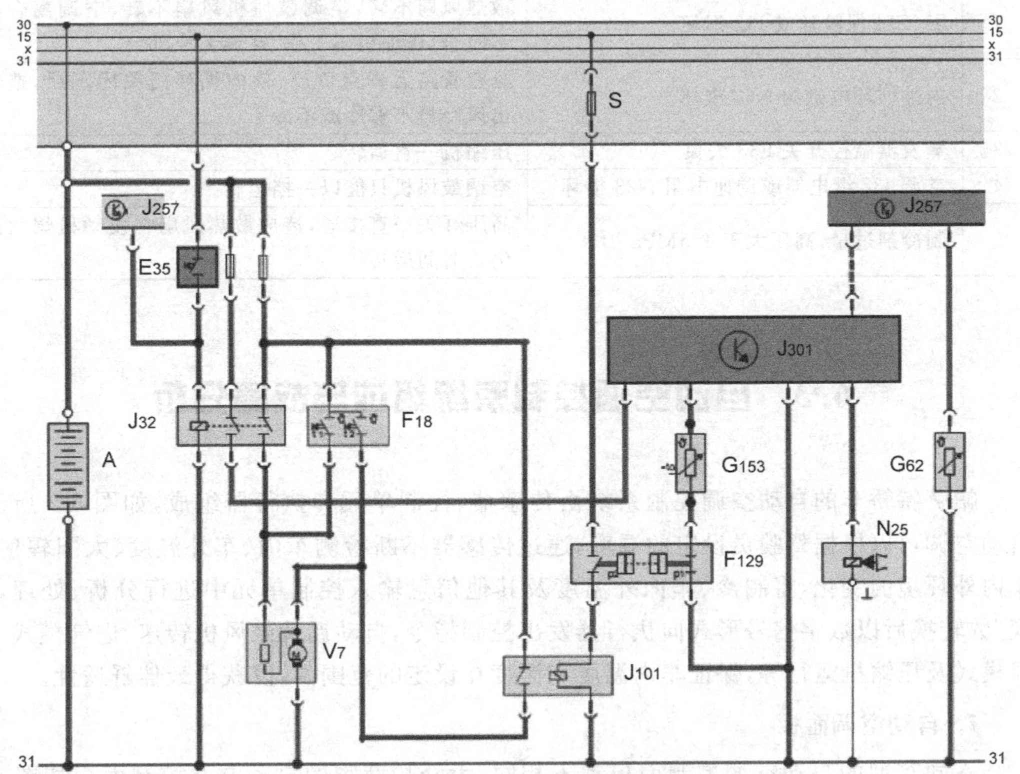

图 6-6 大众系统车型手动空调系统的基础电路

A—蓄电池；S—保险丝；E35—空调开关；F18—散热风扇热敏开关；F129—空调器压力开关；G62—冷却液温度传感器；G153—蒸发器温度传感器；V7—散热风扇热敏开关；N25—电磁离合器；J32—空调继电器；J101—散热器风扇 2 挡速度继电器；J257—Mono-Motronic(单点喷射式莫特朗尼克)发动机控制单元；J301—空调器控制单元

表 6-2　大众系统车型手动空调系统各开关工作参数

序号	开关代号	开关名称	工作参数
1	F18	散热风扇热敏开关	95～103℃,散热风扇低速运转;>103℃,散热风扇高速运转
2	E35	空调开关	用于开启空调的开关—电磁离合器控制压缩机的运行和停止
3	F129	空调器压力开关	当低于压力下限(0.2MPa,2bar)时,压力开关通过空调控制单元切断电磁离合器的电源;当压力高于1.6MPa(16bar)时,压力开关使风扇提速一挡,以提高冷凝器效率;在压力超过规定值、达到2.4～3.2MPa(24～32bar)时,压力开关通过空调控制单元切断电磁离合器的电源

2. 手动空调制冷系统的常见故障

手动空调制冷系统的常见故障有出风口温度不冷、出风口温度不够冷、行驶中有时有冷气有时没有冷气、有的出风口没有冷气、出风量小、副驾驶座下面有水等。空调制冷装置的电器元件损坏后产生的故障及原因分析见表 6-3。

表 6-3　空调制冷装置的电器元件损坏后产生的故障现象及原因分析

序号	故障点	故障现象与原因分析
1	S1、S14 保险丝或 J32 损坏	散热风扇不转,空调鼓风机风扇不转,空调离合器不吸合,压缩机不工作,空调无冷风
2	内外循环电磁阀 N63 损坏	真空管路无真空负压,使内循环门关闭不严,造成出风冷量不够冷或不冷
3	蒸发器温控开关 F33 失灵	压缩机一直运转
4	空调 J32 继电器或调速电阻 N23 损坏	空调鼓风机只能以一挡运转
5	制冷剂过量,高压大于 1.5MPa	高压开关一直接通,造成散热风扇在发动机熄火后仍长时间运转

6.3　自动空调控制系统组成与故障分析

帕萨特轿车的自动空调控制系统由传感器、控制单元和执行器组成,如图 6-7 所示。自动空调可以根据驾驶员设定的温度,通过传感器不断检测车内、车外温度、太阳辐射等车内外环境的变化,将制冷、车内外温度及其他信息输入控制单元中进行分析、处理,经模/数转换后以数字信号形式向执行器发出控制指令,自动调节鼓风机转速、进气模式、出风模式及压缩机运行等,保证车内温度和湿度在设定的范围内,以获得最佳舒适性。

1. 自动空调面板

不同车型的自动空调控制面板都不相同,大众帕萨特的自动空调控制面板如图 6-8 所示。面板上有温度控制开关和各功能选择键。按下 AUTO 键时,自动空调系统可以根据设定的温度自动选择运行模式,以达到所需温度。在汽车使用中也可以用手动控制来取代自动调节。

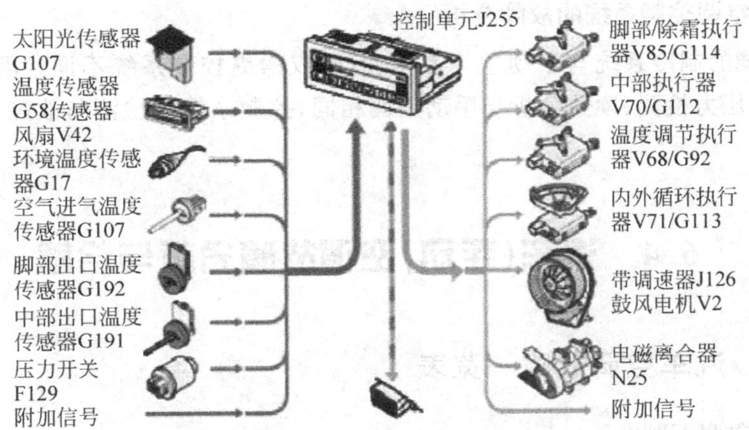

图 6-7　帕萨特自动空调控制系统组成

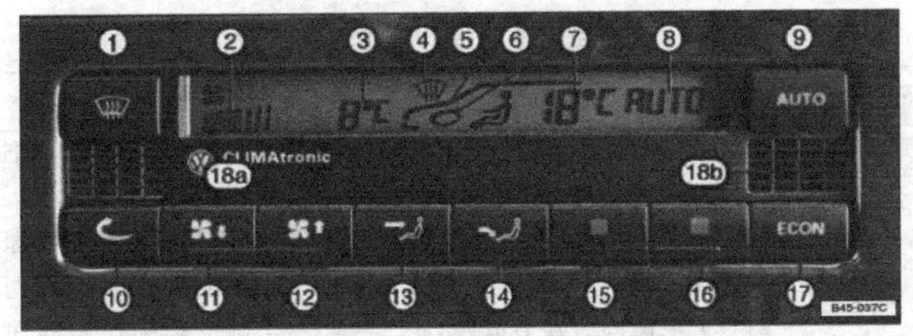

图 6-8　大众帕萨特的自动空调控制面板

1—风窗除霜按键；2—鼓风机挡位显示；3—外界温度显示；4—风窗除霜显示；5—进气模式显示；6—风向显示；7—车内设定温度显示；8—运行状态显示；9—自动运行模式按键；10—循环空气按钮；11,12—鼓风机转速按键；13、14—出风方式按钮；15—降温按键键；16—升温按键；17—经济挡；18—左右车内温度传感器

2. 自动空调传感器

自动空调传感器有环境温度传感器、新鲜空气进气温度传感器、中央出风口温度传感器、脚部出风口温度传感器和太阳光照传感器等。各传感器安装位置如图 6-9 所示。

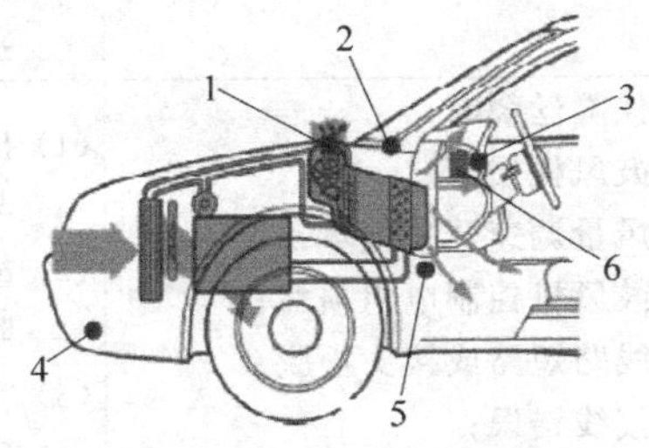

图 6-9　自动空调传感器安装位置

1—新鲜空气进气温度传感器；2—太阳光照传感器；3—仪表板温度传感器；4—环境温度传感器；5—出风口温度传感器；6—自动空调控制单元

3. 自动空调控制系统的故障分析

自动空调的制冷系统与手动空调系统相同,仅操纵控制系统不同。因此,制冷系统高、低压侧的压力检测、读数分析与手动空调相同,控制系统的检测与故障分析应按照维修手册进行。

6.4 汽车(手动)空调故障分析与诊断

6.4.1 汽车空调故障一览表

1. 汽车空调不制冷

汽车空调不制冷的故障现象、原因与分析见表 6-4。

表 6-4 汽车空调不制冷的故障现象、原因与分析

序号	故障现象	故障原因	故障分析
1	压缩机不运转,风量正常但不冷	(1) 制冷系统部件(温度控制开关、高低压开关等)或线路有故障; (2) 电磁离合器有故障; (3) 压缩机内部有故障; (4) 制冷剂过少; (5) 压缩机皮带有故障	(1) 若出风量正常,则说明鼓风机与风管正常。 (2) 压缩机不运转的原因有: ① 压缩机本身有故障; ② 制冷系统控制部件或线路有故障,造成空调控制器不输出控制信号; ③ 控制器至压缩机的导线断路; ④ 制冷剂过少; ⑤ 环境温度过低
2	压缩机运转,风量正常但不冷	(1) 内外循环电磁阀损坏; (2) 制冷剂少; (3) 冷热控制翻板或拉索损坏	(1) 若出风量正常,则说明鼓风机与风管正常; (2) 内外循环电磁阀损坏,外部热空气进入车厢; (3) 制冷剂少,制冷差,感觉不冷; (4) 冷热控制翻板或拉索损坏,热空气进入车厢
3	出风口不出风	(1) 保险丝烧断; (2) 鼓风机损坏; (3) 风量调速开关损坏; (4) 鼓风机控制电阻损坏; (5) 线路短路或接头松脱; (6) 接线错误; (7) 出风总管脱落	(1) 出风口无出风与制冷系统无关,仅与鼓风机装置有关; (2) 故障原因在鼓风机、调速电阻、保险丝等,或风管脱落; (3) 首先检查鼓风机是否工作,再检查风管是否脱落

2. 汽车空调冷气不足

汽车手动空调冷气不足的故障原因与分析见表 6-5。

表 6-5 汽车手动空调冷气不足的故障现象、原因与分析

序号	故障现象	故障原因	故障分析
1	压缩机运转正常,风量正常,但制冷差	(1) 压缩机有故障; (2) 制冷装置有故障: ① 制冷装置的部件有故障; ② 制冷装置的管路有故障; ③ 制冷剂量过多或过少	压缩机运转正常,出风量正常,说明空调控制系统正常,鼓风机和风管正常。故障原因可能是压缩机本身有故障或制冷装置有故障。 通过检查高、低压侧的压力,可分析判断制冷装置是否有故障,以及产生故障的原因与部位: (1) 高、低压侧压力均低:制冷剂少,高低压侧压力过低:压缩机有故障; (2) 高、低压侧压力均高:膨胀阀开度大、制冷剂多、冷冻油量多、冷凝器散热差、热敏电阻或感温泡有故障; (3) 高压侧压力过低:低压管路堵、膨胀阀堵; (4) 低压侧压力过低:蒸发器结霜、膨胀阀堵、低压管路不畅通、热敏电阻或感温泡有故障; (5) 低压侧压力有时正常,有时负真空:制冷装置有水分和冰堵; (6) 低压侧压力过低,高压侧压力过高:储液干燥器内部堵、高压管路堵; (7) 低压侧压力过高,高压侧压力过低:压缩机有故障
2	空调压缩机不运转,但出风量正常	(1) 空调压缩机内部有故障; (2) 空调压缩机皮带老化; (3) 空调电磁离合器损坏; (4) 控制系统有故障	(1) 出风量正常,说明鼓风机与风管正常。 (2) 压缩机不运转,故障原因: ① 空调压缩机内部有故障; ② 空调电磁离合器有故障; ③ 空调压缩机皮带老化打滑; ④ 空调控制系统有故障
3	空调压缩机有时转,有时不转,压缩机运转时制冷性能良好	(1) 空调压缩机内部有故障; (2) 空调压缩机皮带老化; (3) 空调电磁离合器损坏; (4) 控制系统有故障; (5) 制冷装置冰堵	如果空调压缩机时转时不转,压缩机运转时制冷性能良好,则主要原因是制冷系统有冰堵、控制系统或控制系统部件有故障或接触不良
4	压缩机运转正常,鼓风机能调速,但出风量小	出风量小的原因: (1) 鼓风机有故障; (2) 出风管路松脱漏气; (3) 进风口堵塞	出风量与空调压缩机运转无关,故障分析: (1) 鼓风机电动机有故障,造成鼓风机电动机转速低; (2) 出风口翻板拉索断裂或脱落; (3) 出风管路松脱漏气; (4) 进风口堵塞

续表

序号	故障现象	故障原因	故障分析
5	鼓风机运转不正常	(1) 鼓风机有故障； (2) 调速电阻有故障； (3) 保险丝与导线有故障	鼓风机运转不正常，出风量一定不正常。故障分析： (1) 首先检查鼓风机供电电源。若供电电源与接地良好，鼓风机运转不正常，则鼓风机电动机损坏； (2) 若鼓风机电动机良好，则检查调速电阻； (3) 检查电路

3. 汽车空调有时制冷有时不制冷

汽车空调有时制冷有时不制冷的故障现象、原因与分析见表 6-6。

表 6-6　汽车空调有时制冷有时不制冷的故障现象、原因与分析

序号	故障现象	故障原因	故障分析
1	压缩机运转正常	(1) 压缩机有故障； (2) 制冷系统部件有故障； (3) 制冷系统管路有故障； (4) 制冷剂量多或少； (5) 压缩机皮带有故障	(1) 若出风量正常、压缩机运转正常，则说明鼓风机与风管正常，空调控制系统正常。 (2) 检查高、低压侧的压力，判断冷气不足的原因(判断方法参见表 6-5)
2	压缩机有时转有时不转	(1) 制冷系统有冰堵； (2) 热敏电阻或感温泡故障； (3) 控制线路接触不良	(1) 压缩机有时转、有时不转造成制冷系统有时制冷良好、有时不制冷，这时可观察电磁离合器是否频繁地吸闭和断开； (2) 故障原因主要是制冷系统有冰堵或控制线路接触不良

6.4.2 汽车空调故障诊断与分析

1. 故障：制冷差，车内温度高

1）故障现象

一辆上汽大众帕萨特 B5 轿车(手动空调)，打开空调制冷按钮，制冷效果差，车辆行驶一段时间后车厢内依然很热，没有制冷效果。

2）故障诊断流程

一辆上汽大众帕萨特 B5 轿车(手动空调)电路如图 6-10 所示，空调制冷差故障诊断流程如图 6-11 所示。

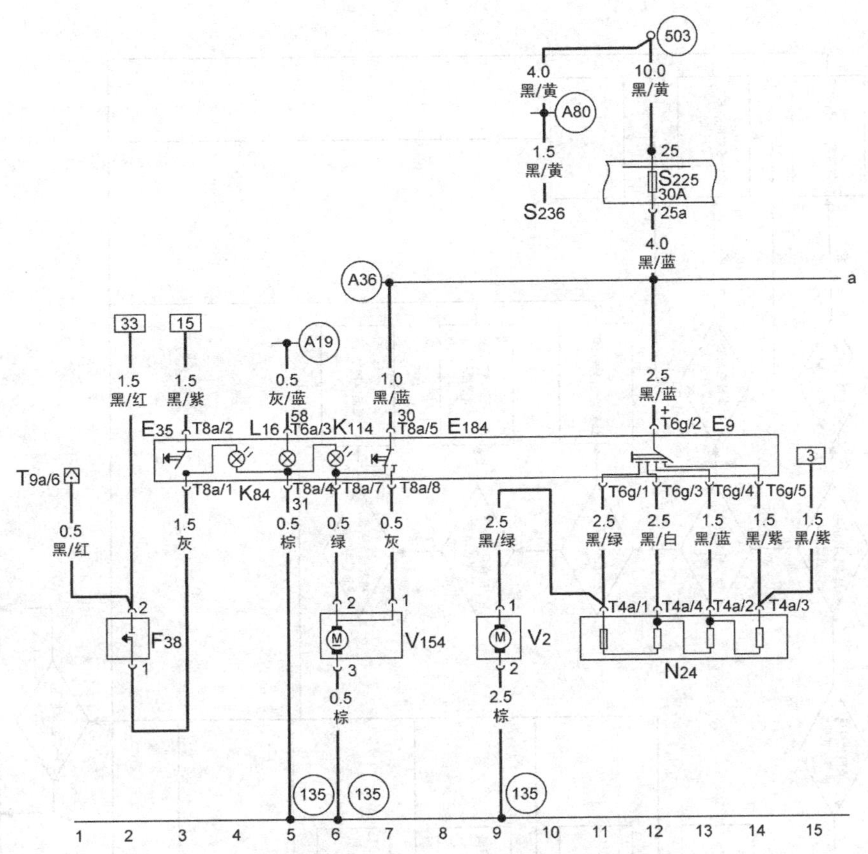

图 6-10　上汽大众帕萨特 B5 轿车手动空调电路图

E9—新鲜空气鼓风机开关；E35—空调开关；E184—新鲜空气和循环空气开关；K84—空调警告灯；L16—新鲜空气控制照明灯；K114—新鲜空气和循环空气开关警告灯；F38—环境温度开关；V154—新鲜/循环空气板定位电动机；V2—新鲜空气鼓风机；N24—带保险丝的新鲜空气鼓风机串联电阻

2. 故障：制热差，车厢内一直过冷

1）故障现象

一辆上汽大众帕萨特 B5 轿车（手动空调），打开空调制热按钮后，制热效果不佳，车子运行一段时间也没有改善。

2）故障诊断流程

上汽大众帕萨特 B5 轿车（手动空调）制热差故障诊断流程如图 6-12 所示。

3. 故障：鼓风机电气系统故障（手动空调）

1）故障现象

一辆上汽大众帕萨特 B5 轿车（手动空调），打开空调，调整风速开关，出风量不正常。

2）故障诊断流程

空调鼓风机电气系统故障的诊断流程如图 6-13 所示。

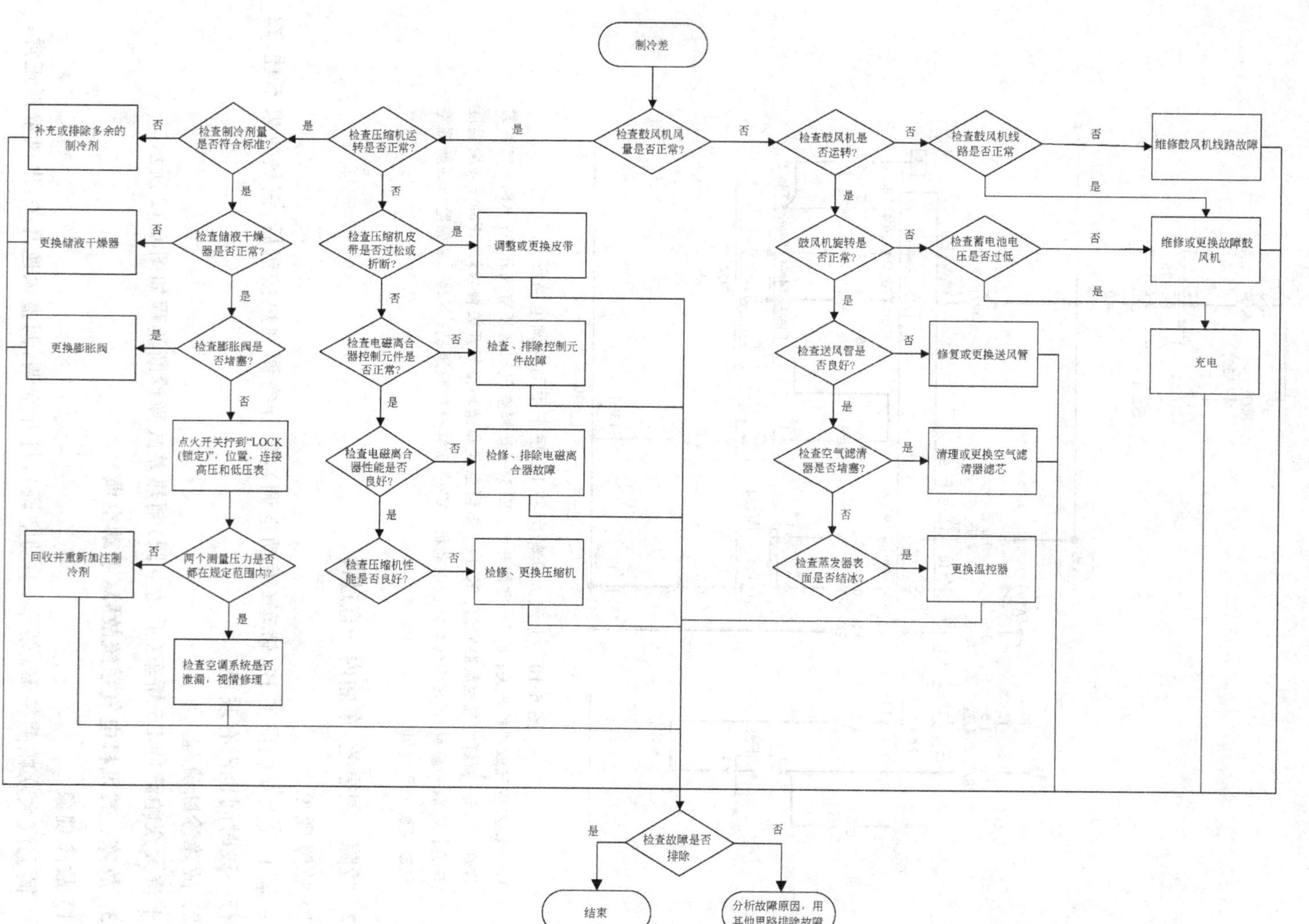

图 6-11　空调制冷差故障诊断流程

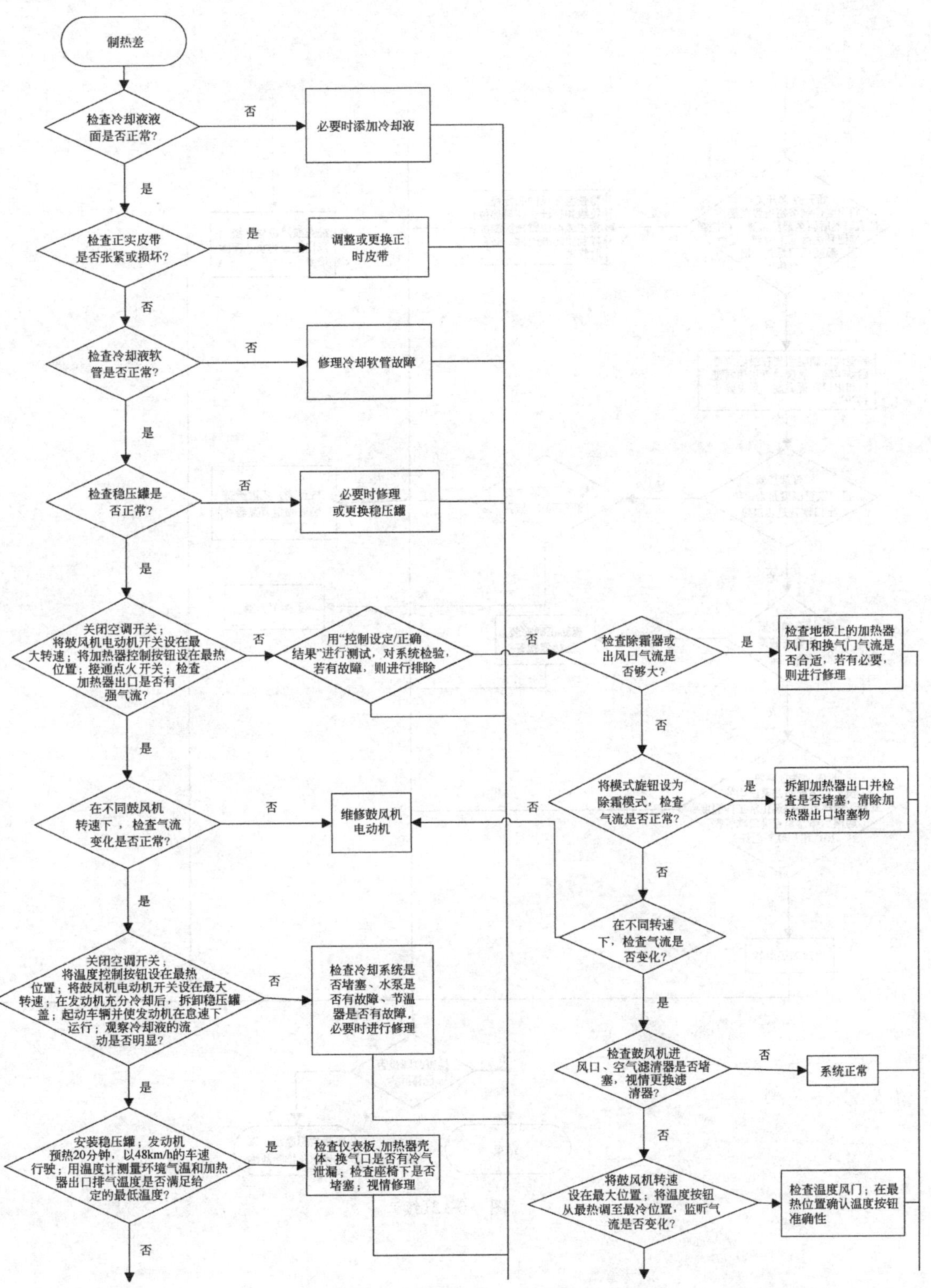

图 6-12 空调制热差故障诊断流程

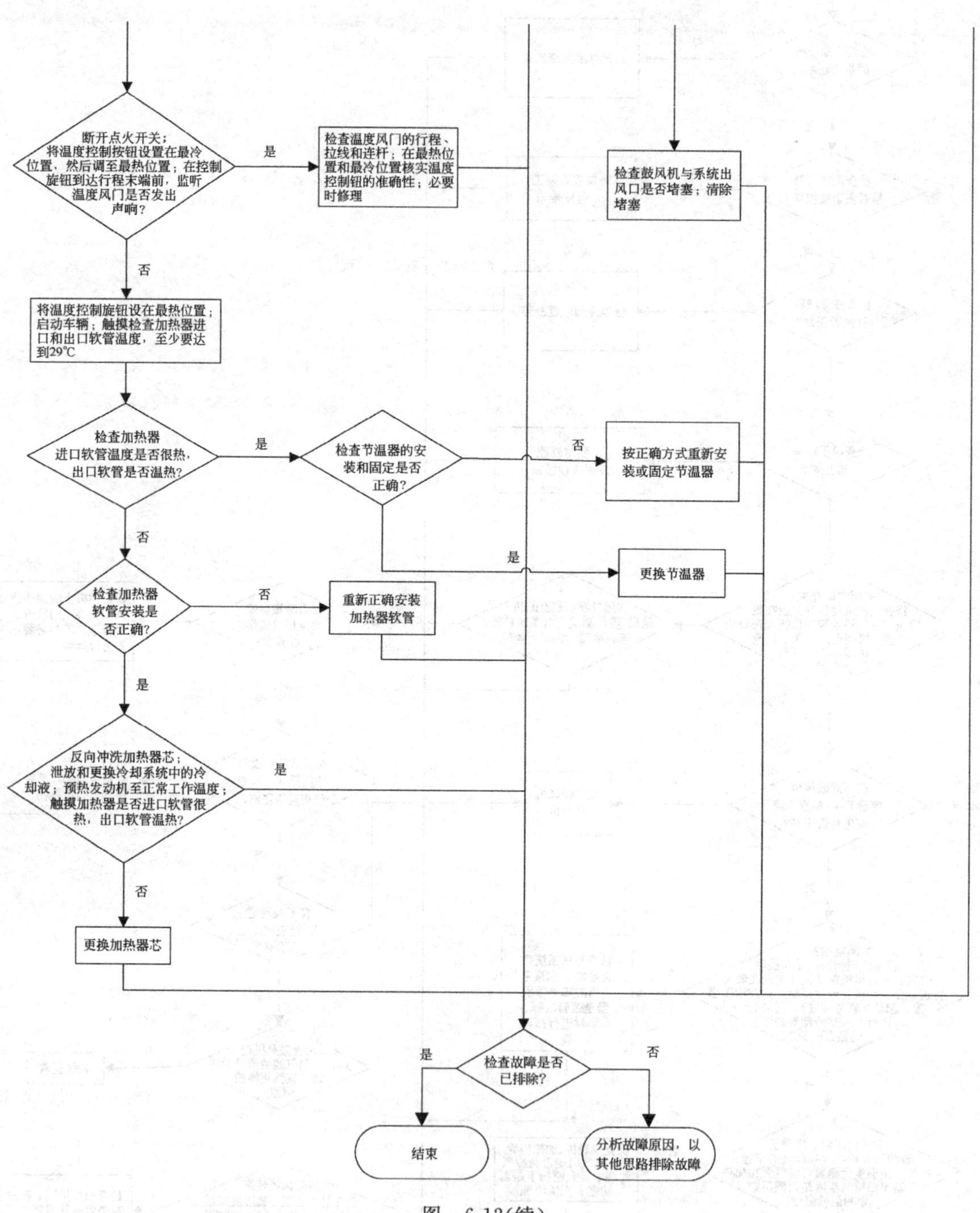

断开点火开关；将温度控制按钮设置在最冷位置，然后调至最热位置；在控制旋钮到达行程末端前，监听温度风门是否发出声响？
是
检查温度风门的行程、拉线和连杆；在最热位置和最冷位置核实温度控制钮的准确性；必要时修理
检查鼓风机与系统出风口是否堵塞；清除堵塞
否
将温度控制旋钮设在最热位置；启动车辆；触摸检查加热器进口和出口软管温度，至少要达到29℃
检查加热器进口软管温度是否很热，出口软管是否温热？
是
检查节温器的安装和固定是否正确？
否
按正确方式重新安装或固定节温器
否
是
更换节温器
检查加热器软管安装是否正确？
否
重新正确安装加热器软管
是
反向冲洗加热器芯；泄放和更换冷却系统中的冷却液；预热发动机至正常工作温度；触摸加热器是否进口软管很热，出口软管温热？
是
否
更换加热器芯
是
检查故障是否已排除？
否
结束
分析故障原因，以其他思路排除故障

图 6-12(续)

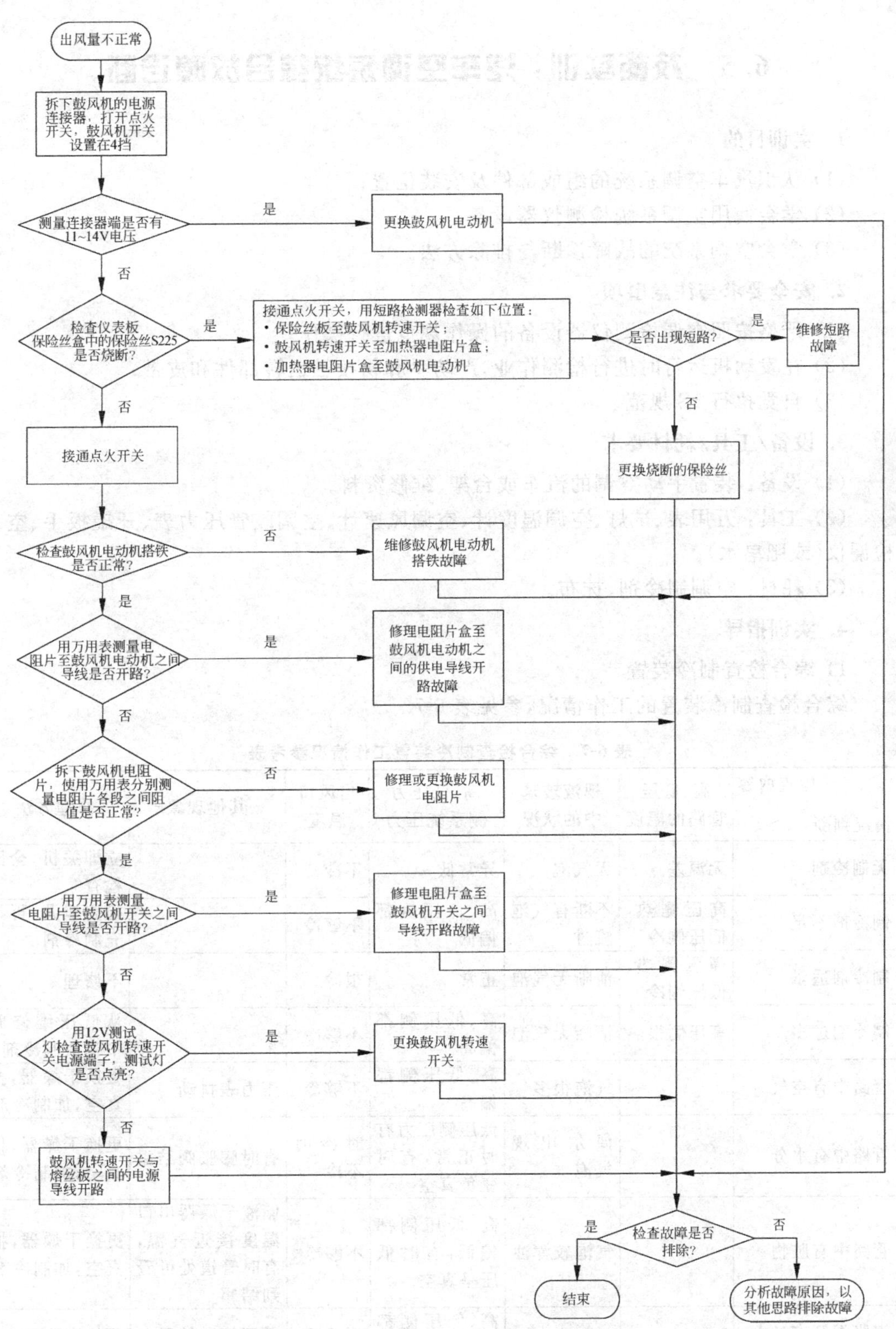

图 6-13　空调鼓风机电气系统故障诊断流程

6.5 技能实训：汽车空调系统综合故障诊断

1. 实训目的

(1) 认识汽车空调系统的组成部件及安装位置；

(2) 学会使用空调系统检测仪器设备；

(3) 学会空调系统的故障诊断与排除方法。

2. 安全要求与注意事项

(1) 严格按照空调检测仪器设备的操作规范进行操作；

(2) 在发动机运行时进行检测作业，严防手和物接触运转部件和皮带；

(3) 自觉执行5S规范。

3. 设备/工具/耗材要求

(1) 设备：装置手动空调的汽车或台架、维修资料。

(2) 工具：万用表、试灯、空调温度计、空调风速计、空调歧管压力表、开罐扳手、空调检漏仪(或肥皂水)。

(3) 耗材：空调制冷剂、抹布。

4. 实训指导

1) 综合检查制冷装置

综合检查制冷装置的工作情况，参见表6-7。

表6-7 综合检查制冷装置工作情况参考表

检查内容 / 情况判断	高、低压管路的温度	视液玻璃中的状况	高、低压力侧系统压力	出风口温度	其他现象	修理方法
无制冷剂	无温差	无气泡	异常低	不冷		立即关机，全面检查
制冷剂不足	高压侧热，低压侧冷	不断有气泡流过	高、低压侧都偏低	不够冷		检查泄漏，再补充制冷剂
制冷剂适量	高压侧热，低压侧冷	清晰无气泡	正常	很冷		不修理
制冷剂过多	高压侧很热	清晰无气泡	高、低压侧都偏高	不够冷		从低压维修阀中释放制冷剂
管路中有空气		气泡很多	高、低压侧都偏高	不够冷	压力表抖动	更换干燥器，抽真空，加制冷剂
管路中有水分		偶尔出现气泡	低压侧压力有时正常，有时变负真空	时冷时不冷	有时膨胀阀结霜	更换干燥器，抽真空，加制冷剂
管路中有脏物		气泡较浑浊	高、低压侧都偏低，有时低压呈真空	不够冷	储液干燥器出口温度接近气温，有时管道处可看到结霜	更换干燥器，抽真空，加制冷剂
膨胀阀开度过大			高、低压侧都偏高	不够冷	低压管道结霜	更换膨胀阀

2）空调歧管压力表读数分析

如果制冷装置有故障，通常通过在系统上安装歧管压力表来进行故障诊断。

(1) 系统工作正常时的压力表显示。

由于系统正常，压力随环境温度和压缩机转速的不同而有所改变，所以正常的压力显示一般是有条件的。当室温为30～35℃，发动机加速到1500～2000r/min并保持稳定时，将空调冷度调到最冷，同时将风速开到最大，气流置于内循环位置，此时系统的正常压力应如图6-14所示，歧管压力表的高压侧读数应为14～16kgf/cm^2（1kgf/cm^2＝0.98×10^{5}Pa），低压侧读数应为1.5～2.5kgf/cm^2。

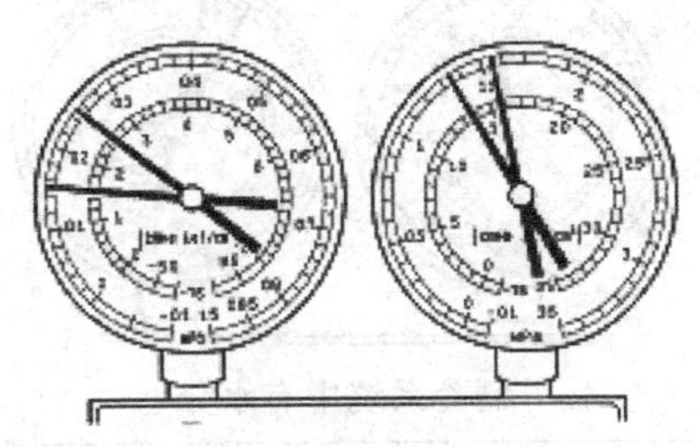

图6-14　系统工作正常时的压力表显示

(2) 系统有故障时的压力表显示。

当空调制冷装置有故障时，读取歧管压力表的高压侧和低压侧的压力读数，见表6-8。结合观察制冷装置的管路是否结霜或泄漏、压缩机是否正常工作、冷却风扇是否运转、冷凝器是否脏堵等，就能正确判断故障原因。

表6-8　空调制冷装置故障原因分析

高低压力表显示	故障原因分析
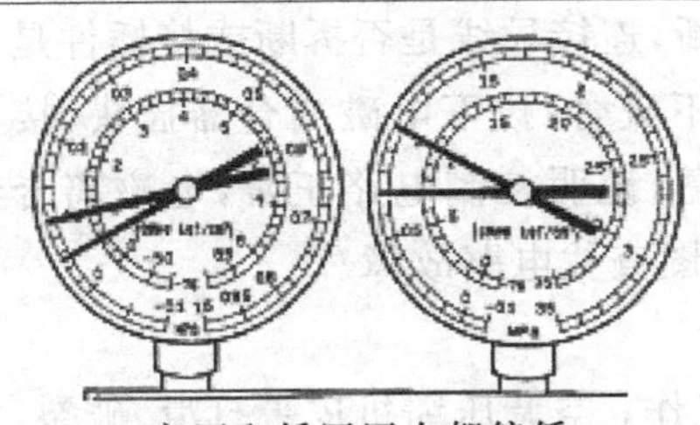 高压和低压压力都偏低	装置不制冷或制冷差，低于标准值（7～16kgf/cm^2）稳定指示。如在观测镜中见到连续的气泡，通常是装置缺少制冷剂引起的，再找出泄漏或其他原因后，经修理可再添加或重新灌注
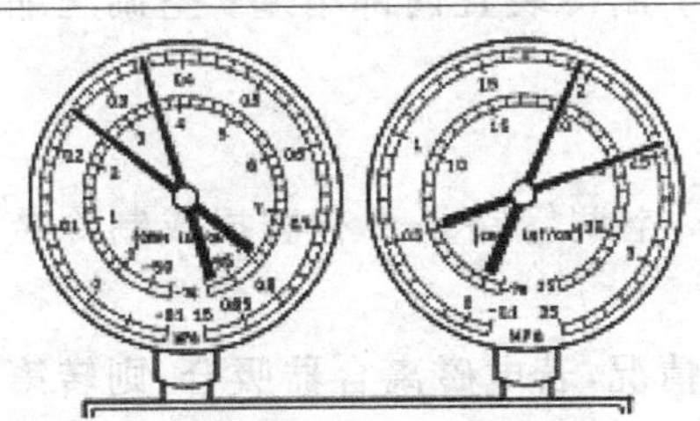 高压和低压压力都偏高	如果装置高、低压压力都偏高，高压高于标准值（20～25kgf/cm^2），并有持续上升现象，低压也高于标准值（2.5～3.5kgf/cm^2），并在一定范围内波动。通过观察镜见不到气泡，此出风温度也不很冷。原因一般为制冷剂加注过多，使制冷装置不能发挥有效的功能；或冷凝器由于散热片堵塞或冷凝风机损坏而造成散热不良。当装置中混有水分时，也会出现高、低压压力都偏高
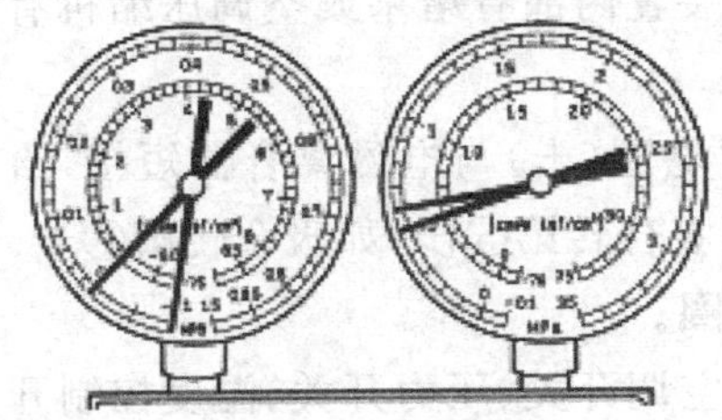 制冷剂循环不良	当装置的某个部件出现堵塞时，显然会出现不制冷的结果，此时伴有储液罐或膨胀阀后面的管路有结霜现象，并且高、低压端的压力都偏低；低压端压力经常见到真空状态，并且真空度随转速的增高而变大，此现象为制冷剂循环不良所致。 故障的绝大多数原因是膨胀阀脏堵引起的。此时必须清洗或更换膨胀阀，最好同时更换储液罐

续表

高低压力表显示	故障原因分析
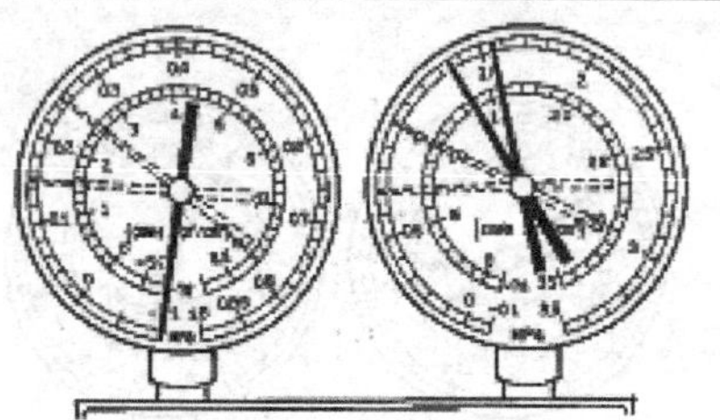 制冷系统中有水分	当出现周期性不制冷的情况，并伴有储液罐或膨胀阀后面的管路有周期性结霜现象。压力表显示低压表时而正常，时而显示真空，高压表时而正常，时而在 7～16kgf/cm² 之间波动幅度很大，这一般为装置含水分较多而造成储液罐或膨胀阀冰堵所致。 此时，必须更换储液干燥器，并反复抽真空完全排除装置中的水分后，才能加注制冷剂
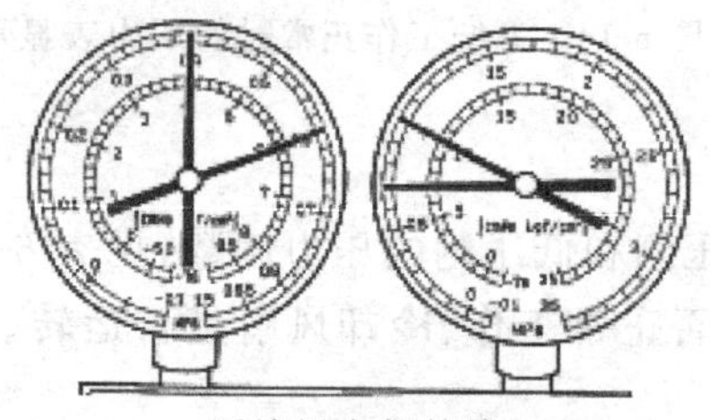 压缩机内部故障	压缩效率降低，表现为低压侧压力过高（4～6kgf/cm²），并快速波动；高压侧压力过低（7～10kgf/cm²），并快速波动。此时表现为不制冷，或制冷效果基本消失。 此故障是压缩机内部泄漏造成的，排除的方法是更换压缩机

3）电路方面的故障诊断

电路方面的故障诊断，应首先检查保险丝是否熔断，连接导线是否拆断或接插件是否脱开；然后观察电磁离合器是否吸合，如电磁离合器不吸合，拔下电磁离合器插头，接上试灯；最后，在发动机运行时按下 A/C 开关，如试灯亮，说明控制电路正常，电磁离合器有故障；如试灯不亮，说明控制电路有故障，根据电路图查找电路故障。

4）不制冷故障诊断基本方法

（1）故障产生可能的部位：空调压缩机损坏，不工作；空调压缩机皮带打滑、破裂、太松；空调管路破损或制冷装置出现泄漏；节流阀损坏；制冷装置内部堵塞；空调压缩机损坏；熔断丝烧断；线路有故障。

（2）诊断步骤。

① 初步检查。检查压缩机皮带是否破裂、太松等，空调管路是否有破损或制冷装置是否出现泄漏。

② 打开空调开关，检查压缩机的电磁离合器工作情况，若电磁离合器吸合，则转第③步；若电磁离合器不吸合，则转第④步。

③ 检测制冷剂数量。若数量正常，则故障为制冷装置内部有堵塞或空调压缩机有故障；若无制冷剂，则添加规定的制冷剂量。

④ 断开压缩机的电磁离合器连接器，用导线将蓄电池（＋）与电磁离合器短接，给电磁离合器直接供电，观察电磁离合器的工作情况，如不吸合转第⑤步，如吸合转第⑥步。

⑤ 磁离合器有故障，更换压缩机的电磁离合器线圈。

⑥ 检查压缩机控制回路中各元件的工作情况，如空调开关、压力开关、温度控制开关等，并检查线路。

练习与思考题

1. 选择题(单选)

(1) 制冷剂在蒸发器出口处的物理状态是(　　)。

A. 高压气态　　B. 低压气态　　C. 高压液态　　D. 低压液态

(2) 空调制冷装置的低压和高压压力基本相同,其故障原因是(　　)。

A. 压缩机损坏　　B. 制冷剂过多　　C. 膨胀阀堵塞　　D. 冷凝器损坏

(3) 空调歧管压力表显示低压出现负真空,故障原因是(　　)。

A. 膨胀阀堵　　B. 制冷剂过少

C. 储液罐脏堵　　D. 压缩机有故障

(4) 空调驾驶员侧出风量小,故障原因可能是(　　)。

A. 鼓风机损坏　　B. 出风管脱落　　C. 出风管松脱　　D. 蒸发器损坏

(5) 制冷装置中有水分的故障现象是(　　)。

A. 制冷差　　B. 不制冷　　C. 间歇性不制冷　　D. 高压过低

(6) 空调高压开关损坏的故障现象是(　　)。

A. 压缩机一直工作　　B. 压缩机不工作

C. 高压过高　　D. 高压过低

(7) 膨胀阀堵死的故障现象是(　　)。

A. 高压高,低压高　　B. 高压低,低压低

C. 高压高,低压低　　D. 高压低,低压高

(8) 压缩机内部泄漏的故障现象是(　　)。

A. 高压高,低压高　　B. 高压低,低压低

C. 高压高,低压低　　D. 高压低,低压高

2. 简答题

(1) 别克凯越车的手动空调鼓风机不转,如何检查?

(2) 空调管路结霜,如何检查?

3. 拓展题

桑塔纳 3000 手动空调系统电路如图 6-15～图 6-19 所示。试根据电路图诊断故障原因。

1) 鼓风机不转

提示:分析鼓风机及其控制电路。

(1) 分析点火开关接通后满足通风或去雾除霜功能的电路。

(2) 分析空调开关 E30 接通后鼓风机运转的电路。

2) 散热风扇不转

提示:分析散热风扇及其控制电路。

(1) 当发动机水温达到 95℃时。

(2) 当发动机冷却温度达到 105℃时。

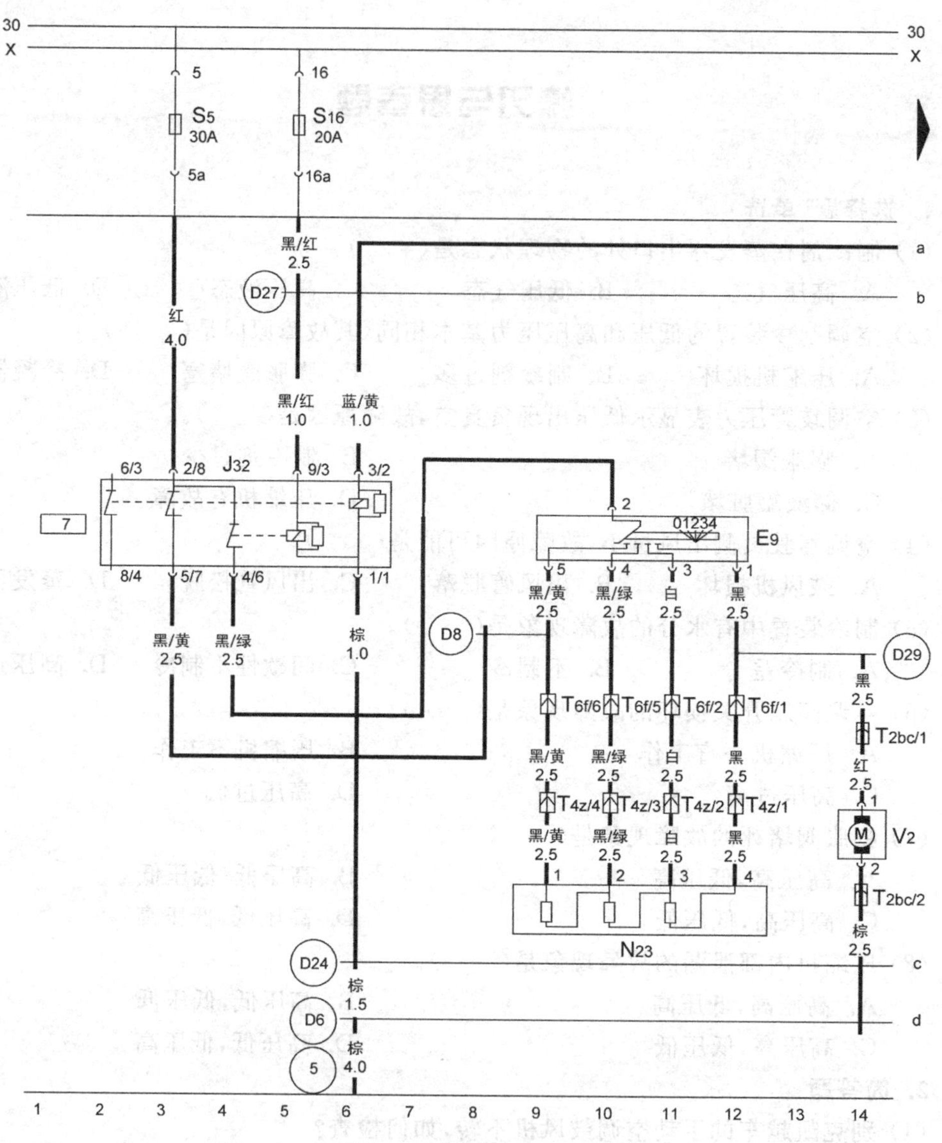

图 6-15　桑塔纳 3000“超越者”的空调电路(一)

E9—风速开关；J32—空调继电器；N23—鼓风机电动机减速电阻；S5—保险丝(30A)；S216—保险丝(10A)；V2—鼓风电动机；D6—接地连接线；D8—连接线；D24—接地连接线；D27—正极连接线

(3) 当空调开关 E30/(5～6)+后,散热风扇低速旋转。

(4) 空调系统在高压压力达到 1.77MPa 时,散热风扇高速旋转。

3) 电磁离合器不工作

提示：分析电磁离合器及其控制电路。

(1) 分析空调继电器 J32 的控制电路。

(2) 分析内循环真空继电器线圈 N63 的控制电路。

(3) 分析散热风扇控制器 J293 的空调开关 E30 信号的电路。

(4) 分析与发动机控制单元 J220 相联系的控制电路。

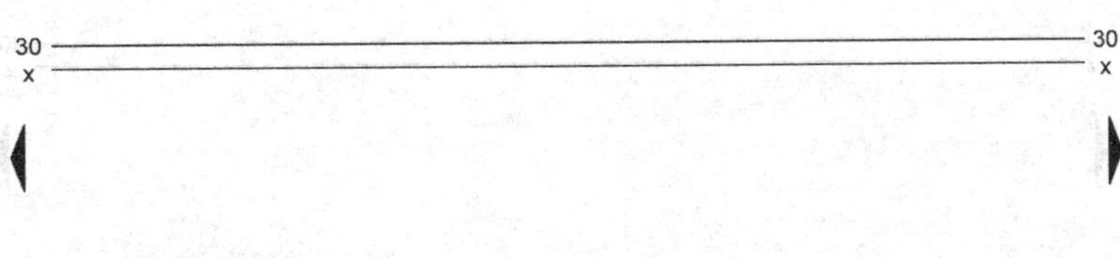

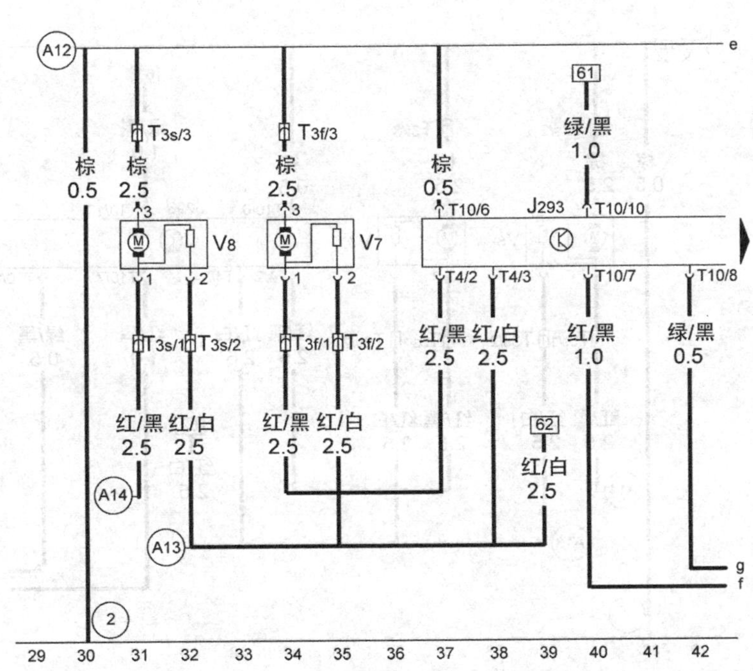

图 6-16 桑塔纳 3000“超越者”的空调电路(二)

D29—连接线；⑤—接地点；E30—空调 A/C 开关；E33—冷量开关；E159—内循环开关；F38—环境温度传感器；L76—按钮显示灯；N63—进风门电磁阀；A19—接地连接线；D6—接地连接线；D7—连接线；D24,D25—接地连接线；D27—正极连接线(X)；②—接地点

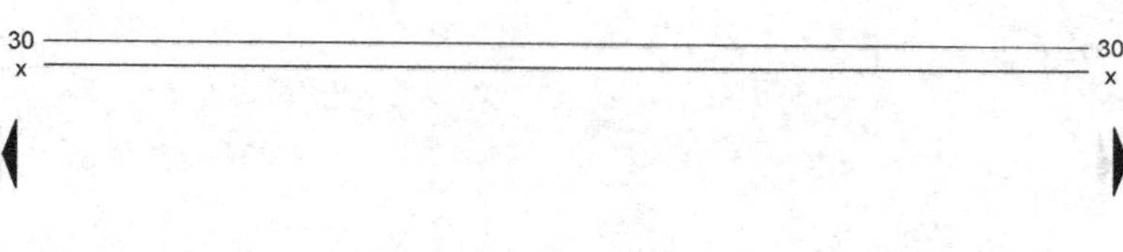

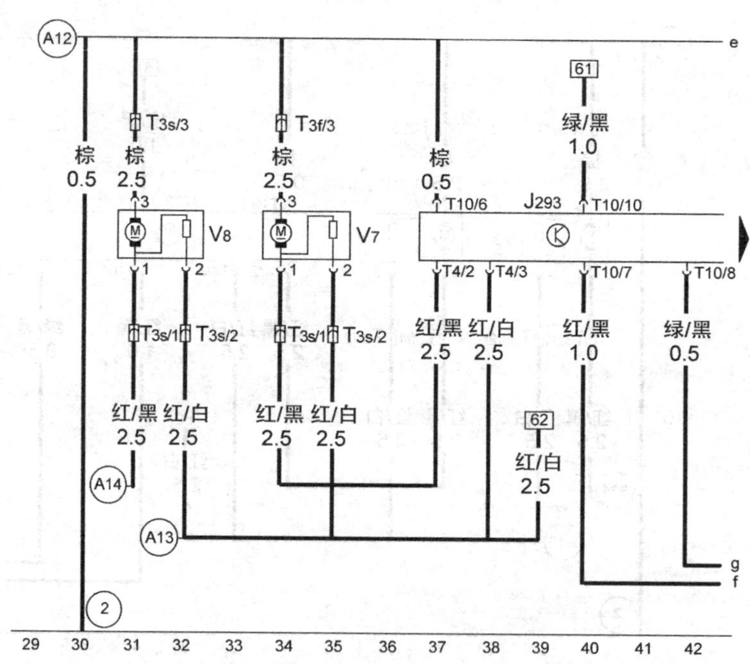

图 6-17 桑塔纳 3000“超越者”的空调电路(三)

J293—散热风扇控制器；V8—右散热风扇；A12—接地连接线；A13,A14—连接线；②—接地点

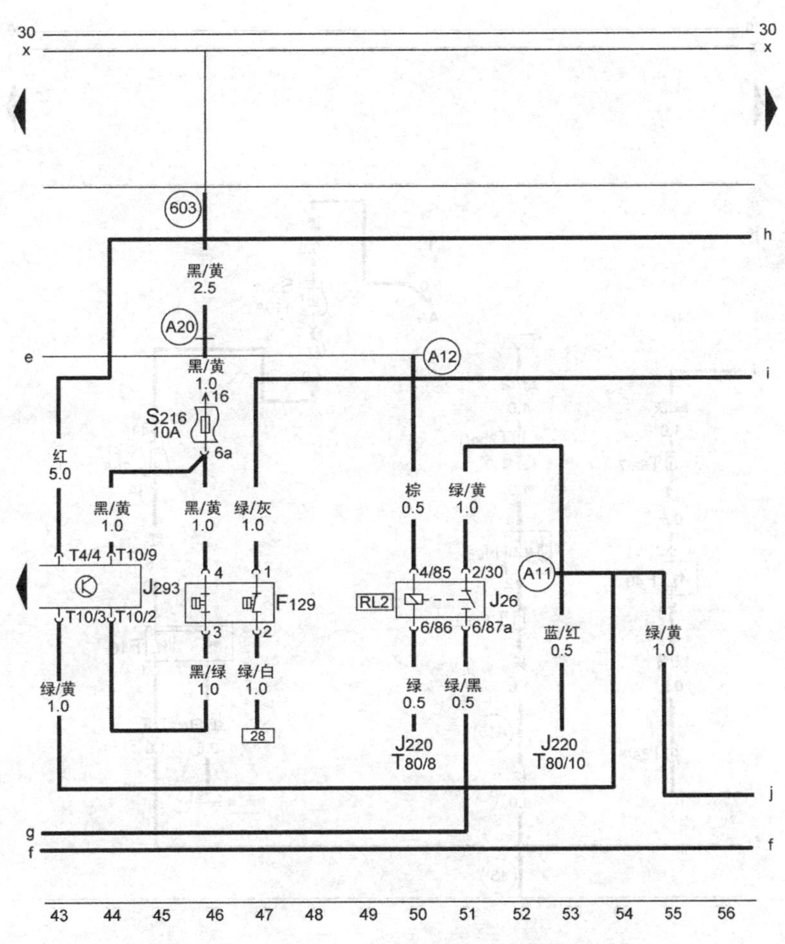

图 6-18 桑塔纳 3000"超越者"的空调电路(四)

F129—空调组合开关；J26—压缩机切断继电器；J220—Motronic 发动机控制单元；J293—散热风扇控制器；S216—保险丝 16(10A)；A11—连接线；A12—接地连接线；A20—正极连接线 X；603—正极螺栓连接点(X)

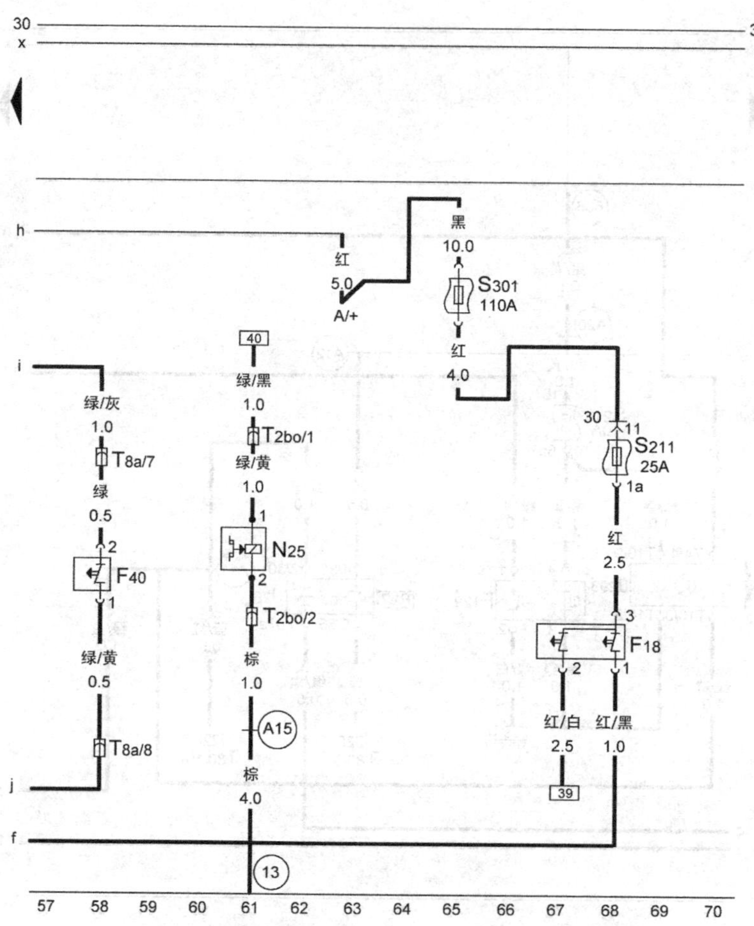

图 6-19　桑塔纳 3000"超越者"的空调电路(五)

A—蓄电池；F18—冷却液风扇的热保护开关；F40—空调水温控制开关；N25—电磁离合器；S301—保险丝(110A)；S211—保险丝(25A)；A15—接地连接线；⑬—接地点

作 业 单

作业单 1-1　蓄电池故障诊断与排除

姓名：____________　　班级：____________　　日期：____________

(1) 客户检修项目。

车型：　　　　　　　　　　17 位编码：

检修项目：

(2) 验证客户检修项目。

(3) 制订检测方案。

(4) 检测与诊断蓄电池故障,并填入作业表 1-1。

作业表 1-1　检测与诊断蓄电池故障

序　号	检 测 内 容	检 测 结 果	分 析 判 断
1			
2			
3			
4			
5			
6			

排除方法：

作业单 1-2　汽车充电系统故障诊断与排除

姓名：＿＿＿＿＿＿　班级：＿＿＿＿＿＿　日期：＿＿＿＿＿＿

1. 作业项目一

(1) 客户检修项目。

车型：　　　　　　　　17 位编码：

检修项目：

(2) 验证客户检修项目。

(3) 查阅汽车电路图和相关维修资料，制订故障检测方案。

(4) 检测与诊断汽车充电系统故障，并填入作业表 1-2。

作业表 1-2　检测与诊断汽车充电系统故障

序　号	检测内容	检测结果	分析判断
1			
2			
3			
4			
5			
6			
7			
8			
9			
10			

排除方法：

2. 作业项目二

(1) 客户检修项目。

车型：　　　　　　　　　　17 位编码：

检修项目：

(2) 验证客户检修项目。

(3) 查阅汽车电路图和相关维修资料,制订故障检测方案。

(4) 检测与诊断汽车充电系统故障,并填入作业表 1-3。

作业表 1-3　检测与诊断汽车充电系统故障

序　号	检测内容	检测结果	分析判断
1			
2			
3			
4			
5			
6			
7			
8			
9			
10			

排除方法：

作业单 1-3　汽车启动系统故障诊断与排除

姓名：＿＿＿＿＿＿　班级：＿＿＿＿＿＿　日期：＿＿＿＿＿＿

1. 作业项目一

(1) 客户检修项目。

车型：　　　　　　　　　　17 位编码：

检修项目：

(2) 验证客户检修项目。

(3) 查阅汽车电路图和相关维修资料，制订故障检测方案。

(4) 检测与诊断汽车启动系统故障，并填入作业表 1-4。

作业表 1-4　检测与诊断汽车启动系统故障

序　号	检测内容	检测结果	分析判断
1			
2			
3			
4			
5			
6			
7			
8			
9			
10			

排除方法：

2. 作业项目二

(1) 客户检修项目。

车型：　　　　　　　　　　　　　17 位编码：

检修项目：

(2) 验证客户检修项目。

(3) 查阅汽车电路图和相关维修资料，制订故障检测方案。

(4) 检测与诊断汽车启动系统故障，并填入作业表 1-5。

作业表 1-5　检测与诊断汽车启动系统故障

序　　号	检 测 内 容	检 测 结 果	分 析 判 断
1			
2			
3			
4			
5			
6			
7			
8			
9			
10			

排除方法：

作业单 2-1　发动机冷却系统故障分析和诊断

姓名：__________　　班级：__________　　日期：__________

(1) 客户检修项目。

车型：　　　　　　　　17 位编码：

检修项目：

(2) 验证客户检修项目。

(3) 制订检测方案。

(4) 检测与诊断发动机冷却系统故障,并填入作业表 2-1。

作业表 2-1　检测与诊断发动机冷却系统故障

序　号	检测内容	检测结果	分析判断
1			
2			
3			
4			
5			
6			
7			
8			
9			
10			

排除方法：

作业单 2-2 发动机动力不足故障诊断与分析

姓名：＿＿＿＿＿＿ 班级：＿＿＿＿＿＿ 日期：＿＿＿＿＿＿

(1) 客户检修项目。

车型： 17 位编码：

检修项目：

(2) 验证客户检修项目。

(3) 制订检测方案。

(4) 检测与诊断发动机动力不足故障，并填入作业表 2-2。

作业表 2-2 检测与诊断发动机动力不足故障

序号	检测内容	检测结果	分析判断
1			
2			
3			
4			
5			
6			
7			
8			
9			
10			

排除方法：

作业单 3-1 汽油发动机电控系统故障诊断(传感器)

姓 名：＿＿＿＿＿＿ 班级：＿＿＿＿＿＿ 日 期：＿＿＿＿＿＿

(1) 客户检修项目。

车型： 17 位编码：

检修项目：

(2) 验证客户检修项目。

(3) 制订检测方案。

(4) 检测与诊断汽油发动机电控系统(传感器)故障,并填入作业表 3-1。

作业表 3-1 检测与诊断汽油发动机电控系统(传感器)故障

序 号	检 测 内 容	检 测 结 果	分 析 判 断
1			
2			
3			
4			
5			
6			
7			
8			
9			
10			

排除方法：

作业单 3-2　汽油发动机电控系统故障诊断（执行器）

姓名：＿＿＿＿＿＿　　班级：＿＿＿＿＿＿　　日期：＿＿＿＿＿＿

（1）客户检修项目。

车型：　　　　　　　　　　17 位编码：

检修项目：

（2）验证客户检修项目。

（3）制订检测方案。

（4）检测与诊断汽油发动机电控系统（执行器）故障，并填入作业表 3-2。

作业表 3-2　检测与诊断汽油发动机电控系统（执行器）故障

序　　号	检测内容	检测结果	分析判断
1			
2			
3			
4			
5			
6			
7			
8			
9			
10			

排除方法：

作业单 3-3　汽油发动机电控系统故障诊断(综合故障)

姓名：____________　班级：____________　日期：____________

(1) 客户检修项目。

车型：　　　　　　　　　17 位编码：

检修项目：

(2) 验证客户检修项目。

(3) 制订检测方案。

(4) 检测与诊断汽油发动机电控系统综合故障,并填入作业表 3-3。

作业表 3-3　检测与诊断汽油发动机电控系统综合故障

序　号	检测内容	检测结果	分析判断
1			
2			
3			
4			
5			
6			
7			
8			
9			
10			

排除方法：

作业单 3-4　发动机冷却系统和风扇电子控制系统故障诊断与排除

姓名：____________　班级：____________　日期：____________

1. 作业项目一

(1) 观察帕萨特领驭 1.8T 车的冷却系统和电子风扇控制系统，画出位置图。

(2) 观察故障现象并分析可能原因。

① 故障现象：

② 可能的故障原因：

③ 检测与诊断帕萨特领驭 1.8T 车的冷却系统和电子风扇控制系统，并填入作业表 3-4。

作业表 3-4　检测与诊断帕萨特领驭 1.8T 车的冷却系统和电子风扇控制系统故障

序　　号	检 测 内 容	检 测 结 果	分 析 判 断
1			
2			
3			
4			
5			
6			
7			
8			
9			
10			
11			
12			

排除方法：

2. 作业项目二

(1) 观察新帕萨特车的冷却系统和电子风扇控制系统，画出位置图。

(2) 观察故障现象并分析可能原因。

① 故障现象：

② 可能故障原因分析：

③ 检测与诊断新帕萨特车冷却系统和电子风扇控制系统，并填入作业表3-5。

作业表3-5　检测与诊断新帕萨特车冷却系统和电子风扇控制系统故障

序　号	检测内容	检测结果	分析判断
1			
2			
3			
4			
5			
6			
7			
8			
9			
10			
11			
12			

排除方法：

作业单 4-1　汽车底盘系统故障诊断与排除(一)

姓名：＿＿＿＿＿＿　班级：＿＿＿＿＿＿　日期：＿＿＿＿＿＿

(1) 客户检修项目。

车型：　　　　　　　　　17 位编码：

检修项目：

(2) 验证客户检修项目。

(3) 制订检测方案。

(4) 检测与诊断汽车底盘系统故障，并填入作业表 4-1。

作业表 4-1　检测与诊断汽车底盘系统故障

序　　号	检 测 内 容	检 测 结 果	分 析 判 断
1			
2			
3			
4			
5			
6			
7			
8			
9			
10			

排除方法：

作业单 4-2　汽车底盘系统故障诊断与排除(二)

姓 名：__________　　班 级：__________　　日 期：__________

(1) 客户检修项目。

车型：　　　　　　　　　　17 位编码：

检修项目：

(2) 验证客户检修项目。

(3) 制订检测方案。

(4) 检测与诊断汽车底盘系统故障,并填入作业表 4-2。

作业表 4-2　检测与诊断汽车底盘系统故障

序　　号	检 测 内 容	检 测 结 果	分 析 判 断
1			
2			
3			
4			
5			
6			
7			
8			
9			
10			

排除方法：

作业单 5-1　汽车灯光装置故障诊断与排除

姓名：＿＿＿＿＿＿　　班级：＿＿＿＿＿＿　　日期：＿＿＿＿＿＿

(1) 客户检修项目。

车型：　　　　　　　　　17 位编码：

检修项目：

(2) 验证客户检修项目。

(3) 制订检测方案。

(4) 检测与诊断灯光装置故障，并填入作业表 5-1。

作业表 5-1　检测与诊断灯光装置故障

序　号	检测内容	检测结果	分析判断
1			
2			
3			
4			
5			
6			
7			
8			
9			
10			

排除方法：

作业单 5-2　汽车信号系统故障诊断与排除

姓名：________　　班级：________　　日期：________

(1) 客户检修项目。

车型：　　　　　　　　　　17 位编码：

检修项目：

(2) 验证客户检修项目。

(3) 制订检测方案。

(4) 检测与诊断汽车信号系统故障,并填入作业表 5-2。

作业表 5-2　检测与诊断汽车信号系统故障

序　　号	检 测 内 容	检 测 结 果	分 析 判 断
1			
2			
3			
4			
5			
6			
7			
8			
9			
10			

排除方法：

作业单 5-3　汽车车身电器附件故障诊断与排除

姓名：＿＿＿＿＿＿　班级：＿＿＿＿＿＿　日期：＿＿＿＿＿＿

（1）客户检修项目。

车型：　　　　　　　　　　17 位编码：

检修项目：

（2）验证客户检修项目。

（3）制订检测方案。

（4）检测与诊断汽车车身电器附件故障，并填入作业表 5-3。

作业表 5-3　检测与诊断汽车车身电器附件故障

序　　号	检测内容	检测结果	分析判断
1			
2			
3			
4			
5			
6			
7			
8			
9			
10			

排除方法：

作业单 5-4　舒适与安全系统故障诊断与排除

姓 名：__________　　班 级：__________　　日 期：__________

（1）客户检修项目。

车型：　　　　　　　　　　17 位编码：

检修项目：

（2）验证客户检修项目。

（3）制订检测方案。

（4）检测与诊断舒适与安全系统故障，并填入作业表 5-4。

作业表 5-4　检测与诊断舒适与安全系统故障

序　　号	检 测 内 容	检 测 结 果	分 析 判 断
1			
2			
3			
4			
5			
6			
7			
8			
9			
10			

排除方法：

作业单 5-5　组合仪表故障诊断与排除

姓 名：____________　　班级：____________　　日 期：____________

(1) 客户检修项目。

车型：　　　　　　　　　　17 位编码：

检修项目：

(2) 验证客户检修项目。

(3) 制订检测方案。

(4) 检测与诊断组合仪表故障,并填入作业表 5-5。

作业表 5-5　检测与诊断组合仪表故障

序　　号	检 测 内 容	检 测 结 果	分 析 判 断
1			
2			
3			
4			
5			
6			
7			
8			
9			
10			

排除方法：

作业单 6-1　汽车空调不制冷故障诊断与排除

姓 名：＿＿＿＿＿＿　　班级：＿＿＿＿＿＿　　日 期：＿＿＿＿＿＿

(1) 客户检修项目。

车型：　　　　　　　　17 位编码：

检修项目：

(2) 验证客户检修项目。

(3) 制订检测方案。

(4) 检测与诊断汽车空调不制冷故障，并填入作业表 6-1。

作业表 6-1　检测与诊断汽车空调不制冷故障

序　号	检测内容	检测结果	分析判断
1			
2			
3			
4			
5			
6			
7			
8			
9			
10			

排除方法：

（5）故障诊断分析。

高压侧压力：________________________ kgf/cm^2。

低压侧压力：________________________ kgf/cm^2。

分析诊断故障原因：

（6）故障排除方法。

作业单 6-2　汽车空调出风口不出风故障诊断与排除

姓名：＿＿＿＿＿＿　　班级：＿＿＿＿＿＿　　日期：＿＿＿＿＿＿

(1) 客户检修项目。

车型：　　　　　　　　　　17 位编码：

检修项目：

(2) 验证客户检修项目。

(3) 制订检测方案。

(4) 检测与诊断汽车空调出风口不出风故障,并填入作业表 6-2。

作业表 6-2　检测与诊断汽车空调出风口不出风故障

序　号	检测内容	检测结果	分析判断
1			
2			
3			
4			
5			
6			
7			
8			
9			
10			

排除方法：

(5) 故障诊断分析：

高压侧压力：________________ kgf/cm²。

低压侧压力：________________ kgf/cm²。

分析诊断故障原因：

(6) 故障排除方法。

参考文献

[1] 于得江.汽车发动机构造与检测[M].北京：清华大学出版社，2015.
[2] 王胜年.汽车故障诊断技术[M].上海：同济大学出版社，2012.
[3] 王和平，廖梁祥.汽车综合故障诊断与维修[M].上海：同济大学出版社，2013.
[4] 王欲进.汽车故障诊断技术[M].重庆：重庆大学出版社，2005.
[5] 洪永楠，忻芸，詹迪.汽车维修工(中级)[M].北京：中国劳动社会出版社，2011.